巻頭言

おんもへ出たいと泣いている

—保育の室内化を問う—

河﨑道夫

世界のトヨタ社が企業内託児所を作ったことをテレビのニュースで報道していた。トヨタ関連８社９工場の従業員の子０歳から６歳までを預かるという。送迎付きで、夜間保育、病児保育もするということである。これで３園目だという。「母親は家庭に帰れ」と、国も企業も乳児の保育にきわめて冷たかった過去を考えたら、トヨタのこの胸の張りようは隔世の感がある。保育という子育ての場がないと社会が成り立たないという認識が定着してきた感がある。

園舎に囲まれた中庭も映像に出てきたが、一見広そうだ。立木が一本、小さめの総合遊具が一つ。１、２階の保育室からはすぐに出て遊べそうだ。ところがである。定員が320人だという。おそらく大半は中庭では遊べないだろう。周囲の屋外へ散歩や遊びで出るとしても、保育者配置が不十分であればできないであろう。ニュースでは保育室にシートを敷いてその上にブロックがまかれ、そこで保育者に見守られて、子どもがブロックで遊んでいる様子が放映された。

シートにブロック。このような絵が、保育所や子育て支援センターを整備してます、用意してます、という宣伝に使われることが目につく。パンフレットや映像などではボールプールなど、室内遊びのカラフルな商品玩具が登場することが非常に多い。保育の場とはこういうところと刷り込みがなされていくような気がする。

部屋でブロック遊び。ある民間の保育園で、３、４、５歳児各クラスの様子を順次見て回ったのだが、すべてのクラスでブロック遊びをしていた。保育者がそばで見ていた。園庭はある。雨が上がって少し経っていて、濡れた土や木や葉、水たまりでいつもとは違う独特の空気の中で、いろいろな遊びが楽しめるはずの時だ。だが閉め切った部屋の中で時間を過ごさせてしまう。このような実態はどこでもあるのだろうか。

一つには保育者の配置数の問題がある。たとえばある市の公立保育園１歳児クラス。国基準では６人で１人の保育者だが、市の持ち出しで５：１にしている。子どもが16人とか17人とかになると４人の保育者がつくので国基準より上回って配置される場合があるということになる。で、14人の子どもで３人の保育者だ。だが、歩き始め、走り始め、周りの対象世界と人のすることになんでも興味をひかれて動き回りたいし、そのくせ食事や排せつ、衣服の着脱等の身辺自立はままならず、個人差も大きい。これを１人で５人見ろというのは誰が見てもきわめて厳しい配置数である。国基準は論外。で、そのクラスはどうしているかというと、こうである。３人の保育者の役割を「主・サブ・雑」に分けこれを１週間ごとに交替していく。「主」は子どもに声をかけ動かす役割、「サブ」はそれに応じて「主」を助ける、「雑」は子どもとはかかわらずもっぱら後かたづけや次の活動（たとえば給食や昼寝）の準備、その他あらゆる「雑用」を受け持つ。「雑」は子どもとかかわることがほとんどない。午前の遊びの時間では20畳に満たないスペースをパネルで仕切り、子どもをそこに集めてブロックをザザーと出してそこで座って遊ぶ。「立たない！」「投げない！」などと制止の声をかけるくらいで、ほとんど「見張っている」ような保育である。当然であるが、保育室から子どもは出ることがない。園舎内も手をつなぐか誘導ロープで移動する。10数人ならまだいいとも言われ、１歳児、２歳児が30人、35人とそれぞれ一つの部屋でいる保育園もあるという。「すさまじい」状態であろう。子どもは楽しくないし、いろいろな意味でぶつかったり外れたりする。そういうとき、「ちゃんとできない子」「ききわけられない子」が「発達に問題がある子」などとされかねない。

Ｙ市では、市独自で１歳児は４人に保育者１人を基準としている。国基準をかなり上回っているが、保育者１人で散歩に出るのについて行ったりすると、安全な場所まで行くのもけっこう大変なことがわかる。ころんだりぶつかったりしないか、車が来ないか、などについて細心の注意を払い、なおかつ、道ばたの花や草、石や虫などを子どもたちと楽しみながら、あるいは出会う地域の人たちと親しく言葉を交わしたりして歩くのは、10年近い経験のある保育者のなせる技でもある。周囲の環境条件や子どもたちの年月齢構成もあって一概には言えないが、４人が限界ぎりぎりのような気がする。

別のＩ市では、国基準通りで１歳児は１：６。たとえば18人で３人の保育者。正規保育者は１人であと２人は非正規。正規保育者は新卒１年目の新人があてられるケースが多いという。少ない正規保育者は１人担任の幼児クラスに配置されるためだ。非常勤保育者は、１人がフルタイムのＡさんで、もう１人はたとえば月、火はＢさん、水、木、金はＣさんと２人合わせて「ペア」でする。保育を主導する（あるいは協力体制をつくり出していく）のは当然１人の正規保育者の役割であるが、それを新卒保育者にさせようというのは無理がある。シートにブロックという保育がここでも展開されてしまう。

もう一つは、保育施設の大規模化の問題である。Ｏ市で進められている「待機児解消政策」では、2016年度で700人以上の待機児（「定義」から外れる子どもを入れると1300人を超えるという）を解消するため、第一に「地域型小規模保育事業」「企業主導型保育事業」などを進めているという。これらは、もともと当初から、園庭がない、給食を外注化する、正規保育士配置や３歳以降の保育の受け皿がないなどの問題が懸念されていた。ある企業主導型保育所ではプリペードカードを購入させ10分160円で子どもを預かるというところもあるという。これでは子どもは「単に預けられる物」扱いである。第二には、公立幼稚園・保育園の廃園統合などで300人にもなる「大規模認定こども園」の設置も進められているという。もともと私立幼稚園のマンモス化が問題となっていたが、認定こども園は乳児を含めた大規模化であり、新たに特有の問題が生まれている。もともと十分な愛着形成を土台に、のびのびと毎日の生活を送り新しい世界に挑戦しながら遊ぶことが乳児の健全な成長発達に重要であることは誰もが知っている。だが、保育施設の大規模化はまったくこのことを無視している。

狭い一室で30人もの乳児が、大勢の保育者に、それも短時間で入れ替わり立ち替わりかかわってこられるのでは愛着形成どころではない。保護者たち、保育者をはじめとして職員たち（短時間の時間差勤務の非正規が多くなることが予想される）のそれぞれの間でも関係が希薄化するだろう。「今日からお世話になる○○です」と職員同士が顔を合わせてあいさつする機会もない事態も生まれている。「あそこにいるのは誰だろう」「気がつけば退職してしまっていた」という状態で、協力、共同して保育にあたることができるのだろうか。

こうした状況から、現在の子育て・保育の場はどんどん屋内化・室内化が進行している。もともと子どもの遊びが室内化する状況はもう半世紀以上も続いている。外遊びが中心の学童期の地域異年齢集団は絶えてしまったといってよい。学童保育の運動と努力が屋外での子どもの遊びの場を取り戻しつつあるが、乳幼児期はどうであろうか。小さな子どもの場合、可能となり始めた移動行為や身体操作、対象操作を使いたくて使いたくてたまらない時期である。それを実現するには、自然につながる屋外での遊びが日常的に保障されなければならない。そこで安心してのびやかに、生き物もいる圧倒的に多様な世界と交渉し、自分の力で発見したり試したりしては（当然、失敗や間違ったやり方もある）友だちや大人に共感される。そんな毎日を送ってこそ、生活と遊び、そして人生の主人公として育っていくことができる。これに対し画一的な人工商品に囲まれた室内では、「ちゃんとしろ、正しく使え」という社会的規制が強すぎる。ブロックは「投げない、座って遊べ」なのである。失敗することが許されず、決められた使い方以外の働きかけが制止される。そんな毎日を強いられては、いかに大人の指示するようにできるかばかりを気にしていくような、委縮した子どもになっていくだろう。そのストレスは将来のどこかでいろいろな形をとって噴き出してしまうのではないだろうか。

正規保育者配置数と大規模化の問題、いずれも根っこは同じである。「子を育てる」という人間社会がなりたっていく根本に対する為政者の不見識と冷淡さは目に余る。国や社会が、小さな子どもたちが日々「生活し育つ場」をどのように用意するかということに、いつ心を砕くようになるのだろうか。「若い保育者は外遊びや自然体験をしてきてないから外に出せない」などと言われることもある。そんなことは小さなことである。たいていの保育者は、経験があろうとなかろうと、子どもがかわいくて、好きであり、子どもに信頼されることに喜びを感じる人なのである。そのことは本来の人間の自然そのものであり、保育という仕事の根底にあって十分に発現、発揮されなければならないものであろう。それを土台に、子どもとともに自然につながる屋外で挑戦し、発見し、体験を積み重ねていけばいいことである。それができる条件を社会が整えることこそ今必要なことである。

十数年前からあちこちの保育園や幼稚園の園庭に、子どもの遊びのネタになるような木や草花を植えている。買った種や苗ではない。みな落ちた実や種、挿し木などで増やしたものばかりである。時間がかかるが、物語がある。クヌギが大きなどんぐりを落とすようになった。数珠玉がとれるようになった。栗やミカンやグミを食べた。ブラックベリー、クルミやザクロ、桑の木などが育ってきた。ムクロジがもうすぐ実を落とすようになるだろう。タラヨウが大きくなりその葉で手紙が出せるようにもなるだろう。そんな報告を聞くようになってきた。筆者のできるささやかな試みではある。

そういう生活・遊び環境を少しでもよくしていったとき、保育者と子どもとがどのように過ごし、子どもがどのように成長していくのだろうか。子どもの「発達」とは、室内の「検査」でわかっていくものではないと思うのである。

なぜ「就学前までに育ってほしい姿」が位置づけられたのか

道徳教科書からそのねらいを読み解く

中西新太郎（関東学院大学）

新保育指針の中には、「就学前に幼児期の終わりまでに育ってほしい姿」が新しく位置づけられています。そのことが、小学校と中学校を含めた学校教育における現在のシステムや特徴とどう結びついているのか、道徳の教科書を例に考えたいと思います。

1　学校教育体制に組みこまれる新指針・要領とその背景

今、「幼児教育」という言葉がさかんに言われていて、保育の現場におられる方は、幼児教育という言葉だけ使われると、非常に違和感があるのではないかと思います。

幼児教育という言葉がかなり強調して使われてきた背景をみると、2006年に自民党が、『国家戦略としての教育改革』という教育改革案を打ち出し、その中に、「国家戦略としての幼児教育の充実強化」という記述が出てきます。ですから、10年以上前、中央教育審議会の審議を承け幼児教育を強化しなければならない、それを国家戦略としてやるのだと表明しているのです。幼児教育の本質を、『子ども集団の中での子ども同士のかかわりを基本とした遊びや具体的な体験活動を通じて、基本的生活習慣、人と関わる力などが育つように指導すること』ととらえて、『こうした幼児教育機能を施設横断的に強化する』としています。

「施設横断的」とは、幼稚園や保育園、さまざまな幼児にかかわる施設を横断的に強化するよう求め、そのために、『保育所保育指針の位置付けを含め、幼稚園教育要領との整合性を引き続き確保すること等を通じて保育所における幼児教育機能を強化する』と、方向づけがされています。合わせて、「幼児教育の無償化について」も提起されています。

その後、民主党政権の時代などの紆余曲折もありましたが、子ども・子育て支援新制度の施行・実施等の制度改革の進行とともに、「幼児教育」という言葉は、内実を伴って具体化されるようになってきたと思います。

大きなトピック（話題）としては、幼小連携の推進が唱えられ、保育所の年長と小学校１年生との間をスムーズに結んで学校生活に慣れさせるよう、各自治体において具体的に方策をすすめるやり方が広がってゆきます。これは、個々の中身は別として、全体としてみると、保育実践を制約する条件、あるいは環境になっていると言わざるを得ないでしょう。したがって、結論的には、悪い意味での「学校教育体制」と私が呼ぶところの、現在の学校教育のあり方に、幼児段階の教育と養育をより密接に結びつけようとする方向がはっきりとしてきたと言えます。

小学校の新学習指導要領については、すでに文科省の初等教育資料に解説が出されており、大きく2つの特徴があります。1つは、「主体的・対話的で深い学び」で、これは、大学教育の分野でいま流行になっている、アクティブ・ラーニングを言い替えたものです。そして、もう1つは、「カリキュラム・マネジメント」という考え方です。

カリキュラム・マネジメントという言葉は、新保育指針にはありませんが、幼稚園教育要領、幼保連携型認定こども園教育・保育要領（以下、こども園要領）には出てきます。カリキュラム・マネジメントですから、教育のすすめ方、手法に関する考え方だと捉えがちなのですが、これを具体的に行っていくと、教育の内容、そして保育の内容に、直接的に大きな影響を与える、そういう手法だと私は考えています。

「主体的・対話的で深い学び」も「カリキュラム・マネジメント」のどちらも、指導要領に示す学習内容を、教育実践の場、プロセスで固定化させるという点で、単なる手法とか方法にとどまらない問題をはらんでいるのです。

ここでは、こども園要領にある総則から見ておきたいと思います。

『「幼児期の終わりまでに育ってほしい姿」を踏まえ教育及び保育の内容並びに子育ての支援等に関する全体的な計画を作成すること、その実施状況を評価して改善を図っていくこと、また実施に必要な人的・物的な体制を確保するとともにその改善を図っていくことなどを通して、教育及び保育の内容並びに子育ての支援等に関する全体的な計画に基づき組織的かつ計画的に各幼保連携型認定こども園の教育及び保育活動の質の向上を図っていくこと（以下「カリキュラム・マネジメント」という。）に努めるものとする』。

カリキュラム・マネジメントについては、小学校の新学習指導要領の総則編でも、やや説明の違いはあるものの、だいたい似たような記述になっています。例えば、『教科等横断的な視点で組みたてていくこと』とあるのは、算数や理科や社会といった個々の教科ではなく、すべてにわたってカリキュラム・マネジメントを行うという意味です。

最後に「努めるものとする」とありますが、指導要領や指針というのは拘束力があるとしているので、「努めなければならない」という縛りをかけているとみるべきでしょう。したがって、計画を作成しているか、組織的に行っているか、改善を図っているかなど、すべてをカリキュラム・マネジメントと位置づけるよう、明らかな意図を持った記述だと考えられます。

保育指針では、カリキュラム・マネジメントという言葉は使われていませんが、ほぼ照応する内容が、いろいろな箇所に散りばめられていると私は読んでいます。したがって、実質上は同じ、そういう性格を持っていて、保育に関してもカリキュラム・マネジメントを考えなければいけないという同一の方向づけがなされていると思います。

では、カリキュラム・マネジメントとは何かということです。

私は、幼稚園教育要領、こども園要領、保育指針に書かれている記述が、全体として、いわゆるPDCAサイクルにもとづいて教育をしていく、教育過程を統制、コントロールしようとする特徴を表していると思います。カリキュラム・マネジメントの具体的な姿は、PDCAサイクルの手法で教育をすすめるということにほかなりません。

PDCAサイクルとは、PLAN（目標の設定）、DO（実践）、CHECK（評価）、ACTION（実行）というステップを踏んで課題を達成・改善する手法を言います。PDCAを繰り返すことをPDCAを「回す」と言います。

PDCAは、もともとトップダウン型のマネジメント手法として企業に持ち込まれたもので、企業組織の中で盛んにやられていたものが、学校教育の世界にも入ってきたということだと思います。

文科省の初等中等教育局教育課程課の指導要領改訂のポイントには、「何ができるようになるか」「何を学ぶか」「どのように学ぶか」「何が身に付いたか」「子供の発達をどのように支援するか」「実施するために何が必要か」といった観点からの改善・充実を図らせるための手段として、カリキュラム・マネジメントがあると解説されています。この記述をPDCAのステップに当てはめると、「何ができるようになるか」「何を学ぶか」は、目標の設定（PLAN）ということになります。保育指針に照らして言えば、これが「幼児期の終わりまでに育ってほしい姿」の位置に置かれます。「どのように学ぶか」「何が身に付いたか」が、評価（CHECK）にあたります。「実施するために何が必要か」、どういうふうに改善するかというのが、実行（ACTION）にあたります。

さらにPDCAのイメージを詳しく見ていきたいと思います。

まず、PDCAサイクルのP（PLAN）ですが、目標に到達するために計画を立てさせることで、これが第一段階になります。そのためには、目標がないといけないわけですから、「幼児期の終わりまでに育ってほしい姿」というのは、実際上、目標の位置にあります。到達度目標ではないと説明していますが、現実の位置としては目標なのです。

「幼児期の終わりまでに育ってほしい姿」について、新保育指針には、『「幼児期の終わりまでに育ってほしい姿」は、（略）ねらい及び内容に基づく保育活動全体を通して資質・能力が育まれている子どもの小学校就学時の具体的な姿であり、保育士等が指導を行う際に考慮するものである』とあります。つまり、指導にさいし、「育ってほしい姿」を考慮しなさい。それは、小学校につながるからだと述べています。

ですから、「到達目標ではない」と言われても、カリキュラム・マネジメントにもとづく保育では、目標に照らしてどうだったのかという形で「育ってほしい姿」が位置づけられるわけです。

保育の場では数値目標といっても、想像しにくいのですが、大学教育では、具体的な目標、できれば数値目標が要求されます。例えば、授業への出席率を今年は80パーセント以上にする等々です。おそらく全国の小中学校で、こうした数値目標にしたがって子どもを動かすやり方が実際に広がっていく。その実態を全国的にきっちりと見ていく必要があると思います。

新保育指針の中には、『保育所保育において育まれた資質・能力を踏まえ、小学校教育が円滑に行われるよう、小学校教師との意見交換や合同の研究の機会などを設け、（略）「幼児期の終わりまでに育って欲しい姿」を共有するなど連携を図り、保育所保育と小学校教育との円滑な接続を図るよう努めること』と、あります。

「育まれた資質・能力」という、しばしば出てくる言葉は、小学校学習指導要領でも同様に出てきます。「そこまで育むんですよ」といった目標設定です。「育ってほしい姿」が、大きな意味を持っていることがわかります。「子ども一人一人に即して」といった文言が書かれていたとしても、子どもの違いを踏まえながら、この目標にどう到達させるかという、あらかじめ設定された枠組みの中で、子ども一人ひとりの特徴が位置づけられるにすぎない。それが本当に「子どもに即した」やり方とは思えません。

つぎに、こども園要領のカリキュラム・マネジメントのところに書かれていた、「全体的な計画」「組織的かつ計画的」の意味についてです。

小学校学習指導要領では、「教科等横断的な視点」とありましたが、「横断的に」というのは、教科を超えてという意味もあるし、クラスを超えてという意味も当然ながらあります。保育の場では教科と言っても、小学校とは違いますが、しかし、横断的にという指示は保育実践にも影響があります。

あとで詳しく説明する教科「道徳」との関連で見ておくと、学校の教育活動全体をつうじて行う道徳教育に関する配慮事項が必要だとしていて、道徳教育は、そういう意味では、教科横断的にやれてしまうところが、非常に「面白い」というか、見過ごせない特徴を持っているのです。

また、実施体制の全体性についてですが、教育課程の実施に「必要な人的又は物的な体制を確保する」というところです。これ自体はいいように見えます。しかし、PDCAサイクルを回していく、トップダウン型の組織を編成させるという意味合いに読めるのです。

小学校や中学校でPDCAサイクルを回すときには、よくチームが編成されます。子どもたちの実状にそくし現場の自主性を活かす教育実践と、そのチームがPDCAの全体的な計画を立て、それにもとづいて、目標に到達するよう学校全体を統制する教育とは大きくちがいます。

保育現場においては、新しいキャリアパスとかキャリアアップが言われていますが、PDCAチームがそこに位置づけられる可能性があると思います。人的体制を整えるとは、処遇に差をつける階層的なしくみを保育現場に持ち込む可能性をひらく。そういう含みがあるのです。

新保育指針には、『保育の課題や各職員のキャリアパス等も見据えて、初任者から管理職員までの職位や職務内容等を踏まえた体系的な研修計画を作成しなければならない』とあります。これ自体は、具体的に何のことかわからないかもしれませんが、しかし、全体的にそういう計画を立てなければいけないとしている。保育園ごとに自分たちでやればいいとはいっても、PDCAサイクルのプランにしたがって、どうやっていくのかが求められるのなら、PDCAに強く縛られる保育になりかねないでしょう。

２番目は、PDCA の「D」で、Planにつぐ「DO」。計画にもとづいて実践させるという領域になります。

計画にもとづいて、例えば、クラスや年長、４歳児と、それぞれの場で考えて保育計画をつくるという話と、全体的な計画で、計画目標にしたがってどう回していくのかをPDCAの枠内で考えさせられるやり方とは、同じように見えても、相当違います。

計画にしたがってやっているか、ということが、このDOのところでは問われることになるわけですから、保育実践や教育実践といっても、その実践の意味とか、実践のつかまえ方が、変化せざるをえないでしょう。

個々のクラスにおいて日々積み重ねられる体験を土台に、学びがあみだされる。そういう実践とは違っていくことになるだろうと思います。

それから、３番目の「C」です。「CHECK」のことで、「DO」の段階で具体的に行ったことが適切だったか、何が足りなかったか評価する。これが、「C」にあたるわけです。

よりよい保育、教育にしていくために評価はもちろん大切です。しかし、PDCAのチェックは、保育園なら保育園、学校なら学校という組織全体に関して、PDCAサイクルで評価をする、個々のクラスの教員、個々の保育者の実践についても評価する。保育全体がPDCAサイクルに添うかたちになっているかどうかのチェックだから、トップダウンの統制であり、統制効果が強力にはたらきます。

さらに、子どもたち自身の学びの内容やかたち、日々の行動についても、PDCAサイクルのチェックが入っていきます。ですから、子どもも、教員、保育者も、学校や保育園の組織全体も、全部重ねてPDCAサイクルの中で評価をされ、考えられていくというところが大きな特徴だと思います。

このサイクルでの評価は改善点を導きだす活動と位置づけられているので、改善点を導けるような評価が求められるわけです。新保育指針の中では、『保育の計画に基づく保育、保育の内容の評価及びこれに基づく改善という一連の取組により、保育の質の向上が図られるよう、全職員が共通理解をもって取り組むことに留意すること』とあり、「留意する」と、少し弱い表現になっていますが、保育プロセス全体がPDCAモデルに添っている点は変わりません。

学校教育の場合は、教育課程の実施状況の評価が、どうやられているかというと、一つは学力テストです。

とくに安倍政権になって、学力テストが「客観評価」として重視され、全部の学校で実施する悉皆方式がとられ、いわゆる学力テスト体制が進行しています。また、学力テスト体制と結びついて、学習状況調査が行われ、たんに学力の分野だけではなく、PDCAの枠組みによる評価が、「学習状況」つまり子どもたちの態度や意欲の領域にも入ってくることになります。

例えば算数とかで、ここのところで子どもがつまずいているな。だから、どういうふうにそこを自分たちの実践としては考えたらいいか、そのために評価は必要なわけですよね。しかし、そういう評価とは違います。そもそもこうした枠組みにそった評価が適切であるかが疑わしい領域でも、評価が要求されて、PDCAサイクルにしたがう教育が要求されるようになります。

具体的な例として、これはネットで見るとたくさん出ていますが、例えば神奈川県では、PDCAサイクルで教育を行っていくための冊子が出ています。各県の教育センターの掲載例の中から、岡山県の「学習指導のPDCAサイクル」にある特別活動についてのものを紹介します。育てようとする資質や能力をどう身につけさせようとしているのかがわかると思います。

『特別活動では、新たに各活動、学校行事の目標を示したり、学級活動の各学年の内容を示したりして、「育てようとする資質や能力」を明確にしています。特別活動の評価は、このことを踏まえた上で行う必要があります。その際、評価の観点は、各学校で重点化した内容、「育てようとする資質や能力」に即して、各学校がより具体的に定めることができるようになっています』。そして、「評価の観点及びその趣旨」の観点が例示されています。『(集団の一員としての思考・判断・実践）集団の一員としての役割を自覚し、望ましい人間関係を築きながら、集団活動や自己の生活の充実と向上について考え、判断し、自己を生かして実践している』それがどうか、ということを評価するわけです。

普通に考えて、特別活動をこんなふうに評価できるのか、すべきなのか首をかしげたくなりますが、特別活動でこういうことができるのなら、「道徳」でも当然できるということになります。おそらく、すべての子どもたちの学校でのふるまい、行動について、こういうPDCAの枠組みの中で、チェックをして評価をすることができてしまうということなのです。

保育園は、理科とか算数といった教科を教える場ではないのだからといった安心感は、この例を見ると、捨てたほうがいい。教科とはべつに、保育の場での子どもたちのさまざまな振る舞いについて、PDCAサイクルに乗った評価ができてしまう。「可能だ」という点が重要なのです。

最後に、評価（CHECK）をしたら、評価によって導かれた改善点を提出し、これを実行する（ACTION）ステップになります。これが最後の段階の「Ａ」。「私は完璧です」とは大抵は言えないでしょうから、必ずこのステップを踏むことになる。改善の実行は個人に対しても組織に対しても求められ、何をどのように改善するかをふくめて、次のPDCAサイクルに移行することになります。

2　道徳教科書にみる教育内容編制と学び方の特質

小学校で教科として2018年４月から実施される道徳の教科書は、具体的にどう記述されているのか、教育活動としてどう組み立てられているのか、見ていきたいと思います。

そもそも道徳を、教育課程に組み込んで、カリキュラム・マネジメントでコントロールするという考え方はおかしいと思うのが普通の感じ方ではないでしょうか。ところがその普通ではないことがすすめられています。

最初に、指導要領の中での到達目標、はたすべき目標を、小学校の道徳を例に書いておきました。目標が、各徳目、項目ごとに設定されていますが、その目標の設定自体にも特徴が見られます。

教育される徳目の内容（小学校低学年）

［善悪の判断、自律、自由と責任］よいことと悪いこととの区別をし、よいと思うことを進んで行うこと。（1、２年—以下同じ）

［正直、誠実］うそをついたりごまかしをしたりしないで、素直に伸び伸びと生活すること。

［節度、節制］健康や安全に気を付け、物や金銭を大切にし、身の回りを整え、わがままをしないで、規則正しい生活をすること。

［個性の伸長］自分の特徴に気付くこと。

［希望と勇気、努力と強い意志］自分のやるべき勉強や仕事をしっかりと行うこと。

［真理の探求］（１～４年はなし）

［親切、思いやり］身近にいる人に温かい心で接し、親切にすること。

「感謝」家族など日頃世話になっている人々に感謝すること。

「礼儀」気持ちのよい挨拶、言葉遣い、動作などを心掛けて、明るく接すること。

「友情、信頼」友達と仲よくし、助け合うこと。

「相互理解、寛容」（１～２年はなし）

「規則の尊重」約束やきまりを守り、みんなが使う物を大切にすること。

「公正、公平、社会正義」自分の好き嫌いにとらわれないで接すること。

「勤労、公共の精神」働くことのよさを知り、みんなのために働くこと。

「家族愛、家庭生活の充実」父母、祖父母を敬愛し、進んで家の手伝いなどをして、家族の役に立つこと。

(以下、略。(　)、アンダーラインは筆者)

まず、［真理の探究］についてですが、１年生から４年生までの目標にはありません。「真理の探究」がない学びとはいったい何なのか、と言いたくなります。また、［規則の尊重］では、「約束やきまりを守り、みんなが使う物を大切にすること」と書いてあります。確認しておきたいのは、このような徳目が目標になっている点です。これを身につけさせる、という意図があるのです。

新保育指針の中で、日の丸・君が代を「環境」という項目の中に入れたのが、かなり問題になったし、話題になりました。小学校の道徳教育でも、愛国心に関わる徳目という、非常に問題のある内容が記述されています。そういう内容上の問題だけでなく、徳目を身につけさせる目標に設定すること自体の問題にも注意したい。徳目は目標ですから、それを教えていく、つまり目標とこれを達成する努力（実践）との関係は、「幼児期の終わりまでに育ってほしい姿」の設定でも同様と言えます。端的に言うなら、保育実践を、教科道徳と同様な形に変質させることが可能になるということです。

『友達と様々な体験を重ねる中で、してよいことや悪いことが分かり、自分の行動を振り返ったり、友達の気持ちに共感したりし、相手の立場に立って行動するようになる。また、きまりを守る必要性が分かり、自分の気持ちを調整し、友達と折り合いを付けながら、きまりをつくったり 守ったりするようになる』と、新保育指針にあります。

すごいですね。小学校低学年の道徳教育の徳目に、まっすぐつながるよう到達目標ができています。言葉自体は「べつにいいんじゃないの」と思うかもしれません。しかし、構造というか、枠組みを見ないといけないのではないかと思います。

さらに新指導要領は、教科道徳の中で、「主体的・対話的で深い学び」をするのだとなるわけです。「主体的・対話的で深い学び（アクティブ・ラーニング）」というのは、「学習内容を深く理解し、資質・能力を身に付け、生涯にわたって能動的（アクティブ）に学び続けるようにしていく」という意味だと言われています。

浅見哲也という方（文科省初等中等教育局教育課程教科調査官）が、新しい教科道徳の指導要領の解説の中で、『児童生徒が問題意識を持ち、自己を見つめ、道徳的価値を自分自身との関わりで捉え、自己の生き方について考える学習とすることや、各教科で学んだこと、体験したことから道徳的価値に関して考えたことや感じたことを統合させ、自ら道徳性を養う中で、自らを振り返って成長を実感したり、これからの課題を見付けたりすることができるよう工夫することが求められる』と述べています。

自らそうなるように、目標を実現できるように、能動的に考えていく、あるいは行動する、とはどういうことか。問題意識を持たせるとか、自己を見つめさせるとか、自己の生き方について考えさせるとか、道徳性を発揮させるとか、課題を見つけさせる。つまり、主体性を持たせるための誘導的で強制的な、あるいは、場合によっては強要性をおびた、そういう教育手法に、実際上はなっていくということが考えられます。

道徳教科書の冒頭部分には、こういうふうに学ぶのですよ、という学び方の説明があります。なかには、道徳の時間は、正しい答えを求めたり、押しつけるものではない、というような趣旨が書かれている教科書もあります。それだけを見ると、いろいろな考え方があって、その価値意識、道徳判断について、多様な立場や考え方から見ていけばいいのだろう、と思われるかもしれません。しかし、現実に「道徳」の教科書を見ていくと、それとはまるで違った構造になっていることがわかります。

「あいさつ」という教材の中で見ていきたいと思います。

男の子が頭を下げている図が、教科書（2年、教育出版）に載っています。これは新聞などでも問題になったので、ご存知の方もおられると思います。その図には、『つぎのうち、正しいあいさつのし方はどのあいさつでしょうか』と文章があり、以下の1、2、3に合わせて、先の図があるのです。

1「おはようございます」といいながらおじぎをする。

2「おはようございます」といったあとでおじぎをする。

3おじぎのあと、「おはようございます」という。

べつの教科書では、15度のおじぎと、深いおじぎの2種類を載せたものもありました。

正しい答えはない、と言いながら、しかし、現実には「こういう正しい挨拶の仕方をしましょう」という記述が、肯定的な価値として示されています。

「気持ちのよい挨拶、言葉遣い、動作」を

心掛けさせるという目標にしたがって、教材もつくられ、「正しい行為によって必ず肯定的な心情がもたらされる」というストーリーが、教材の中にたくさん出てくるわけです。『放課後、先生から「お客様は、みかさんのことをほめていたわ。とてもりっぱにあいさつができる子ね、とおっしゃっていたわよ」といわれて、とてもうれしかった』（５年、教育出版）。こういう挨拶をすると、気持ちがいいものですよ。さらに言うと、こういう挨拶をしないと、気持ち悪くなりますよ。そういう逆の意味もふくんでいます。

つまり、気持ちの正しさを評価するという視点が、持ち込まれる。行動の「正しさ」は、気持ちの正しさと結びついているという想定があり、だから行動が正しくない人間は気持ちが正しくないはずだと断定される。

『国旗や国歌を大切にする気もちのあらわし方／き立して国旗にたいしてしせいを正し、ぼうしをとって、れいをします』（２年、教育出版）。これが気持ちの表し方であり、気持ちをこういうふうに表さないと評価できないよ、と述べています。

保育園で、挨拶をふっとばして、「ねぇねぇ、うちのにわとりが赤ちゃんを産んだよ」と、真っ先に言いに来てくれた子どもに対して、「ちょっと待って。その前に挨拶でしょ」と、当然言わなければならない、ということになる。つまり、保育士や教師に夢中で語りかけたい子どもの心情的な「場」のリアリティは無視されるのです。

『正しいあいさつのしかたをおぼえましょう』という教科書を見ると、私には誘導というよりは、露骨な強要のように見えてしまいます。

中井久夫さんという精神医学者が、『看護のための精神医学第２版』（医学書院）という看護師のための教科書で、『「指一本立てて微笑してさらりと別れる」ほうがずっと「信」を贈ったことになる場合が、人生にも医療にもずいぶんある』と書かれています。なんとなく友だちに会ったのがうれしいとか、そういうリアリティは、「正しい挨拶」の仕方を、真っ先に考えさせ、その実行を求めることによって壊されるのではないか、そう私は考えています。

挨拶が無駄だとか、意味がないと言っているのではなく、挨拶とは、人と人とが出会うための、出会っておたがいに人間だと確認していくための大切な機会、あるいはシチュエーションですから、それがどんなかたちをとるかという大切なことがらを、道徳教育で枠づけてしまうことが問題だと思います。

私は、こういう道徳の教材を、１年生から６年生までずっと読んでいると、国語の小説とか物語が読めなくなるのでは、と思いました。つまり、道徳的に正しい、正しくない、という基準で作品を裁断してしまうなら、そもそも小説や物語の作品として成り立たない。国語教育を破壊する役割すら帯びるのではないか。真実は、こうした徳目主義によっては、決して伝えられないと思います。

「保育園落ちたブログ」（2016年）には、「言葉遣いが乱暴だ」という意見が、ネット上ではかなりありました。まずそこを評価するわけです。しかし、言葉遣いがおかしいからダメと非難する感覚は、こんな道徳教育を積み重ねるなら、自然に出てくるのだろうと思います。

つぎに、「主体的・対話的で深い学び」ですが、これが道徳に持ちこまれていきます。自分からどう考えるのか、徳目の提示に組みこまれた評価のモノサシにもとづいて、自分の行動と気持ちとを振り返らせ、自己評価を加えるよう求める記述がこれに当たります。

『自分のあいさつをふり返ってどう思いましたか』（４年、教育出版）、『「れいぎ正しいあいさつ」とはどのような「あいさつ」のことだと思いますか』（２年、光村書店）、

『なぜあいさつをするといい気持ちになるのかな』（４年、日本文教出版）、『あなたは礼ぎにどんなこころをこめたいですか』（４年、廣済堂あかつき）。挨拶をされても、人によっては、いい気持ちになるとは限らないし、「礼儀に心をこめたいか」というのは笑ってしまいます。

また、『自分のあいさつを調べてみましょう』（４年、教育出版）では、自分の挨拶について点数をつけさせるというのがあります。

お母さんと挨拶したときに、「おはよう」と言ったのは、30点。「いってきます」は、80点。30点はなんでだめだったかというと、「先にいわれた」から。お母さんより先に「おはよう」を言わないといけないのか、と。わけがわかりません。挨拶に点数をつけさせる発想自体がブラックというか、相当すごい。

この挨拶のあつかいを考えると、他の徳目でも、こういうふうに考えることができる。さらには、こういうふうに考えなければいけないという暗黙の要求があるとわかります。

さらに、それぞれの振り返りをつき合わせる「対話的な学び」が、公式の規範にどれだけ積極的に寄り添っているかを確かめる相互点検の場に変質する可能性があります。『あいさつをしたときの気もちについて話し合ってみよう』（５年、教育出版）、『どのようなことに気がつきましたか。考えたことをはっぴょうしましょう』（２年、教育出版）。道徳教科で、「だれだれちゃんは、ダメだった」「だれだれちゃんは、こうだった」「だれだれちゃんは、あいさつしないで入ってきちゃった」などと、おたがいを振り返りながら、そこで対話をする。対話じゃないでしょ、ということなのです。これが教科道徳の教材に反映されている「主体的・対話的で深い学び」の姿です。これをアクティブ・ラーニングだというなら、国際的に見てどうなんだ、ということです。

そして、こういう形での徳目の受容は、集団的な学習活動の結果として想定される到達点ですから、個人に「そう思わせる」という内心のコントロールにとどまらない暴力的な規制力とか、抑圧的な力を持ってしまう危険性があると思います。

そもそも価値意識や道徳判断は、そういうふうにして身につけさせるものではないはずです。教科道徳の「学び」はこの出発点から完全にずれていることがわかります。

PDCAサイクルに照らすと、どこがだめだったか、チェック（CHECK）しましたので、次に、実際にやってみる（ACTION）ところに入ります。「正しい行動」を訓練し、「思う」だけでなく行動に表すよう求められます。

『げんかんでおうちの人に会ったとき、どのようにあいさつをしますか。やってみましょう』『じっさいに、せすじをのばして、しっかりおじぎをしてみましょう』『おばあさんにあやまる場面をえんじてみましょう』『すれちがったら、「明るく元気にあいさつをする」、「ハイタッチをする」ようにしてみましょう』等々、どの教科書にも徳目を実行させてみる「課題」が盛り込まれています。絵入りで、こういうふうに、実際にやってみようといった具合です。これがアクションの段階です。

保育園でも幼稚園でも、同じことを同じやり方でやれば、できてしまう話です。「正しく」行動したかどうか、できるかどうかを評価の対象にする。これは、戦前の修身の操行点と同じです。要求された徳目を実行しているかどうか、点数によって評価する。これにあたるものではないかと思います。

こういうふうにして、徳目の獲得（受容）という目標に即したPDCAサイクルが、子どもの学びについて求められます。教員についても、このプロセスを踏んで子どもがきちっと学んでいるかどうか、学ばせているかどうか、PDCAサイクルを回しているかどうかを評価される。つまり、自主性が奪われます。

学校は、教員集団やクラス、そして学校全体が、こういう形でPDCAサイクルにもとづいて、計画にしたがって、教育活動を行っているかということを、それを同じようにPDCAサイクルを使って、回さなければいけない。

学校や保育園はどうかというと、外部から評価されますから、外部からPDCAサイクルに即しているかどうか、見られていくということになります。PDCAサイクルが、教育や保育の場でのあらゆる領域に適応可能な手法、モデルになることがわかるでしょう。PDCAサイクルが、単なるやり方ではないということが、イメージしていただけたのではないかと思います。

3　学校教育体制の何が問題か

学校教育体制の何が問題か、ということですが、全体として見ると、教育の自律性を壊して、とくに現場での教育実践の自由を非常にきつく制限していく。幼児期の保育、教育から大学教育にいたるまで、権力による直接的な統制、介入を進行させていく。これが、学校教育体制が全体として持っている大きな問題であると思います。

これは制度面だけではなくて、教育内容、教育実践の領域に及んでいる。その点が見逃せない重要な問題です。カリキュラム・マネジメント、PDCAサイクルという手法は、教育内容、教育実践に対する統制・介入の有力な手段だと言うことができます。新保育指針も新指導要領も、この手法の適用領域に位置づけられることで、学校教育体制へと吸収される危険がある。新指針の意味についても、そういう文脈で理解する必要があります。

したがって、今まで保育現場で積み重ねてきた実践のつかまえ方や、保育の内容に対する理解の仕方が、この方向で非常にゆがめられる可能性があると、私は考えています。

学校教育体制の中のチェック（CHECK）において、有力な役割をはたしているのが、学力テストであることは、ご存知のとおりだと思います。しかし、学力テストですべての子どもたちの学力評価ができるとは思えません。

ただ、学力テストで、すべての小中学校を評価することと並んで、学習状況調査が行われています。「自分で計画を立てて勉強している」「学級会などの話し合いの活動で、自分とは異なる意見や少数意見のよさを生かしたり、折り合いをつけたりして話し合い、意見をまとめている」といったアンケート調査で、子どもたちに、「そう思う」とか、「ややそう思う」とか、４件法で回答させるわけです。

この結果を学力テストの結果と照らし合わせて、例えば、「自分で計画を立てて勉強している」というスコアが低い、そういう地域や学校は、学力テストの結果も低いという相関を発見すると、今度は子どもたちに、自分で計画を立てて勉強させることを目標にして、それを具体化するPDCAサイクルを回す。自分で計画を立てて勉強する子どもがどれくらいできたか、その結果どうだったのかと、くり返しPDCAサイクルを回すやり方で、学習状況調査を使うわけです。

そうすると、自分で目標を立てて勉強させるために、例えば、ノートに学習のめあてを書いているか等々を実行させチェックする、できなければ「改善計画」を立てさせる…といったサイクルが始まります。

子どもたちの学びのプロセス、学びの特徴は、それぞれの子どもでちがう、それをどうつかまえ、受け止めて、教育や保育を行っていくのかという視点が欠けたところでは、学習実態調査の結果にもとづいて、こうしなければダメというかたちをいくら押しつけても、効果があるとは思えません。

ただ、こういう手法は、米国などでの幼

児教育をふくめた教育の近年における変化、国際的な潮流とリンクをしている側面がありそうです。この点はさらに研究する必要があると思いますが、こういう形で子どもたちの活動とか、主体性まで、ある程度評価をして、しかも数値化できるとすると、学習のスタンダードができるわけです。

保育に合わせて言えば、成長のスタンダードみたいなことです。

イギリスでは、ゼロ歳児からこのスタンダードがある。ブレア政権のときにできたということを、ブレイディみかこさんという方が書いています。ゼロ歳からスタンダードがあって、どれだけできているかということを、PDCAでいえば、チェック（CHECK）をしながら、改善計画を立てていくやり方をとっているようです。そういう学習スタンダードにもとづいて、教育、あるいは幼児教育を変えていくという、こういう動きは国際的な形で進んでいます。とくに米国が早くから行っていますので、日本にも、これからどんどん入ってくる可能性があると思います。

そうすると、そのスタンダードにうまくはまらないとか、ある意味当然なのですが、うまくいかないと判定された子どもたちはどうするのか、という問題が出てきます。スタンダードにはまらない生徒や子どもは、問題児とみなされ、排除されていく。『ゼロトレランスで学校はどうなる』（花伝社）という本が出ていますが、そこでは、「危ない、邪魔な」（と判断された）子どもは、非常に激烈な形で徹底的に排除する手法が日本に持ちこまれ、広島などで現実になっている、ということが報告されています。

日本の場合、日本のこういう教育内容、教育実践に対する介入と統制には、２つの側面があって、１つには安倍政権が特徴的なのですが、右派イデオロギーにもとづく「教育再生」論の具体化という側面があるのではないかと思います。

ゼロトレランスについての本に、生徒に反省文を書かせるだけではなく、保護者にも反省文を書かせるとあり、笑ってしまいました。これは、家庭の教育とか親に対する介入、そういう話になります。自民党の家庭教育支援法案がはっきりと打ち出していますが、いわゆる右派的な、特殊なイデオロギーにもとづく教育のあり方を、とくに道徳の場面で多く盛りこんでいるということであり、大きな問題だと思います。

私は鹿児島県で、運動会のときには、起立、礼はもちろん、休めまで、親も一緒になってやって、これがあたりまえになっているのを経験しました。さすがに海外ではそんなことはないと思います。

ただ、今同時に進められている指導要領の改訂も含めて、その方向性は、新自由主義と呼ばれている新しい世界秩序の枠組み、新自由主義グローバリゼーションの下で人材を開発していく、人材開発を促進するという目的も同時に持っていることを、見逃してはいけないと思います。

なぜこんなことをやらせるのか、戦前と同じではないかというだけではなく、カリキュラム・マネジメントやPDCAサイクルの強要というのは、そういう側面から生まれているのではないか、と考えます。

４歳、５歳から人材開発というのは、あまり関係がないのではないかと思うかもしれません。しかし、幼児期から大学まで、そうした考え方で、一貫して人材開発をしていくためには、能力の見方とか、どういう力を育てるかとか、そういうことをいろいろ変えていかないといけない。背景にあるそうした主張を示したものとして、2008年に中央教育審議会答申で出された、「新しい時代を切り拓く生涯学習の振興方策について」の記述を挙げます。

『21世紀は、著しく急速な科学技術の高度化や情報化等により、新しい知識が、政治・経済・文化をはじめ社会のあらゆる領域で基盤となり重要性を増す、いわゆる「知識基盤社会（knowledge-based society)」の時代であると言われている。そのような社会においては、知識を創造する人への投資こそが重要となる。そこでは国境を越えた知識の急速な伝播・移動により、さらなる競争と技術革新が生まれ、相乗的にグローバル化が進展する。また、時として新たな知識の創造は旧来からの大きなパラダイム転換をもたらすこともある。したがって、このような変化に対応していくためには、狭義の知識や技能のみならず、自ら課題を見つけ考える力、柔軟な思考力、身に付けた知識や技能を活用して複雑な課題を解決する力及び他者との関係を築く力等、豊かな人間性を含む総合的な「知」が必要となる』。

知識基盤社会という「新しい社会」に向けて、求められる能力を持つ子どもに育ってもらわないといけない、ということです。そして、この課題は、産業界が必要とする人材がそういうものなのだという認識と密接に結びついているのです。

ところで、2000年代のはじめに、フィンランド型のPISAの学力、あれが日本の学力の捉え方よりももっと広くて、そして、子ども一人ひとりを具体的に見ている。そういう評価のしかただ、という認識が日本の子どもの学力低下を問題視する議論とセットになって広がりました。

PISA型の学力の議論も含めて、OECD（経済協力開発機構）で構想してきたPISA型の能力像の追求とか、スイスの連邦統計局が主導したプロジェクト（DeSeCoプロジェクト）で、「キー・コンピテンシー」といわれる能力、既存の知識、技能には収まらない能力をモデル化し、その計測方法を国際的スタンダードとして開発するという、そういう動きがあるわけです。国際的に、これまで測りにくかった能力をこうすれば計測できるという枠組みをつくるプロジェクトが進行して、これが日本に入ってきました。

日本の中でも早く入ってきたのが企業の能力開発分野で、個人の職務能力の問題として、キー・コンピテンシーが求められていく。単なる学力や、今までの学力ではないという言い方で、社会性を養うとか、他者とうまく関われるとか、社会の中で柔軟に問題に対処できる、そういう能力。こういった力を能力として見るわけですから、ちゃんと計測できて、このくらいあるとか、ないとか、身につけさせるためには、これが必要だ、という手法を開発しなければいけない。国際的な潮流として進行している新しい能力主義の構想だと私はとらえています。

こうした考えは、日本の高等教育の段階にも入ってきました。大学では到達目標がなんと言われるかというと、社会人になるための「基礎学力」とか、「学士力」。行政によって言い方は違うのですが、「社会人基礎力」。いちばん最初に言われたのは、「人間力」という、なんだかわけのわからないものでした。

経済産業省の『社会人基礎力育成の手引き』を見ると、『10年前では考えられないくらいの有能さ、つまり意欲的に自分で考え行動し、人とも連携して業務をこなしていけるだけの能力を、社会人になってすぐにでも発揮することが求められている』とあります。ですから、大学を出るときには、そこができないと、社会人になれない。まさに、「幼児期の終わりまでに育ってほしい姿」と同じ位置づけです。

今、大学では、こういう「育ってほしい姿」「社会人基礎力」、あるいは「学士力」に到達するために、個々の科目で、どういうことをするのかが具体的に求められます。授業ももちろんそうです。

これをずっと下におろしていくとどうなるかというと、数学の力、物理が得意だとか苦手だとかはわかります。けれども、道徳能力、他者と関わる力というのは、数学や理科とは話が違ってきます。それを、教科横断的にどう身につけさせるのか、小学校から考えていく必要があるということになるでしょう。小学校から考えていくということは、保育園、幼稚園の段階から、これにつながるような見方でもって、能力、資質をどういうふうに備えてもらうかを考えなければいけない。自民党が掲げる幼児教育論も、新指導要領・新指針も、その理念、内容は全体としてこの枠内にあると考えられます。

4 コンピテンシー・モデルにもとづく保育でよいのか

コンピテンシー・モデルとか、PISA型の学力については、徹底して議論する場が、やはり少なかったと思います。ですから、日本の押し付け型の教育ではなく、「主体的・対話的で深い学び」でいいのではと思ってしまうのですが、この「主体的・対話的で深い学び」の中身は、これまでお話ししたように、教育現場で受けとられるイメージとは全然違うということです。そこまできちっと考えないといけないのではないかと思います。

『子供たちは、変化を前向きに受け止め、社会や人生を、人間ならではの感性を働かせてより豊かなものにしていくことが期待される』というくだりは、中教審初等中等教育分科会「次期学習指導要領に向けた答申案」(2016年12月16日)で出たものです。人間ならではの感性を働かせないとダメだ、前向きじゃないとダメだ、ということで、要するに主体的であることを促し、強要する。学習過程の組織として、PDCAサイクルを採用させるものです。

学力問題が学習意欲の動機づけ問題へと焦点移動していくとともに、動機づけが「動機づける」教育として評価の対象となっていきます。

本当に子どもたちはさまざまです。「動機づける」と言っても、子どもたちは、どこで火がつくかわからないし、どこでどういうふうに変わるかわからない。あたりまえの話です。にもかかわらず、どのように動機づけることで成功するのか、そのスタンダードをどうつくるのか。スタンダードとなる形が考えられていきます。

しかし、スタンダードの学習過程にのらない子どものふるまいが逸脱とみなされ、矯正プログラムの対象になっていく事態が、日本の小中学校で現実にあることを、あちこちで聞きます。

はたして、こういう考え方にもとづいて行われる保育で、ほんとうによいのだろうかと思わずにはいられません。

そもそも保育というものは、子どもたち一人ひとりが獲得する学びの性格や性質、特質を明確にするという、そういう考え方からすれば、ひとつは、「臨床の知」という性格を持っていると思うのです。

例えば、看護のケアについての本の中に、保育者が子どもを抱きしめるという行為に、どのような意味があるのかが書かれています。ぎゅっと抱きしめる、保育者と子どもとのあいだの身体的なつながり、接触の中で、子どものある部分が解放されたり、気持ちがちょっと楽になったり、さまざまな姿が出てくる。それを受けとめることが肝心なのです。

最近では、臨床教育学とか臨床社会学、臨床哲学という言葉も生まれていますが、知識とか、知というものをスタンダードの枠組みの中だけで理解するのでは、知を獲得していくプロセスのリアリティにそぐわないという認識が広がってきました。スタンダードの想定には収まらない形で、「学び」の現実はある。そういう現実を受けとめて知の獲得プロセスを考えようという主張が、思想として表現されたものが、臨床という言葉だと思うのです。私は、この部分を、新しい能力主義の主張はそもそも切り落としてしまっているのではないかと思うのです。

そして、もうひとつ。そういう臨床の営みは、コンピテンシー・モデルにもとづく学力内には位置づけにくいということです。

ソーシャリティというか、社会的なスキル、社会性を身につけさせる、コミュニケーションスキルを身につけさせるという議論は、すべて個人の能力に焦点を当てています。個人で、こういう能力がどれだけついたかを評価する枠組みです。しかし、コミュニケーションとは、けっしてそうではなくて、他者がいないと成り立たないはずのものです。

どれだけおしゃべりが上手とか、先生に向かってちゃんと話せるとかは、コミュニケーションの在り方から見れば、非常に一面的なものに過ぎないわけです。

ですから、おたがいが他の人と一緒にいる場がどうつくられるのか、このことの評価をぬきには、保育も教育も成り立たないはずです。

保育の営みは、養育という場面で、非常に広く「共にいる」関係を支えにしながら、その中で子どもたちが成長していく教育の技法をつかまえていく特徴があると思います。

私が悪い意味で「学校教育体制」と呼ぶ教育では、この部分を切り落として、コミュニケーションスキルや社会性がどう身についたのか、という視点だけで評価を行っています。そもそもこれは錯覚というか間違い、それも有害な間違いだと思います。

「知」を身につけるプロセスは、本来そういう社会的な性格を持っているのです。それを、コミュニケーションスキルとか社会的スキルによる社会性、あるいは教科「道徳」の中での、他人を思いやるとか等々の枠組みの中でつかまえようとすると、おそらく絶対無理だと思います。

ですので、こういうやり方に本当の意味で対抗するためには、保育の営みに満ちあふれている関係論的視点、つまり他の人、大人と子ども、保育者と子ども、保護者と子ども、子ども同士の関係、すべて他者とのつながりの中で、そこではじめて生まれてくる成長の形とか、一人ひとりの子どもの特徴の現れ方とか、それから教員からすれば、その教員や保育者が持っているさまざまな特徴、それは単なる指導能力で、目標にしたがってどれだけできたのか、ということでは言い尽くせないような、そういう広がりや多様性を持った保育者、教育者の指導性とか、コーディネートの特質とか、こういうものを十分に活かして蓄積していく。そういうことが必要だと思います。

子どもの姿としても、そういう環境にいたほうがいいということを、実践の場から、きちっとわかってもらえるようにする必要があり、それが対抗の視点としては重要なのではないでしょうか。

この論稿は、2017年11月５日に開催された第39回 保育研究所研究集会におけるシンポジウム「新指針・要領の子ども観・保育観・保育者観の批判的検討」における報告をもとに、加筆修正したものです。

子どもの主体性を育む視点を探る

保育指針改定を受けて

大宮勇雄（仙台大学）

1　基本的な考え方が変わった

1）「保育は変えなくていい」の意味

「保育所保育指針」の解説書は、2017年の夏の終わりまでには出ると厚労省も言っていたと思うのですが、まだ現時点では出ていません。そこで、大学や短大の保育士養成校を対象とした会で、保育指針の改訂について出された『中央説明会資料（保育所関係資料）平成29年7月』が、解説書のような体裁をとっているので—今後変更は十分ありえますが—、それを使って、今回の改定内容がどのように実施されていくのか考え、お話ししたいと思います。

全体の印象で言うと、たとえば「幼児期の終わりまでに育ってほしい姿」（以下、「育ってほしい姿」）の項目ごとに、具体的な子どもの姿が描かれ、保育所でよくみかけそうな事例がたくさんあります。そのため、これまでの保育でやっていることを変える必要はないのだろうとの印象を受けるかと思います。審議会委員からは「これまでと保育は何も変わりません」という話もあるようで、解説書もおそらくそういう印象を与えるよう工夫されているのだろうと思います。

しかし、指針の基本的な概念・用語の使い方や章構成など、基本が大きく変化しているわけで、それを明確に説明しようとしないところに非常に問題を感じています。ひと言で言うと、子どもに対して非常に冷たくなった。しかし、そこを端的に言い表すことの難しさを感じています。が、やはり今回の最大のポイントは国旗・国歌の問題をはじめとして、非常に政府サイドからの「介入」が目につく。子どもを特定の価値観や目標へ引っ張っていく、それに従って育っていけないのは問題だというニュアンスが非常に強く出ている、それが「冷たさ」なんですけれども、それをオブラートに包んで提出している。たとえば、「教育の積極的位置づけ」とか「育ってほしい姿を明確にした」とか、あるいは「国際的な流れ」とか「非認知能力という新たな研究」などという、一見中立的な、あるいは国際動向に合致した避けがたい流れの一環だと説明しているわけです。

2）指針は「思想教育」のテキスト

結論を先に言えば、今回の改定は、保育実践における具体的な内容や方法レベルで何か変えようというのではない。だからそのレベルで議論すると意味が見えてこない。保育を根本から変えるというのが、最大のねらいととらえるべきだと思うのです。大きな考え方、つまり「何を目指すべきか」「何を保育において大事にすべきか」、そういうところを変えるというのが、今回の指針の改訂の、いちばん大きなポイントと読むと、逆に、事例が盛りだくさんというのも実践を方向づけるために徹底しようという意味だとわかる、そんな感じがします。

まず、今度の保育指針の本質、つまり私の問題提起の結論を先に述べておきます。

①保育が本来持っている人間的で、民主的で、内容豊かな性質は、複雑な状況の中で子どもの思いに応答するところから生まれるものである。

②それに対して、今回の改定は特定の政治的立場や価値観にたって、その保育の本質をねじまげ、狭い目的に保育を押し込めるために保育の定義を変更するものである。

③本来の保育とはまったく異質な「人的資源の効率的育成」という学校教育体制に保育全体を組み込むことを意図している。

④そうした政治的な意図を正当化するために、「学びlearning」、「質quality」、「非認知的能力non-cognitive ability」、「エビデンスevidence-based」、「投資効果investment-outcomes」、「PDCA」とか「評価assessment」、それからOECDにおけるキー・コンピテンシー（主要能力）とか、国際的で、一見科学的な、あるいはきわめて経済学的な、そういう言葉を使っている。政治性、つまり特定の価値観に立脚して保育を改変しようとしている意図を、いかにも世界の流れであるかのような見せかけで、覆い隠し、押しつけようとするものである。

⑤具体的にはまず、人的資源育成の不可欠な一環として「幼児期」というものを組み込んで、政府主導の「人づくり革命」を後押しする。そして、「管理システム=カリキュラム・マネジメント(PDCA)」を、唯一の保育管理・実践論として強要する。

⑥こうした「保育の転換」を遂行するための「思想教育」のテキストとして指針・要領が策定された。

改定のポイントをこのように踏まえると、全体が理解しやすくなると思います。

2　改定の背景にあるもの

1）「安倍教育改革」と「国際的な幼児教育改革」

そうした保育指針改定の背景の１つには、安倍政権が教育基本法改正以降、展開している「教育再生」改革が幼児期にまで徹底されようとしていることがあります。その中にはナショナリズム、それも超保守的な政治思想が含まれています。

もう１つは、国際的な幼児教育改革の流れです。OECD（経済協力開発機構）をはじめ、各国政府機関や経済界などが、保育に関心を持ち始めている。つまり、幼児期というのは、労働力とか人材育成において、非常に重要な時期だという位置づけのもとに、いろいろ政策提言をしてきているという背景があります。

2）OECDによる「幼児教育改革」の実体

指針改定の説明に当たって、審議委員の中にはそうした「国際的な潮流」を、その正当化や権威づけの材料に使っているわけですが、実はその中身はかなり大きな問題を含んでいるものです。

その問題点がはっきりとうかがえるのが「幼児版PISA」策定の動きです。OECDの中に設けられたプロジェクトInternational Early Learning Study（IELS）―「国際的な幼児期の学び（学習）に関する研究」と訳せるでしょう―が始まっています。

PISA（OECD生徒の学習到達度調査）は世界各国の教育政策に強力な影響をふるっている国際学力調査です。日本の順番が何番になったとか、読解力は何番だとか、科学的能力がどうだとか、と話題になるのがこのテストですが、その幼児版（５歳児版）をつくろうという研究（IELS）が始まっているのです。

今回、保育指針、幼稚園教育要領に、「育ってほしい姿」がはじめて盛りこまれました。言わば、それが保育の最終目標で、それに向かって計画を作らなければならない。目標は「育ってほしい姿」で、その目標を達成するために実践するのだとしています。そして、その目標とする子どもに近づいたかどうかで評価する。そういう〈計画→実践→評価→改善のサイクル〉を各園が実施することが指針によって義務づけられようとしている背景にあるのは、こうした流れです。

「幼児版PISA」策定の動きが、今後日本の教育政策と連結する可能性もある中で、それがなにをめざすものなのかを考えたいと思います。

IELSの報告書には、世界共通の1つの尺度を使って、幼児期の学びに関する国際的な評価を行うという方向性が明記されています。そのために、幼児の「学力」を測定評価する、世界共通のテスト＝スタンダードをつくろうとしているのです。報告書には「その尺度は、認知的能力と社会情動的スキルの双方にかかわる多数の領域をバランスよく表現したものだ」と、あります。データを収集し、各国を比較することにより、各国の幼児教育政策や保育政策に役立てることにより、当然、子どもたちの学ぶ力が伸びていく、ということだそうです。

そのワーキングチームの発足時の会議には、日本を含む政府機関のみ、16か国が参加して始まっているようです。実際には、2018年頃から調査項目をつくるための研究が、3か国から6か国を選んで始まるようですが、現時点では日本は加わっていません。

こうしたことが国際的な枠組みの中で行われる背景にあるのは、今の経済界や政権政党などが、子どもを未来の労働力や国民、つまり「人材」という視点から、幼児期の「育ち」を注目していることがあります。そうした意向を受けて、幼児期から効率的な人材の育成システムの管理に関する研究が進んできているということです。指針が根拠にしている「国際的な動向」の実質はこのようなところにあります。ですから、安倍教育再生改革推進の立場から見ると、そうしたものにそれほど大きな違和感はない、いや積極的に取り込んでいこうとしているはずです。

3）「幼児版 PISA」への根本的批判

「幼児版PISA」に対しては、イタリア、アメリカ、スウェーデン、フランス、カナダ、オーストラリア、ベルギー、ニュージーランドの著名な研究者が名をつらねて、批判的論争を開始しようと呼びかける共同の論文が書かれています（以下、この共同批判論文を単に「論文」と記す）。日本の新保育指針を考える上でも参考になると思いますので、その論文が指摘する「懸念される5つの問題」というのを紹介します。

①保育の「技術主義的」定義

第一の問題は、「政治的な問題を技術的な問題に還元している（すり替えている）」ところにあると、この論文は批判しています。「われわれがそう認識しているか否かにかかわらず、教育は常に政治的な言説であり、それゆえまた常にそこには政治的な取捨選択がはたらいている」「にもかかわらず、IELS報告は教育を工業製品生産における技術的なプロセスになぞらえて、教育の成果（とは何かという問題）は議論の余地なくすでに決められているものであり、またその目的は、競争相手を打ち負かすのに必要充分な学習能力をそなえた人材を育成するためのグローバルな闘いglobal warに勝利することであるごとく単純に定義している」。

ここで言っているのは、教育というのは、例えば一人ひとりの人生を豊かに、そういうことに直結するような問題が含まれているのに、そういうことを「幼児版PISA」では扱われていないし、また、産業界や国家の視点にたっても、どういう能力を教育の成果とすべきかという問題はさまざまな選択肢がありうるのに、それについて、まったく議論の余地がない形で書いてあるということです。

そして続けて、「『子どもとは？』『保育の目的とは？』『保育におけるもっとも基本的な価値とは？』という基本的問いがない」と批判しています。

②「ハイパー実証主義」の落とし穴

二つ目の問題は、「自己意識の欠如（自分が何者であるかを知らない)」にあると指摘しています。

OECDのIELSを推進している人たちは、自分たちはどういう立場にいるかということを、客観的に認識できていないということです。

「IELSは『ハイパー実証主義』(訳注：あらゆることについて客観的な判断、普遍的な適用、結果を予測し計画することが可能であり、またすべてのものは数量的測定が可能とする方法・見解）に立脚しているが、そのことに対する自己認識が欠如している。とりわけ、心理学（子どもの発達心理）と経済学（人的資源論＝教育経済学）に特化した部門になっている」「その結果、例えば、子どもを取り巻く『環境』についてきわめて狭く解釈している」と述べています。

「『環境』についてきわめて狭く解釈」というのは次のようなことを指しています。IELSの調査は、子どもの学習能力、学ぶ力を評価することを目的にした調査なのですが、それがどういう要因と関係しているかを明らかにするために、子ども個人の（能力的、態度的）要因だけではなくて、周囲の環境的要因がそこに関係しているということで、そういう調査項目もあるわけです。(日本の学力テストでも、例えば家庭での生活習慣とか、読書量などについての質問があるのと同様です)。しかし、そこでは、例えば、不平等に関するような問題は、環境の問題としてはあらかじめ排除されていることを、「狭い」と批判しているわけです。

つまり、子どもたちが、どんなふうに育っていくか、どんな力をつけていくかについて、親がどれだけ学習活動を用意しているか、温かく接しているか、といった親責任的な要因は考慮しているのですが、その家庭が、どんな生活をしていて、どんな労働環境におかれていて、どれほどの社会的な不平等・不公正の中で、子どもが生き、育っているか、という問題は、環境の問題の中には入っていない、ということを言っています。

さらに、国と国とのあいだの、経済的・物質的格差や文化的差異を無視したまま、子ども全員がそういう姿に育つべきだ、という形で成果というものを描き出しているけれども、問題は、貧困そのものをなくすこと抜きに、子どもたちをそういうところに近づけるなどということは無理難題であって、問題をすり替えている、といったことも言っています。

③既存の「PISA」への無批判的態度

三つ目の批判のポイントは「すでになされている批判にどう答えるのか？」ということです。

PISA（OECD生徒の学習到達度調査）については、すでに皆さんご存知のように、さまざまな根本的批判がなされています。ですから、それと同じに５歳児を対象として調査するなら、さまざまな批判に対する応答をしたうえで着手すべきなのに、OECDの報告書はまったく答えていないのです。

とくに、注目すべきは「驚くことではないが、政策立案者は生徒の成績に関するPISAのそうしたデータを使い勝手のよいものとみなしている」という指摘です。つまり、政策の意図や目標を正当化したり、世論を誘導するために、そのデータから読み取れる範囲を超えた操作を加えたりして都合よく「利用」しているという深刻な問題です。

日本でも文科省による「学力低下」キャンペーンで、ずいぶんPISAのデータが「利用」されました。国際的な順番が、「前は５

番以内だったのに、いまは10番近くになっている」ことが重大な問題であるかのように取り上げられました。

「そうした（訳注：国際的に権威があり、科学研究にもとづくとみなされる）データは、まず何より劇場型政治にとってシンボリックな役割を果たしてくれる。と同時に、エビデンスと称される膨大なデータから、自分（政府当局）のイデオロギーを正当化するのに関連するものだけを都合よくつまみ食いできるからである」と説明しています。

④多様な価値観への感受性の低さ

第四の批判点は、「多様な価値観·理論·文化を尊重するのか否か」という点です。

「IELSならびに同種のテスト装置は、すべての国のすべての子どもを対象にしようとしている。そこでは、すべてのものを、共通する一つの成果に還元することが可能であり、標準化することができ、かつそれらは測定することができるという前提にたっている」。

「標準化」「数値化」が可能、つまり単一の尺度を使って全世界の幼児の能力を測定評価できるという非常に単純な考え方に立っているけれども、実際は、そういう考え方に立たない、さまざまな保育実践が世界には多数存在している、ということをOECDはどう考えているのかと批判しているのです。

たとえば、有名なイタリアのレッジョ・エミリア市の実践に対して、IELSは、「子ども中心主義」だとか、「社会構成主義」だということで、OECDは自らと共通する立場としているが、レッジョ・エミリアの考え方は、今日の学校教育において支配的な価値観（学力テスト体制を合理化するような考えも含めて）に異議を唱えるものであると指摘しています。

レッジョ・エミリア実践のよく知られた「表現」に関する哲学は、「子どもたちはその豊かな百の言葉をもっているが、そのうち99の言葉が大人や学校によって奪われている」というものです。ここには、現在の学校文化は、文字による表現、文字による自己表現しか価値をおいていないことへの根本的批判があります。子どもたちは、いわゆる「言語」以外のさまざまな手段を駆使して自己表現しているにもかかわらず、大人たちはそこから、何かを読み取ろう、そこにある尊いものを見つけだそうとする姿勢が、レッジョ・エミリア実践の基本哲学であり、PISAの教育観とは大きな距離があることに無自覚すぎるというわけです。

さらに、社会的理念や政治的価値観、さらには労働・経営に関しても「効率性vs人間性尊重」のような多様な立場が存在すると、この批判論文は指摘しています。

「（多くの国や地域で）幼児期の教育は『民主主義、共同、社会連帯』をさらに強めることに貢献すべきものと考えられているし、（子どもの育ちや実践は）予測可能なものであるという考え方や、あらかじめ設定された成果に向けて子どもを育てるのが望ましいという考え方ではなく、子どもや保育の世界においては驚きと意外性が何より尊重されるべきものとみなされている」。

この引用の後半部分で、子どもは、あらかじめ設定された成果に向けて育てるのが望ましいという考え方で実践をするものではない、驚きとか意外性が、じつは何より重要なのだという立場が存在するという指摘をしている点は非常に興味深いものです。

この批判論文は「レッジョ・エミリアのすばらしい実践はどのようにして生まれたか」と自ら問いを立て、その答えとしてレッジョ・エミリアの当事者が書いた次のような一節を引用しています。

「私たちは毎日、毎晩、毎週、毎月、いつもいつでも、一人ひとりの子どもの中に、あるいは子ども集団の中に、予想もできないことが起こり、度肝を抜かれるようなことや感銘することに出会い、あるときにはがっかりするようなことや恥じ入ることにぶつかっている。そうしたことすべてが私たちの実践を作り上げたものです。そのおかげで、私たちが生きている世界は完成することがないものであり、未知で不思議なことがいっぱい詰まったものであり、それゆえ私たちはこの世界のことをもっと深く知る必要があるということに気づかされたのである」。

保育というのは、計画があらかじめ用意されて、それにそって忠実に実践すると子どもがよりよく育つ、というのとはまったく違うと、自分たちの実践の歴史を振り返っているのです。

あとで触れますが、今回の保育指針は、実践は計画に従って忠実に行うのが質の向上につながるという「PDCA」の考え方をことさらに強調していますが、それとの関連でこの点は重要です。

⑤「権力はあらゆるところに存在する」

第五の批判点は、OECDの「権力性」です。

「OECDはきわめて強大な力を有する組織であり、望ましい効果を生み出すことができ、かつ望ましくない出来事を確実に減らすことができるという希望を持って、人間の行動を形作るという目的に向かって、きわめて強力な『ヒューマン・テクノロジー』を駆使している」。

「ヒューマン・テクノロジー」というのは定まった訳語がありません。それこそ安倍教育改革が標榜する「人づくり革命」にかなり近い意味合いだと思いますが、要するに人間の行動だけでなく、その内面までも徹底的にコントロールするために最新の科学技術を動員することをさしているのでしょう。論文は続けて言います。

「OECDはそうした権力行使がもたらす危険について自覚すべきであるし、かつ自己を対象化する姿勢をとるべきである。しかしその報告のどこにもそうした記述がない。『リスクマネージメント（危機管理）』の項目にさえ」。

最後は皮肉たっぷりに書いているわけですが、幼児期の能力の世界標準みたいなものをつくっていくと恐ろしい状況が生まれるだろうと懸念しているのです。

「もっとも明白なことは、保育の場における標準化の著しい拡大であり、保育の貧困化（narrowing of early childhood education）である」。

「narrowing of early childhood education」を、「保育の貧困化」と訳してみました。つまり、保育が本来もっている豊かな内容を削ぎ落とすということです。実際に、学校教育でやられている、非常に狭い枠での競争的な「学力育成」に堕していく。

「PISAによって生じたのは以下のようなことである。テストの成績は、低成績の国々に『ねたみ』を、好成績の国々に『高揚感(ecstasy)』をもたらしながら、教育改革の必要性と、その実行のための手段、そしてその目標等を政府が思いのままに決定するのに大きく貢献する。PISAの成績を向上させるもっともシンプルなやり方は、その国のカリキュラムをできるかぎりテスト問題に近いものへ編成することである。このようなやり方を実行した国々において成績が向上すれば、閉塞的で自己充足的なシステム—つまり国はテストが要求するものを教え、成績の上昇が教育制度の改善と言う『(成果の）幻想』を作り出していくシステム—に組み入れられていく」。

テストで測られたものを伸ばすために、役立つようなことだけを教育と称して実践すれば、テストの点数が上がるのは当然です。PISAは自作自演の権力的装置なのです。逆に言えば、テストの結果は「実力」から乖離した表示物であり、内容は空疎だと批判しています。

さらに「幼児版PISA」が政府による管理強化をもたらすと指摘しています。「子どもたちと、子どもたちにかかわるすべての大人に対する政府による管理統制が強まり続けていく。幼児期はもうすでに、恐怖すべきヒューマンテクノロジーの体制に直面している。IELSという新たなテスト体制がそこに付け加われば、国際的な順位を上げるためにさらにいっそうそうした装置を強化するよう、保育者に圧力が高まっていくだろう」。

すでに各国の学校教育政策においては、PISAにおいて成績を上げることが至上命題となっていて、それとの関連性が証明できない事業には予算がいかないという現実が広がっています。そこに深刻な教育条件とその質の低下が進行しているのに、テストの点数だけが向上するという「幻影」が生まれているのです。

このような、切れ味鋭いかなりパワフルなOECD批判が展開されていることを踏まえて、我が国での指針審議等はされるべきなのですが、残念ながら我が国の有識者の多くが「世界的潮流＝OECD」という、やや時代遅れの単純な議論になっているように思えます。

3　改定保育所保育指針の特徴

1）改定のポイント：厚労省の説明

さて、今回の改訂は、厚労省が五つの「基本的な方向性」を示し、これがポイントだとしています。

（1）乳児・1歳以上3歳未満児の保育に関する記載の充実

（2）保育所保育における幼児教育の積極的な位置づけ

（3）子どもの育ちをめぐる環境の変化を踏まえた健康及び安全の記載の見直し

（4）保護者・家庭及び地域と連携した子育て支援の必要性

（5）職員の資質・専門性の向上

これだけ読むと、これまでの保育の方針を踏襲したものとの印象を受けると思います。けれども、上記のような厚労省の説明は、肝心なことを抜いて説明していると思うのです。本文全体を読んでみると、基本的な考え方や目的は大きく変わって、保育がまったくこれまでとは「異質な教育」へと転換しようという意図が明白です。

2）大幅な「目次変更」の意味

そこで、目次を掲げてみました（**資料1**）。目次で全体の構成を見ると、かなり変わっているということがわかります。はじめに、

●資料1　保育所保育指針の目次

（新）	（旧）
第1章　総則	第1章　総則
1　保育所保育に関する基本原則	1　趣旨
2　養護に関する基本的事項	2　保育所の役割
3　保育の計画及び評価	3　保育の原理
4　幼児教育を行う施設として共有すべき事項	4　保育所の社会的責任
第2章　保育の内容	第2章　子どもの発達
1　乳児保育に関わるねらい及び内容	第3章　保育の内容
2　1歳以上3歳未満児の保育に関わるねらい及び内容	1　保育のねらい及び内容
3　3歳以上児の保育に関するねらい及び内容	（一）養護に関わるねらい及び内容
4　保育の実施に関して留意すべき事項	（二）教育に関わるねらい及び内容
第3章　健康及び安全	2　保育の実施上の配慮事項
第4章　子育て支援	第4章　保育の計画及び評価
第5章　職員の資質向上	第5章　健康及び安全
	第6章　保護者に対する支援
	第7章　職員の資質向上

どこが変わっているかを確認しておきます。（新）となっている左側が来年４月からので、右側の（旧）というのが、これまで使われている保育指針です。

旧指針の第１章の１から４は、新指針の第１章の１へそのまままとめられました。ですから改定によって、新第１章の２、３、４が新たに加えられたのです。

①保育の内容から「養護」を外した

新指針のうち「第１章の２」は、旧指針の第３章の１の「(一) 養護に関わるねらい及び内容」が、ほとんどそのまま移動してきたものです。その理由を、厚労省は、「養護が保育において重要だから」と説明しています。しかし「保育のねらいと内容」は、「主として教育のねらいと内容の視点から」書いてあるという文章が新指針に入っていることでわかるように、この移動の目的は、新指針の第２章「保育の内容」から、養護のねらいや内容を外して、「教育のねらいと内容」だけを残すところにあったと考えられます。保育に対する「評価」を必ず実施するよう新指針は強調しているのですが、その評価する際にはもっぱら「教育のねらいと内容」に基づいて行うことになります。

養護が大事だという厚労省の説明と、実際に実践に求められるのは「教育」についての評価だけという指針本文とは矛盾しているといわざるを得ません。養護と教育の一体性という原理は、我が国の保育の歴史の中で確かめられ受け継がれてきた大切な原則です。そうしたものを棚上げしてしまったことで、一人ひとりの子どもの心身のケアという視点が後退しないか、懸念されます。

②保育は「計画」から始まる?!

目次の変更点の二つ目は、これまで第４章にあった「保育の計画及び評価」が、新指針の第１章の３に移ってきたことです。これについても、厚労省は幼稚園教育要領などと順番を同じにしたと、きわめて形式的な説明をしています。

たしかに、幼稚園教育要領だけでなく、小学校の学習指導要領なども、教育課程の作成というのが、保育の内容の前に書いてあります。しかし、この順番は、非常に重要な問題です。

③「発達に応じる保育」への否定的態度

この点にかかわって、旧指針の第２章「子どもの発達」が丸ごと削除された点にも注意を向ける必要があります。

旧指針の目次は、「子どもの発達」⇒「保育の内容」⇒「保育の計画及び評価」という順番だったのです。つまり、保育は、一人ひとりの子どもの発達に応じてやるものという考えだったのです。「子どもが発達の主人公だ」というのが大原則だった。保育というのは、子どもを育て伸ばすことであるのですが、発達するのは子ども自身の力です。発達に応じるというのは、共通の目安や段階があるというより、一人ひとりが発達するのだから多様性や個性があり、幅があるというのが趣旨です。まず、個々の子どもの発達のペースや多様性があって、保育は、一人ひとりの発達を支援しさらに豊かにしていくものだという考えに立っている。それが、「子どもの発達」のつぎに「保育の内容」という目次の順番だった。ただし、場当たり的に保育をやるというのはまずいので、大まかな見通しは必要だという意味で、第４章に「保育の計画及び評価」がきていた。

しかし新指針は、最初に計画が書かれている。計画を最初に書くというのは、例えば小学校などで、年度はじめに年間授業計画をきわめて詳細に作成するという実態に対応したものです。学校の教育の知識やスキルを身につけさせるという側面に限れば、そうした、子どもの実態抜きの「計画」も可能かもしれません。けれども、小さい子どもの育ちは、全人格的な、いわゆる「総合的な」育ちです。「ですから、来月１歳３か月になるんだから、計画では二足歩行の確立よ。この１か月は歩行訓練よ」とはいかないのです。

子どもは、いろいろな人と出会い、環境と関わりながら、本人の意思や意欲があってこそ「歩く」のです。そういう考え方が、今回は非常に後退して、子どもは「発達の主体」から、大人による「教育の客体＝対象」に成り下がりました。

④「幼児期の終わりまでに育ってほしい姿」の新設

養護のこと、発達の章が削除されたこと、子どもに寄り添い発達に応ずるという視点が後退したこと、「計画先にありき」という「教育」論が前面に出てきたこと、これらはいずれも保育の基本的な概念の変更を意味しています。

にもかかわらず、政府からはきわめて「形式的な」説明しかされていません。しかし、そもそも今回なぜ、このように保育の基本的な考え方を変更する必要があったのでしょうか。その最大の理由は、第１章の４「幼児教育を行う施設として共有すべき事項」を新設したことにあります。この項目は旧指針にはまったくなかったものです。そこに書いてある中でもっとも重要なのは、「育ってほしい姿」で、幼稚園・こども園・保育園といったすべての機関の保育の最終目標が設定されたことです。

「計画」が強調されているのは、この最終目標を「計画」に明記させてその達成を園に意識させよう、発達に応じるという視点や養護に関するねらいと内容がはずされたのも、目標達成や意図的で計画的な指導を意識させよう、ということから変更になった。そう考えるとつじつまがあいます。「社会変化の中で新たな能力・資質が必要になっている」とか、「非認知能力」の重要性が世界的に注目されているとか、そうした「解説」が審議委員等からなされているようですが、目次の変更の理由説明にはなっていません。そうした「解説」はいわば、改定を正当化するための美辞麗句として使われているのです。

４　受け継ぐべき理念としての「保育」

１）幼稚園・保育園共通の目的としての「保育」

ですから、「育ってほしい姿」の中身を的確に理解することが今回の改定の意図を理解するうえでもっとも大事になります。ですが、その問題に入る前に、もう少し、保育における「教育」と「養護」の関係が、我が国の保育の中でどのように理解され、使われてきたのかを確認しておきたいと思います。

まず、「保育」という言葉について歴史を振り返ってみます。

保育園でも幼稚園でも、先生たちは、日々の実践のことを、「授業」や「教育」ではなく、「保育」と言います。それは歴史的に見ると、日本の幼稚園の始まりといわれる、お茶の水女子大学附属幼稚園以来、ずっと続いてきた保育の文化であり、歴史です。

歴史的にそうだというだけでなく、法律的にも幼稚園も保育園も同じく「保育」を目的としています。学校教育法22条の「幼稚園の目的」の条文には、「幼稚園は…幼児を保育し」と書いてある。「幼児を教育し」とは書いてありません。

よく文科省は、幼稚園は「学校」であり、「学校教育」を行っているといいます。しかし法律的には幼稚園も保育園も「保育」をやっているのです。なぜ、幼稚園の法律で「教育」ではなく、「保育」という言葉が使われているのでしょう。

そのいちばん大きな理由は、「養護なくして教育することはできない」という乳幼児期の実践の根本原理を表すもっとも適切な言葉として、「保育」という言葉が大切にされてきたからです。

２）「ケアなしに教育はできない」

戦前から戦後にかけて、日本の保育界のリーダーだった、倉橋惣三は、「幼児をケアすることなしに教育することは出来ない」

と、1947年当時の雑誌に書いています。学校教育法も、幼稚園は学校教育と認められたけれども、あえて教育という言葉を避けて、幼稚園の目的を「幼児を保育し」と書いたと説明しています。

小さい子どもたちの場合、先生が言っていること、教えてくれることを聞くのは、「私は生徒だから」という意識で聞くのではありません。ぼくは先生が好きだから、先生がぼくを好きだから、だから、先生の話を聞く。先生はいつも子ども（ぼく）をわかってくれている。だから、その子の心に先生の言っていることが響く。だから、教育することが可能なのです。そういう信頼や愛情的な関係が教育を可能にするわけです。

しかしそうした関係は「心」が作るものではない。抽象的に信頼とか愛情が芽生えるわけではありません。日々の生活の中で、さまざまな関わりの中でつくりあげられる関係なのです。そして、その生活のいちばん中心にあるのが、大人の養護的な関わりです。身体面あるいは生活習慣の面での「世話」にとどまらず、子どもの内面に注意を向け（ケアとは注意を向けることです）、必要な慰めや共感を通じて生活の主体へと育んでいく、そうした心身両面で子どもに寄り添うことが養護です。そうした養護があるから信頼関係が形成され、教育が可能になる。だから養護と教育は一体と言われてきたのです。

3）保育こそ、受け継ぐべき伝統

「保育」という言葉は、誇るべき言葉であって、乳幼児期における、もっとも質のよい教育のことを、「保育」と言うのです。ですから、子どもの権利条約などにおいて、子どもの最善の利益とは、まずそのwell-being（子どもの幸せな日々）を築くこと—つまり、子どもの心地よい毎日、安心できて、楽しくて、笑顔いっぱいの生活—であるという趣旨は、「保育」という言葉にすでにふくまれていると言っていいでしょう。

そういう生活をつくりあげることこそが、保育のいちばんの中心的目的で、そういうことを、「養護と教育の一体性」と言ってきたのです。

こうしたことを踏まえると今回、養護を保育のねらいや内容から外すというのは、重大な問題だと思います。ねらいから外されたら、自分の保育を振り返るとき、養護の視点が弱くなるということです。養護というのは、そうしないではいられないような大人の気持ちを言葉にしたものなので、指針の文言を政府が変更したからと言って、現場で自動的に養護的な側面が軽視されることにはなりません。しかし長期的に見るときわめて影響が大きい。

そして、最近では、養護というのは世界的に、Early Childhood Education and Care（ECEC）という形で、むしろ教育との一体性が広く認識されてきている。国際的な潮流に合わせたと言いながら、その基本概念のところで今回の改定は逆行している。本当に皮肉なものです。日本における「保育」というスピリットには、非常に先進的で普遍的なことが含まれている、「国際的」と訴えたいのなら、保育こそ受け継ぐべきとすべきだったのです。

5　実践とは何か

1）PDCAサイクルとは何か

「養護」の位置づけ、「発達」の章の削除、そして「育ってほしい姿」を計画に最終目標として位置づけるようになったことなどを踏まえると、私たちは、歴史としての、あるいは実践の実感的理念としての「保育」を正統に受け継ぐ必要があります。さらに、今回の改定は、「実践」のとらえ方にも大きな修正を持ち込もうとしています。実践をどうとらえるべきか、少し議論したいと思います。

今回の指針・要領は、実践に「PDCAサイクル」を全面的に導入しようとしています。

保育指針には直接、「PDCA」という言葉は出てきませんが、多くの箇所に、たとえば次の文章のような形で、その考え方が明記されています。

「保育所が組織全体で計画的な保育の実践とその評価·改善に取り組み、保育所保育の全体的な過程や構造を明確にすることは、保育の質の向上を図り、社会的責任を果たしていくことにつながる。（略）保育所全体として一貫性をもって子どもの発達過程を見通しながら保育を体系的に構成し、全職員の共通認識の下、計画性をもって保育を展開していくことが重要である（第１章「総則」３　保育の計画及び評価)」。

この中で、保育においては、「計画Plan」→「実践Do」→「評価Check」→「改善の行動Action」を繰り返すことが、質の向上や社会的責任を果たす上で欠かせないといわれている点が、PDCAを指しています。

こうしたPDCAを強調する文章は、何か所もあります。「(４）保育内容等の評価、ア保育士等の自己評価」のところでは次のように書かれています。

「保育士等は、保育の記録を通して計画とそれに基づく実践を振り返り、自己評価を行う。子どもの活動を予想しながら作成した指導計画のねらいや内容と、実際に保育を行う中で見られた子どもの姿を照らし合わせ、子どもの生活や育ちの実態を改めて把握し、子どもの経験がどのような育ちにつながるものであったかを捉え直す。それによって、次の計画のねらいや内容を設定する上で必要な情報や観点を得るとともに、環境の構成や子どもに対する援助について改善すべき点を見いだし、その具体的な手立ての考察につなげていく」。

これもPDCAなのですが、注目すべきは、PDCAをやらなければ「実践の質の改善向上はなしとげられない」と強調している点です。上の文の続きはこうです。

「こうした保育の過程が継続的に繰り返されていくことによって、日々の保育の改善が図られる。同時に、保育士等が子どもの内面や育ちに対する理解を深め、自らの保育のよさや課題に気が付くことにもつながっていく。このように自己評価は、保育士等の専門性の向上においても重要な意味をもつものである（第１章「総則」３　保育の計画及び評価)」。

２）実践論としての「PDCA」の問題点

①実践は計画のためにするもの？

一見すると、実践の総括とか、振り返りとか、ふだんやっていることを「PDCA」と言い換えただけと思われるかもしれません。ふだんの実践と大きく違うのは、実践をする際にも、またその実践を振り返る際にも、その唯一の基準は「計画」とされているという点です。計画の最終目標は、「育ってほしい姿」とすべきだとなれば、その目標にどれだけちかづいたかで子どもが評価され、保育者が評価されることになるわけです。

実際の保育では、もちろん「計画」とまったく無関係というわけではないけれども、基本は「子どもの視点」がそこに入ってこないと意味がないと考えられているはずです。保育者というものは、一人ひとりの子どもたちにとって、たとえば「計画にあった活動をやったけれども、今ひとつ意欲が引き出せなかったな」とか、「○○ちゃんはうかぬ顔していたけどどうしたのかな」と、あれこれ議論するのが総括であり、振り返りです。その議論の延長線上には、計画や目標そのものを問い直すということももちろんありうる。そうした問い直しは—「PDCA」では「次の計画作成に生かす」となっているけれども—、明日からの保育に生かすとなるわけでしょう。

②子どもの声、人間の声が抜けている

ですから、これまでやってきたことは大きく違う。PDCAでは、いわば「計画」は動かないものであり、子どもの声や保育の問い直しは位置づけられていないのです。そういう一連の、組織的な、計画的な流れの

中で行う。そして、保育士も自分を評価しなさい、保育士もそうやって評価されるのですよ、ということなのです。

「（4）保育内容等の評価、イ　保育所の自己評価」も同じです。

「自己評価は、一年のうちで保育活動の区切りとなる適切な時期を選んで実施する。そのため、日頃から保育の実践や運営に関する情報や資料を継続的に収集し、職員間で共有する。資料には、保育記録をはじめ、保育所が実施した様々な調査結果、あるいは保育所に寄せられた要望や苦情等も含まれる。職員間の情報の共有や効率的な評価の仕組みをつくるために、情報通信技術（ICT）などの積極的な活用も有効である。

自己評価の結果については、具体的な目標や計画、目標の達成状況、課題の明確化、課題解決に向けた改善方策などを整理する。自己評価の結果を整理することで実績や効果、あるいは課題を明確にして、更に質を高めていくための次の評価項目の設定などに生かしていく（第1章「総則」3　保育の計画及び評価）」。

ここでも、「評価」は組織的にやりなさい、情報ツールも駆使して合理的にやりなさいとなっています。しかし、人間味がない。子どもの声は、どこに行ってしまうのかと、私は思うのです。人間の声は、そこにはない。まるで事務的なビジネスです。「苦情処理」とか「改善方策を講じる」とか「次の評価項目の設定に生かす」とか、今すぐ子どもや保護者のためにやるという、保育の現場感覚がぬけています。

保育者が子どもの声を聞いて、「こうしてやろう」とか、「ああしてやろう」というよりも、計画にもとづいて、いわば手順どおりに機械的にやるのが「いい保育」となってしまう。だれかが、ときにはアプリで作成した計画にもとづいて、子どもにそれをさせるのが保育者の役割になっていく。そうなったら保育は何とつまらない仕事になることでしょう。

そして、「保育」が、ビジネスの言葉で語られるようになる。保育の「ビジネス化、業務化」です。振り返りも、子ども理解も、カリキュラム・マネジメントに組み込まれていく。質の向上というのは、あらかじめ設定された目標とか、価値観の外に出ることはできないようにしくまれている。

③保育の質の基本は人間関係

保育の質の向上はまったく異なる視点で捉えられるべきだと私は考えています。

例えば、これまでの保育指針の中では、次のような捉え方がそれに当たります。

「職員同士の信頼関係とともに、職員と子ども及び職員と保護者との信頼関係を形成していく中で、常に自己研鑽（さん）に努め、喜びや意欲を持って保育に当たること（旧「保育所保育指針」職員の資質向上に関する基本的事項）」。

新指針では、この文章がすっぽり削除されました。厚労省の解説書で、この箇所は次のような説明が加えられています。

「保育の質を高めるためには、職員の主体性や意欲が育つ環境をつくることが必要です。職員の意欲や主体性は、職員間や子ども・保護者との間に信頼関係が形成され、それがよりよいものとなっていく中で育まれます。自らの保育や職員同士での協働によって、子どもが安心感や達成感を味わいながら保育所での生活を過ごし、成長していく姿を目にすること、またそれを通じて得られる喜びや充実感を保護者と共有することによって、それぞれの間の信頼関係が築かれていきます。そしてその信頼関係の中で培われる職員の意欲や主体性が、相互の学び合いや育ち合いを支え、実践への原動力となり、それがまた保育の質を高めていくという好循環をつくっていくのです（旧「保育所保育指針」解説書）」。

私はこの解説を読むと、先ほどの旧指針の本文の該当箇所が削られた理由がよくわかります。ここに、信頼関係にもとづく、同僚的な励ましや学び合いこそ、「保育の質を高める好循環」とある。これがあったら、PDCAこそ質の向上という今回の基本方針に抵触すると、お役人は考えたのでしょう。

欧米の保育の質研究でも、保育の質のもっとも重要な要素は「保育者と子どもとの応答的で温かな関係」であり、そこには大人同士の人間関係の質が大きくかかわっているとされています。関係づくりとか、信頼関係とか、保護者と一緒に運動するとか、そういうことは、政府が望む「目標や計画」以外のものを持ち込む恐れがある。だから、そういう人間的なものは排除した。こうして、子ども、保育者、保護者、それぞれの主体性、意欲、人間性、そしてその肉声が、保育の中心的要素から排除されていった。こうしてできあがったのが、「PDCAこそ、質」という今回の方針だったのです。

6「幼児期の終わりまでに育ってほしい姿」のどこが問題か？

1）誰から見た「よい子」なのか

さてつぎに、今回の改定のもっとも重要なポイントである「育ってほしい姿」（資料2）をどう受け止め、どう読むか、考えてみたいと思います。

まず、「自立心」を取り上げます。

「イ　自立心

身近な環境に主体的に関わり様々な活動を楽しむ中で、しなければならないことを自覚し、自分の力で行うために考えたり、工夫したりしながら、諦めずにやり遂げることで達成感を味わい、自信を持って行動するようになる（第１章「総則」４　幼児教育を行う施設として共有すべき事項（２）幼児期の終わりまでに育ってほしい姿）」。

これが、５歳児の子ども（年長さんの後半）たちの育ってほしい姿です。だれが読んでもそうだと思いますが、あまりにも高すぎる目標だと思います。自分にあてはめて、自分を対象に評価をしていただくと、わかると思います。

「自立心」というのは、社会の中で自分の足で立ち、自分の力で考え生きていくことを指す言葉です。そうした自立には二つの面がある。一つは、自我を確立するという面、もう一つは社会の一員として生きるという面です。しかしここでの「自立のとらえ方」は前者をほとんど無視しています。

子どもでも大人でも同じだと思いますが、人生には、「しなければならないこと」だけでなく、「自らやりたいこと」がなくてはなりません。しかし、自立とは「自己を抑制すること」であるという定義になっています。

結果として、こうした書き方になっている背景にあるのは、人間を当事者の側から見るのではなく、労働者として使うとか、勉強をさせるという、いわば「上位にある者」＝「人材として使う」側に立って書いているということがあるのではないでしょうか。

子どもの育ちの道筋としてみると、まず、やりたいとか、やりたくないことが先に立っていて、そうしたことには思わずがんばる、あきらめたくない…となってきて、少しずつ「自分でやりとげる喜び」が実感できていく。自分のやりたいことは「幼児の終わりまでに」卒業して、小学校以降は「やらなければならないこと」に専念できる、等というものではありません。

なぜ、年長児の後半までに育つべき姿が、このような「究極のよい子像」のようになってしまったのでしょう。ひとつには、教育者は、理想を語るのが好きで、立派な子どもに育てたいという親心から、立派な姿ばかりが目標になってしまった。そうしたことも考えられないではありません。しかしこれは、あまりに度を超えています。

2）到達目標として現場をしばる恐れ

では、この「育ってほしい姿」は、どの程度達成することが求められることになるのでしょうか。このもとをつくった会議の座長だった無藤隆さんは、これは子どもにとってはあまりにも完成された姿なので、達成しなくてもいいという趣旨の説明をしていますが、実際のところ、どうなっていくのでしょう。

この点について、解説書の原案と目される資料では次のように説明されています。

「保育所の保育士等は、遊びの中で子どもが発達していく姿を、『幼児期の終わりまでに育ってほしい姿』を念頭に置いて捉え、一人一人の発達に必要な体験が得られるような状況をつくったり必要な援助を行ったりするなど、指導を行う際に考慮することが求められる。

実際の指導では、『幼児期の終わりまでに育ってほしい姿』が到達すべき目標ではないことや、個別に取り出されて指導されるものではないことに十分留意する必要がある。もとより、保育所保育は環境を通して行うものであり、とりわけ子どもの自発的な活動としての遊びを通して、一人一人の発達の特性に応じて、これらの姿が育っていくものであり、全ての子どもに同じように見られるものではないことに留意する必要がある。また、『幼児期の終わりまでに育ってほしい姿』は卒園を迎える年度の子どもに突然見られるようになるものではないため、卒園を迎える年度の子どもだけでなく、その前の時期から、子どもが発達していく方向を意識して、それぞれの時期にふさわしい指導を積み重ねていくことに留意する必要がある。

さらに、小学校の教師と『幼児期の終わりまでに育ってほしい姿』を手がかりに子どもの姿を共有するなど、保育所保育と小学校教育の円滑な接続を図ることが大切である。その際、『幼児期の終わりまでに育ってほしい姿』は保育所の保育士等が適切に関わることで、特に保育所の生活の中で見られるようになる子どもの姿であることに留意が必要である。保育所と小学校では子どもの生活や教育の方法が異なっているため、『幼児期の終わりまでに育ってほしい姿』からイメージする子どもの姿にも違いが生じることがあるが、保育士等と小学校教師が話し合いながら、子どもの姿を共有できるようにすることが大切である。(略)

『幼児期の終わりまでに育ってほしい姿』は、保育所保育を通した子どもの成長を保育所保育関係者以外にも、わかりやすく伝えることにも資するものであり、各保育所での工夫が期待される」(第1章「総則」4　幼児教育を行う施設として共有すべき事項（2）幼児期の終わりまでに育ってほしい姿)。

ここでは、「到達すべき目標ではない」というのだけれど、小学校の先生等と話すときは、これをもとにすれば、「わかりやすく伝えられる」とあります。私にはこの二つの事柄は矛盾していると感じられます。「わかりやすい」というのは、目標が具体的で明確だからでしょう。となると、当然、ここに描かれた姿が小学校1年生だったら身についているのが当然となってしまう。だから、「育ってほしい姿」は到達目標となり、幼児をできる・できないで判定して構わないとなってしまう。「育ってほしい姿」の現実的な危険として、やはり大人の側に、これを基準にしてできる・できないと子どもを評価＝断定してしまうという問題がある、これが第一の問題です。

3）「到達目標ではない」という弁明の意味

しかし同時に、到達すべき目標ではないことに十分留意すべきと、わざわざ言っている点にも注目すべきです。そこにどんな意味があるのだろうと。

「育ってほしい姿」は、自信・意欲・粘り強さとか、自己コントロールとか、いわゆる「非認知能力」の重要性が非常に強調されています。その基礎は幼児期からと言うわけですが、非認知能力というのはどう考えても、幼児期で完成するものではないわけです。そういう面が考慮されて到達目標ではないと言っているのでしょう。しかし、問題はこの非認知能力の重視が意味するものです。
その「非認知的能力」の研究の素性といいますか、その問題関心は先ほど述べたように「労働力としての人材育成」にあります。例えば、すばらしい学歴を持った公務員なのに、外交官としてすばらしい業績を上げる人と、そうでもない人に分かれてしまうのはなぜか。ものすごく業績を上げる社員と、そうでもない社員の差は何かとか、採用試験のときに、どういう試験をやったらそうした業績に直結する人材を見抜けるかとか。つまり、企業収益の向上に貢献する人材、いわゆる「人的資源としてのエリート」の有効育成・活用を目的とした一連の研究があるのです。平たく言えば、グローバルな激烈な競争の中で、心折れずにがんばる少数の人材をどう育成するかという関心なのです。
だから、全員が、そんなふうになってくれなくてかまわない。しかし、そういう価値観といいますか、みんながそこを目指して向かわなければいけないという自覚をもたせなくてはならない。「到達目標ではない」というのは、そこに至るのは少数かもしれないけれど、そうした価値観・人間観は全員に内面化させたいという意味なのではないかと、私なりに考えました。
ですから、いわゆる人材開発のための研究で、労働力、国民として必要な、資質・能力の研究という、そういうものの展開の中で、幼児期へ注目がいっている。今回の指針や要領は、その結果でてきたもので、やはり、基本的には能力競争なのです。
到達目標というのは必ずしも「絶対悪」ではありません。全員が到達できるよう、条件を改善し、保育の知見を結集するというなら、積極的な意味を持つ場合もある。しかし、「育ってほしい姿」には、全員をこの姿へ育てたいというよりは、こういうものに向かってがんばれ、競争しろというものとして掲げられている。これが第二の問題点です。

4）学ぶ力のとらえ方としての問題点

さて、では「育ってほしい姿」の中身について検討します。10の項目があるのですが、ここでは「自立心」の項をとりあげて、具体的に見ていくことにします。
この「自立心」のところでまず注目してほしいのは、「しなければならないことを自覚」することが、小学校以降の生活や学習を考えたときに重要だとしている点です。
与えられた課題に全力で取り組むことで成長するのだから、大人からの要求や期待を読み取って自己を抑制し方向づけることが重要だというわけです。たしかに、その場面の意味や自己への要求を読み取る能力も大事ですが、がんばりややり遂げる上での一つの要素しか言及していないという問題があると思うのです。

①能動性やモチベーションという視点の欠如

私たちが何かにがんばれるとか、やらねばと思えるようになるためには、他にも大事な要素があります。一つは、内面的な動機づけというもので、よくモチベーションといわれるものです。それは周囲へ自分を合わせるというのではなく、自分が本心からできるようになりたいという気持ちです。モチベーションというのは、自分自身が何をしたい・なりたいことに取り組むときに生まれ高まります。ですから、遊びの中で身体を動かす機会が多いほうが、「ねばならない課題」を多く用意して運動機能を高めようとする園よりも、運動動力が高まる。それはそうした自発性や能動性を発揮する中で、自分自身でやり遂げたいという意欲・モチベーションが高まって、全力で身体を動かすからだと説明されています。
ですから、「やりたい気持ち」というのか、自分のやりたいことがはっきりと、あるいはたくさんあるということが、粘り強さやがんばりを育む要素として位置づける、というのが公平だろうと思うのです。

②「仲間と共にあるとき、もっともよく学ぶ」という視点の欠如

もう一つ、粘り強さやがんばりは、その子を取り巻く仲間関係の温かさの中で育ちます。私たちの経験から言っても、自分の力でできたというときより、自分の力ではできなくて心が折れそうになったときに、友だちからの温かな助けや励ましを受けて、一歩でも前進できたというような経験が現在の自分を支えていることが多いのではないでしょうか。

解説書の原案でも、友だちとのかかわりの中で取り組むことの重要性に触れられています。「卒園を迎える年度の後半には、遊びや生活の中で様々なことに挑戦し、失敗も繰り返す中で、自分でしなければならないことを自覚するようになる。保育士等や友達の力を借りたり励まされたりしながら、難しいことでも自分の力でやってみようとして、考えたり、工夫したりしながら、諦めずにやり遂げる体験を通して達成感を味わい、自信をもって行動するようになる（第1章「総則」4　幼児教育を行う施設として共有すべき事項（2）幼児期の終わりまでに育ってほしい姿)」。

ここには、友だちや保育士の力を借りたり、励まされたりすることが、諦めずにやり遂げることを大きく支えるものだと書かれているのですが、だとすると友だちと助け合う姿が育ちとして当然重視されなくてはいけないはずです。しかし、「自立心」だけでなく他の項目にもそうした姿はでてこない。自分個人の力でやり遂げなくてはならないという意識だけを、育ってほしい姿として「評価」しているのです。

友だちと助け合うというと、社会性や人間関係にかかわる育ちと理解されがちですが、「学ぶ能力」として重視されなくてはなりません。他者の考えや気持ちを自分のものとして使って考えたり生活に活かしたりできる点が、ほかの生物とは異なる人間特有の学びの強みです。

このように「学び・育ち」を支え促す力という視点から見ると、自己抑制や場面意識だけが「自立」の重要な要素とされていて、「自我」やモチベーション、あるいは仲間との助け合いやつながりをきずく力は取り上げられていないことがわかります。

「育ってほしい姿」というなら、必要な能力・資質を公平にカバーしたものでなくてはなりません。こうした偏りがなぜ生じてきたのか、その背景を知るためには、拠って立つ子ども観あるいは世界観を見る必要があります。

③「国旗・国歌に親しむ」に見られる子ども観

そこで、「育ってほしい姿」には直接登場してはいませんが、今回の改定によって新たに盛り込まれた「国旗・国歌に親しむ」という保育内容について検討したいと思います。

解説書の原案には、この項目について次のような説明が記されています。

「幼児期においては、保育所や地域の行事などに参加したりする中で、日本の国旗に接し、自然に親しみをもつようにし、将来の国民としての情操や意識の芽生えを培うことが大切である。保育所においては、国旗が掲揚されている運動会に参加したり、自分で国旗を作ったりして、日常生活の中で国旗に接するいろいろな機会をもたせることにより、自然に日本の国旗に親しみを感じるようにさせることが大切である。

また、そのようなことから、国際理解の芽生えを培うことも大切である（第2章「保育の内容」3　3歳以上児の保育に関するねらい及び内容)」。

最後の「国際理解の芽生え…」という一文は、その前段の文章とつながりがありません。その前段では国旗とは「日本の国旗」のことであり、日本「国民としての情操や意識」を培うために「親しませる」べきだとしています。世界の平和や国際理解にまったく開かれていないという点が、最後の文章があることで逆に際立っています。

さてここで「国民としての情操」という言葉が登場していますが、何を指しているのでしょう。「情操」というのは一般に、社会的・文化的・芸術的に価値ある尊い、美しいと感じとる力のことですから、「国家」や「日本」をいわば感覚的に、感情的に価値あるもの、権威あるものと受け取る傾向をさしているといえるでしょう。

「国歌＝君が代」のところも、「国民としての情操や意識を培う」という意味づけなのです。しかし、他の保育内容に関しては、一切そのような観点からの解説はありません。いわば問答無用で、国旗・国歌が「国民としての意識や情操」の中核だとされているわけです。

ここには明らかに、主権者であり、基本的人権の主体である国民という捉え方はありません。もし、本格的に「国民としての意識や情操」を問題にするなら、憲法的な価値―基本的人権の尊重とか、国民主権とか、平和主義―を感じ取る感性・感覚が中心にすえられなくてはなりません。

「自分の頭で考える」とか、「自分の意見を堂々と発表できる」とか、「人が困っていたら、我が事のように心配する」とか、そういうことが、国民として、民主主義の社会に生きる国民として決定的に重要だということを書かないでおいて、「国旗・国歌」だけをとりあげて国民意識の基礎であるかのように説明する。ここでは、政治的憲法的な論理というものが無視されています。このようにきわめていい加減な意味づけをした上で、だから「国旗が掲げてある運動会」に参加させる必要があると書いています。この解説から、力ずくで、国旗を子どもたちに押し付けようとしているという印象を私は持ちました。

この問題に対しては、改めて憲法の視点から向き合わなくてはいけないと思います。

7　子どもの主体性を育てる視点

1）保育の哲学を語るべき時代

先ほど、「学び育つ力」を掲げたといいながら、なぜ、能動性や内面的動機を問題にしないのか、他者との助け合いや人間的つながりこそ学ぶ力なのだということを踏まえないのかと問いを立てました。その答えは、そもそも子どもを、主権者として、基本的人権を持つ主人公として、あるいは働く者として団結し連帯していく主人公として位置づけていないからだと思います。

つまり、政治的なある特定の価値観がその根底にあるといわざるを得ません。「学力」とか「小学校との接続」という共通の関心事をクローズアップしながら、しかしそこには共通の価値観とはいえないものが盛り込まれているのです。

最後に、「子どもの主体性を育てるための視点」というサブテーマに即して話をまとめたいと思います。今、保育を、その理念や哲学という観点から語るべき時にきていると思うからです。

保育の方法論レベルの議論では、「問題」の本質が見えなくなってしまいます。学び論だけではなくて、「人間」論、「政治」論を議論していく必要があると思うのです。

2）保育の本質としての「人間らしさ」

その議論の際に「人間が人間らしくあること」ということが、何よりも大事です。

子どもが、「やらなければならないけれど、できそうもないからやりたくない」とか、「みんながやっていることを、やったほうがいいかもしれないけれど、だけど、これをやりたい」とか、そういうことはもっとも人間らしいことです。いろいろな喜怒哀楽とか、自分の自尊心とか、自分の見栄とか、自分のプライドとか、そういう中で問題を起こしたり、先生たちを驚かせたり、混乱させたり、困らせたりということも、人間らしさなのです。そういう中で、もたもた、ごたごたしながら、子どもと付き合っていくことこそ、保育の真髄であり喜びです。

保育はとても人間味豊かなものです。雑多なこと、あるいはもたもたやごたごたは日常茶飯事で、しかしそうだからこそ時にはすばらしことや驚かされることが詰まっている。計画を立てたとおりに、はみ出さないで、先生も子どもも、まるで機械のように動き動かされることではないのです。

保育の目指しているもの、保育の中で大切にしなければいけないもの、そういうものを言葉で表現して、私たちの目的にしていかなければなりません。「子どもを、学ぶ人間にすることが大事」とか、「学力向上のためには整然とした秩序が大事」と言われると反論しにくい。そうした人間性を押さえ込むような言葉を跳ね返すような、保育の目的を語る言葉をつくり出さなければいけないと思います。

そして、保育という概念を、もっと豊かなものにしなければなりません。新指針にある質とか成果とか、「育ってほしい姿」が、なんと一面的で、人間のごく一部分のみしか描いていないか、そういうことを批判していく必要があるからです。

子どもたちは社会の環境の中で育っています。それと同時に、社会のありようとか、今の働き方とか、そういうことも含めた保育の条件、社会の貧困も解決しなければ、子どもたちの豊かな育ちはない。そうした環境とか状況と無関係に、どの子も立派に育てるなどというのは絵空事であって、そういうことに、私たちが簡単に巻きこまれてしまってはいけない。そういう意味で、環境とか状況ということをしっかり位置づけた保育概念をつくっていかなければいけない。

あるいは、人間を育てることは、すべて予測可能であり計画可能であるという考え方、もっと言うと、保育の実践においては、「混乱は敵だ」といったような考え方を、どうにか乗り越えられるような保育論をつくりたいと思います。

3）大人の共同で人間らしさ、その子らしさを守る

子どもにとっては、子どもの願いや思いに応えてくれる大人がいるということが、いちばん大事です。そういう意味では、保育の応答性というのが基本であって、子どもを評価するという目線はどうしても、子どもの思いや気持ち、複雑な内面とかではなく、子どものできばえとか表面的な姿にだけ目を向けるようにさせてしまう。保育の応答性を脅かすという意味で、評価はやらないほうがいい。しかし、やむをえずやるのなら、子どもの視点に立って、その子は、どんな気持ちで、どんな思いでそうしたかということから、子どもの学んでいることを捉えるのが本当の評価なのだという世論をつくっていかなくてはなりません。子どもにとって「意味のある」ことが評価の対象にならなくてはなりません。子どもが評価の共同主体であるというのはそういう意味です。

「小学校との接続」も、小学校と保育所が接続するのではなくて、子どもが新しい環境に入っていけるということであって、接続の主人公は子どもなのです。子どもが、新しい環境に入るとき、自分らしく自分らしさを伝えて、周りから友だちが聞いてくれて、そういう子どもたちを温かく見守るような関係を、どのようにつくっていくかということが、接続の中心問題のはずです。人間らしさやその子らしさは、「学校での学習」にとって不要なものとして学校に入学する前にぜんぶ洗い流して、「立派な一年生」にして送り出してください、というのは、接続とは言えないのです。

評価とか接続が、保育に持ち込まれようとしています。しかしそれらはあくまで子どもの視点に立ってなされなくてはならない。大人がその子の良いところも悪いところも、温かく見守っていくような関係をつくるということが基本です。具体的な提言を今後の課題としたいと思います。

この論稿は、2017年11月５日に開催された第39回 保育研究所研究集会におけるシンポジウム「新指針・要領の子ども観・保育観・保育者観の批判的検討」における報告をもとに、加筆修正したものです。

●資料２「幼児期の終わりまでに育ってほしい姿」

ア　**健康な心と体**　幼稚園生活の中で、充実感をもって自分のやりたいことに向かって心と体を十分に働かせ、見通しをもって行動し、自ら健康で安全な生活をつくり出すようになる。

イ　**自立心**　身近な環境に主体的に関わり様々な活動を楽しむ中で、しなければならないことを自覚し、自分の力で行うために考えたり、工夫したりしながら、諦めずにやり遂げることで達成感を味わい、自信をもって行動するようになる。

ウ　**協同性**　友達と関わる中で、互いの思いや考えなどを共有し、共通の目的の実現に向けて、考えたり、工夫したり、協力したりし、充実感をもってやり遂げるようになる。

エ　**道徳性・規範意識の芽生え**　友達と様々な体験を重ねる中で、してよいことや悪いことが分かり、自分の行動を振り返ったり、友達の気持ちに共感したりし、相手の立場に立って行動するようになる。また、きまりを守る必要性が分かり、自分の気持ちを調整し、友達と折り合いを付けながら、きまりをつくったり、守ったりするようになる。

オ　**社会生活との関わり**　家族を大切にしようとする気持ちをもつとともに、地域の身近な人と触れ合う中で、人との様々な関わり方に気付き、相手の気持ちを考えて関わり、自分が役に立つ喜びを感じ、地域に親しみをもつようになる。また、幼稚園内外の様々な環境に関わる中で、遊びや生活に必要な情報を取り入れ、情報に基づき判断したり、情報を伝え合ったり、活用したりするなど、情報を役立てながら活動するようになるとともに、公共の施設を大切に利用するなどして、社会とのつながりなどを意識するようになる。

カ　**思考力の芽生え**　身近な事象に積極的に関わる中で、物の性質や仕組みなどを感じ取ったり、気付いたりし、考えたり、予想したり、工夫したりするなど、多様な関わりを楽しむようになる。また、友達の様々な考えに触れる中で、自分と異なる考えがあることに気付き、自ら判断したり、考え直したりするなど、新しい考えを生み出す喜びを味わいながら、自分の考えをよりよいものにするようになる。

キ　**自然との関わり・生命尊重**　自然に触れて感動する体験を通して、自然の変化などを感じ取り、好奇心や探究心をもって考え言葉などで表現しながら、身近な事象への関心が高まるとともに、自然への愛情や畏敬の念をもつようになる。また、身近な動植物に心を動かされる中で、生命の不思議さや尊さに気付き、身近な動植物への接し方を考え、命あるものとしていたわり、大切にする気持ちをもって関わるようになる。

ク　**数量や図形、標識や文字などへの関心・感覚**　遊びや生活の中で、数量や図形、標識や文字などに親しむ体験を重ねたり、標識や文字の役割に気付いたりし、自らの必要感に基づきこれらを活用し、興味や関心、感覚をもつようになる。

ケ　**言葉による伝え合い**　保育士等や友達と心を通わせる中で、絵本や物語などに親しみながら、豊かな言葉や表現を身に付け、経験したことや考えたことなどを言葉で伝えたり、相手の話を注意して聞いたりし、言葉による伝え合いを楽しむようになる。

コ　**豊かな感性と表現**　心を動かす出来事などに触れ感性を働かせる中で、様々な素材の特徴や表現の仕方などに気付き、感じたことや考えたことを自分で表現したり、友達同士で表現する過程を楽しんだりし、表現する喜びを味わい、意欲をもつようになる。

保育所保育指針から抜粋

特別寄稿

韓国生態幼児教育の理念と今後の展望

林 再澤（イム・ジェテック）
韓国生態幼児教育研究所理事長
（翻訳　林 志妍〈お茶の水女子大学大学院〉）

1．韓国幼児教育の構造的問題と生態幼児教育の背景

現代韓国の幼児教育は、朝鮮末期日本人によって設立された幼稚園と、その後に米国人の宣教師が設立した幼稚園の２つの起源をもつ。36年間の日本帝国の支配を経て、1945年解放後から３年間の米軍政を経験した韓国の幼児教育は、制度的には日本のものを踏襲し幼保二元化となり、教育内容では、米国の影響を受けて米国式の幼児教育となった。韓国幼児教育の特徴を一言で言うと、日本製の制度と米国製の内容に、韓国産の子どもである。

韓国の主流の幼児教育は、韓国の伝統や文化を無視した米国風の幼児教育になっている。特に、韓国の幼児教育学界を見ると、満３－５歳児の幼稚園教育を主な研究とする風土が形成され、妊娠、胎教、出産、育児などの分野にはあまり関心が置かれなかったと言える。このような風土は、働く母親の子どもに対する保育や乳児に対する保育の活性化を妨げた。また、学界と現場では、幼児教育学科対保育学科、または、幼稚園対保育園に分かれて絶えず葛藤があり、それに、幼児教育学の学問的な閉鎖性まで加えられ、幼児教育と保育関連学会は、数十個まで分かれたのである。

それに、近代化と産業化の過程において形成された韓国主流の教育界では「国家発展と子ども」という旗を掲げつつ、子どもを尊い命として見るのではなく、国の発展のための「人材」もしくは「人的資本」と捉えた。その時の教育は「人間行動の計画的な変化」と定義づけられた。このような立場は今日の幼児教育にも続いている。

このような韓国の状況を背景に、韓国で生まれた韓国的な幼児教育のアプローチの一つが「生態幼児教育」なのである。生態幼児教育は、1990年代初めに釜山大学幼児教育学科の教授として勤務していた筆者の主導で、韓国で胎動し今でも発展しつつある幼児教育である。

「生態幼児教育」の誕生は韓国社会の民主化の歴史と無縁ではない。1987年６･29民主化宣言後、韓国社会には民主化の風とともに「民族・民主・人間化教育」の旗を掲げた教育民主化運動が広がっていた。教育民主化運動に接し、筆者は従来真理と考えていた大学で教わった西洋の教育学や米国の幼児教育学に対し、疑問を持ち、批判的にとらえ始めた。

さらに、1988年のソウルオリンピックを起点に、韓国の子どもたちの中でアトピー性皮膚炎が増加し始めたが、これは筆者にとって生態幼児教育への確信を持たせる決定的な契機であった。西洋の幼児教育、いわば子どもを室内に閉じ込めた幼児教育は、自然と生命の理にそぐわない誤った教育方式であるという確信が深まった。韓国にお

ける子どもたちのアトピーの発生は、88年ソウルオリンピックを期に上陸したコカコーラとマクドナルドで象徴される、出産や授乳、養育と教育を含めた生活全般の西欧化・産業化の副産物であるといえる。アトピーは「ア（兒）ト（土）ピ（避）」の漢字に見るように、「兒」（子ども）が「土」を「避」けることが原因で生じた病気、つまり、自然の摂理と人の道に外れた「反生態的」生活による生活習慣病であり、一種の文明病であると考える。

結局、「生態幼児教育」は20世紀末の韓国社会で行われた急速な産業化において、産業文明最大の被害者の子どもたちの痛む体と心と魂に元気を取り戻すための幼児教育である。そして、そのため、開発と成長、競争と資本の論理に支配された西洋式幼児教育を改革しようとする、新パラダイムの「生態的（Ecological）」な生き方であり、教育である。

2．生態幼児教育の特性

生態幼児教育の意味を要約すると、まず、生態幼児教育は、生命思想ないし生態論的な世界観に基づいた生命論的アプローチであり、従来の幼児教育に対する新たなパラダイムの幼児教育である。つまり、自然の摂理による自然親和的な幼児教育である。また、生態幼児教育は、子どもを主体的な生命人ないし「ハンウルニム」[1]とみなす「子どもサリム」[2]の幼児教育であり、子どもを含めた全ての命を祀って生かす「生命サリム」の幼児教育である。そして、先代の育児の知恵に基づいた、古いながらも未来に通用する（ancient future）幼児教育である。

結局、生態幼児教育は韓国人の５千年の暮らしの知恵に基づいた自生的な韓国的な幼児教育でありながら自然の摂理と人の道理に基づいた普遍的な幼児教育であるといえるだろう。

産業化と都市化の進む韓国社会において生態幼児教育の役割は、自然と遊びと子どもらしさを失われたまま、室内に閉じ込められて「養鶏式」に育っている子どもたちに、自然と遊びと子どもらしさを取り戻して「地鶏」のように育てることである。具体的には、子どもの体と心、魂を生かす正食、正眠、正動、正息、正心の五正法を実践する、幼児教育の正道であり本質である。

なお、生態幼児教育は、幼稚園や保育園での実践はもちろん、生態親教育と生態教師教育、生態的な育児環境と風土の形成に向けた幼児教育体制改革運動、環境にやさしい有機食材の給食拡散のための生態幼児共同組合運動、そして、森の幼稚園協会の結成を通じた森の教育の拡散運動などの実践運動も含んでいる。

3．生態幼児教育の世界観・子ども観

生態幼児教育は天地人の生命思想に基づいた幼児教育である。天地人宇宙は、絶え間なく進化する生命体であり、宇宙の創造・進化の過程で生まれた私と万人・万物もみんな生きて創造進化する生命体である。天地人生命思想では、「宇宙」という世界と「小宇宙」である人間は、全体と個体として進化し続ける生命体であると見る。生態幼児教育では、このような天地人生命思想を理として受け入れている。それで、生態幼児教育は自然の摂理と人の道理に基づいた幼児教育とまとめられる。

また、生態幼児教育では、天地と人、肉体と精神、物質と精神などに分ける二元論、物質論、適者生存論で物事を見るのではなく、その両者を一つとして見る一元論、生命論・生態論、創造進化論で見る。このような視座から、生態幼児教育の根本的な理念は、生命中心幼児教育、共同体中心の幼児教育、体と心、魂の幼児教育である。生態幼児教育は、子どもを重視する幼児教育であり、従来の物質論的で機械論的な考えに基づいた個人・理性中心の幼児教育とは

根本的に違う。

生態幼児教育では、子どもを「ハンウルニム」とみなしている。子どもは「ハンウルニム」の無限の知恵と愛と能力を授かった、無限の潜在能力を持つ存在である。「りんごの中に入った種の数は数えられる、種の中に入っているりんごの数は誰にも数え切れない」という先祖たちの言葉は、「ハンウルニム」である子どもたちに潜在した無限の可能性を物語る。生態幼児教育は子どもたちの大慧（智）と大徳（徳）と大力（體）を十分に発揮できるように援助する教育を志向する。

生態幼児教育は、子どもを「主体的な生命人」とみなし、体、心、魂が健康で幸福で平和な子どもに育てることを目指す。つまり、子どもは自分の心身と魂の持ち主であり、頭･胸･腹や考え、感情、五感の主人である。子どもは、時間（天）と空間（地）と人間（人）の主人として「今ここにいる私」であり、生きる権利を持った大切な生命体である。

このような世界観に基づき、生態幼児教育は、おのずから（自）しかるべき（然）、自然に基づいて教育する。人間は学問や科学で生きるのではなく、自然と生きる。人間は、知識や情報で暮らすのではなく、理と知恵に生きるのである。子どもを育てる幼児教育も同じである。子どもは学問や科学によって育つのではなく、自然で育つ。知識と理論で育てるのではなく、遊びと子どもらしさを取り戻してくれる自然の理と知恵で育てるのだ。案内者の自然は、決して間違った道には導かない。そうであるなら、自然の案内の下であれば道に迷うことはない。生態幼児教育では「自然は、子どもに大きな頭（知恵）を教えてくれるが、人間は子どもに小さい頭（小策）しか教えられない」という知恵を信じて、生活の中で実践している。

4．実践として生態幼児教育課

1）生態幼児教育課程の目的・ねらい、内容

生態幼児教育の具体的なありさまは生態幼児教育課程を通じて具現化される。生態幼児教育課程は生命中心の幼児教育課程、共同体中心の幼児教育課程、そして、体・心・魂の幼児教育課程を志向する。また、生態幼児教育課程は子どもたちにとって失われた自然と遊びと子どもらしさを取り戻す教育課程を目指している。

生態幼児教育課程の目的は、人と自然が一つになる生命共同体、人と人が共に生きる共同体や、子どもたちが幸せに生きる幸せな世界を実現することである。そして、生態幼児教育課程のねらいは「神明なる子」[3]に育てることである。「神明なる子」とは、体･心・魂が共に健康で幸福で平和な暮らしを送る子どもであり、主体的な生命人である。

なお、生態幼児教育課程では、子どもの体と心と魂、全体を育てようとしているため、身体教育・心教育・魂教育、理性教育、感性教育、霊性教育を教育内容として扱う。これらの内容は、また、暮らしの教育、汗の教育、感覚の教育、関係の教育、知の教育、感性の教育、そして霊性の教育に分けられる。生態幼児教育課程の活動は、様々な実践プログラムを通して行われ、子どもの生活を構成する。

生態幼児教育の方法は、実際の暮らしの中で生命の原理に従った子どもサリムと生命サリムを実践する一連の過程であり、生命の原理である関係性（接）、循環性（化）、多様性（群）、霊性（生）に基づいている。

最後に、生態幼児教育課程での評価は、子ども一人ひとりと子どもたちの生活の姿、「今ここにいるありのままの子ども」を愛と真心で見守ることであり、評価の方向と内容、そして方法の源は、すべて「子どもとその子の暮らし」そのものから求めなければならない。それは、子どもの体、心、魂

を総体的に振り返ってみることであり、子どもにつながるすべてのことを評価すること、そして、成長・発達を評価するよりは生活全般を評価することである。

2）伝統的な暮らしと育児の知恵に基づいた生態幼児教育プログラム

韓国の子どもたちは、昔から家庭と村で家族、隣人たちや自然に囲まれて育った。その中で家庭教育が教育の中心であった。昔の子どもたちは自然の中で遊びながら自然の摂理を身につけて、同年代の子どもたちや大人たちと接しながら、人の道理を身につけた。子どもたちは歳時・風俗や年中行事を通じて伝統文化を学び、畑に出て労働の大切さと農業を習い、祖母・祖父の愛を通じて家族愛と老人への尊敬を学んだ。韓国固有の遊び、歌、お話、身振りなどを通じて韓国人としてのアイデンティティを身につけ、キムチ漬け、味噌麹や味噌づくりの姿を見ながら韓国の食文化を身につけた。刺繍や裁縫、染色の仕事を見ながら韓国の衣服について学び、木工や鍛冶、家作りも眺めた。外遊びの中で自然物が最高のおもちゃであり、泥遊び・水遊び・火遊びがもっとも楽しい遊びであることにも気づいていた。

私たちの祖先が５千年の長い歴史を経て、子どもたちを育てながら築いてきた深くて広い知恵を、わずか200年余りの歴史しか持たない米国式幼児教育の知識、いわば発達心理学や児童心理学、幼児教育学などと比較できるのだろうか。生態幼児教育課程は、我々の先祖たちの暮らしの知恵に基づいた韓国人の「古い未来」の幼児教育課程であり、世界の普遍的・生態的幼児教育プログラムであるといえる。

この20年あまりの間、釜山大学附設オリニジップ[4]で開発し、適用した20種の生態幼児教育プログラム、つまり、老人・児童相互作用プログラム、散歩プログラム、畑づくりプログラム、歳時・風俗プログラム、指先遊びプログラム、身振り遊びプログラム、瞑想プログラム、生態的な食生活プログラム、自然健康プログラムなどは、我々の先祖たちの暮らしと育児の知恵を再現したものである。このプログラムのほとんどは、筆者と園の教師たちの協力で開発が可能であり、現在、全国の幼稚園とオリニジップで活用されている。

3）生態幼児教育課程の母体、釜山大学附設オリニジップ

生態幼児教育の産室である釜山大学の附設保育園は乳幼児200人余りが生活する国公立保育施設である。園児は働く母親を持つ子どもである。筆者は、1995年３月の釜山大学附設保育園の開園から2007年５月まで約12年間、園長を務めながら生態幼児教育の実践とプログラムの開発・適用に力を注いで来た。生態幼児教育はそれによって可能となったといえる。

この園では、生態幼児教育を通して神明なる子を育て、神明なる世界を成し遂げようとしている。神明なる子の10の姿は、①丈夫な子、②楽しい子、③自ら行う子、④新しいものを考える子、⑤礼儀正しい子、⑥生命を尊重する子、⑦仕事を大切にする子、⑧韓国の伝統を知る子、⑨地球を守る子、⑩共に生きる子である。

この園では毎日、朝の会で大人と子どもたちが向かい合ってお辞儀で尊敬の挨拶をし、その席に座って５分間呼吸と瞑想をした後、５分間のあごと首の関節運動をする。食事の時間には、よく噛んで食べることと天地人への感謝の祈りを行う。塩で歯磨きをする、お水と柿の葉のお茶をたくさん飲む、豆とカタクチイワシを毎日摂取する、有機栽培食材で作った間食と食事をするなどして、生態的な衣食住生活を実践している。

この園では、人工的なおもちゃや教材・教具を買う必要はなく外で遊び回ればそれで十分なのである。教師は、子どもたちが楽しく遊ぶ姿を見守り、子どもたちと一緒に楽しく遊んでいればいい。教師は子どもたちの遊びの友である。 教師の服装は、活動しやすい服でなければならない。生態幼児教育は、理論ではなく実践を通して示すものである。また、生態幼児教育については、計画ではなく実際行われたことが重要である。それで、生態幼児教育課程では、一日教育計画案の代わりに子どもたちが一日中遊んで過ごした内容を日誌で記録する。月間教育計画や週間教育計画を父母に送ることはしない。代わりに、毎月子どもたちの生活した様子を写真と文章でクラス新聞として園のホームページに掲載する。

5．韓国幼児教育の改革運動と生態幼児教育

1994年に発足した金泳三政府は、1995年従来の教育法を教育基本法、小・中学教育法、高等教育法、生涯教育法に改編する内容の5.31教育改革案を発表した。筆者は、幼児教育団体、保護者団体、市民社会団体などとともに幼児教育法を特立法として制定することを含めた幼児教育の制度改革と内容の改革運動を推進した。

第一に、制度改革として、筆者は、幼保二元化の体制を改革のために1996－1998年「小学校就学前１年、満５歳児の無償教育のための連合の集い」（18個の団体）と1997－2004年「幼児教育の公教育体制の実現に向けた汎国民連合の集い」（34個の団体）の常任共同代表を務めた。その結果、満５歳の無償教育が実現し、幼児教育法も制定されたが、幼稚園とオリニジップの幼保一元化を通じた幼児学校体制の構築は実現できなかった。

第二に、内容の改革として、既存の西洋式の幼児教育を改革するために研究と実践に努力してきた1990年からの生態幼児教育の拡散運動がある。この運動は、自然のありさまと祖先の育児と知恵に基づいたプログラムを開発すれば、わずか200年程度の短い歴史しか持たない米国式のプログラムとは比べものにならないくらい良いという確信から出発された。

要するにこうした改革運動は、まさに従来の「養鶏式幼児教育」から「地鶏式幼児教育」へ幼児教育のパラダイムを転換しようとする一連の運動であり、生態幼児共同体、韓国生態幼児教育学会、韓国森の幼稚園協会、韓国生態幼児教育研究所、幼保改革連合などの活動を通じて持続されている。

6．新政府以降の幼児教育改革の動きと課題

1）「幼保改革連合」による幼保改革運動

2016年末から毎週ソウルの光化門広場でキャンドル集会が続くなか、新しい時代・新しい政府の幼児教育と保育の改革に向けた「幼保改革連合」が、2017年１月初めに結成（53の団体参加、林再澤常任共同代表）された。幼保改革連合は、大人の利益中心の幼児教育システムから子どもの幸福を中心とした幼児教育システムへの根本的な改革を要求した。大統領選挙期間中の幼保改革連合は、政党・政策担当者を招き、国会政策討論会を数回開催し、新文在寅政府発足後には、「新しい政府の幼児教育・保育改革をどうするのか？　大人利益中心から子どもの幸福中心へ、中央集権式から地方分権式へ、幼保改革の開始：幼児教育課程の画一化から多様化へ、幼保改革の完成：幼保統合一元化の実現を」という広告を主要な日刊紙のハンギョレ新聞に合計16回掲載するとともに、ソウル、釜山、光州、済州など地域巡回講演会を開いて政府に幼保改革を強く要求してきた。

2）新政府の幼保改革の課題

光化門キャンドル市民革命を通して生まれた国民が主役である新時代において、幼児教育の主役は子どもである。幼児教育のすべての理論と実践は子どもから生まれなければならない。子どもは国の経済社会発展の道具でも人的資本でもない。子どもは

親の所有品や欲求不満を満たす対象でもない。子どもは、幼稚園とオリニジップでの教師の授業対象でも、園長の経営対象でも、行政職の公務員や教育庁の指導主事の管理監督対象でもない。教授や研究者の理論の適用や評価の対象でもなく、政治家たちの得票を得るための手段では決してない。

現在まで大韓民国の幼児教育は、民主共和国の幼児教育ではなかった。幼児教育の主権は、子どもからではなく大人からなるものであり、すべての幼児教育の行為は、大人たちの利益から生まれてきた。その弊害が、李明博、朴槿恵政府に入って幼稚園・オリニジップの満3－5歳のヌリ課程[5]として施行され、深刻な社会問題として浮上したのである。政府は、ヌリ課程に予算をかけて、幼稚園・オリニジップの画一的なカリキュラムを強制し、評価認証制度を強化した。このような状況で、子どもたちは画一化されたカリキュラムによる長時間の室内授業と児童虐待に近い養殖式、放課後の特別活動と夜間預かり保育に苦しみ、体、心、魂の病は進む一方である。

新政府は、幼児保育の主権を子どもに取り戻す幼児教育の改革をすべきである。幼稚園・オリニジップの設立と運営の目的も、ヌリ課程の国庫支援の目的も、子どもの健康と幸福のためである。新政府の改革の第一歩は、画一化されたヌリ課程と標準保育課程の多様化と運営を自律化することから始まり、その改革の完成は、幼保統合と一元化の実現であろう。前者が教育内容の改革であれば、後者は教育制度の改革であると言える。

内容の改革は、現在の幼児教育課程はもちろん、現場においてすでに検証されてきた生態幼児教育、森の幼稚園教育、共同育児教育、シュタイナー教育なども共に認めればすむことであろう。お金がかかっても時間がかかることでもなければ、反対意見があるわけでもない。現場で混乱が生じることもない。幼稚園の評価とオリニジップの評価認証制度が全面改編され、どの施設が子どもたちをより元気で幸せに育てるかということで競争すればよい。そうすると、教師、園長、父母の間の信頼が次第に回復されて児童虐待とCCTV保育[6]がなくなり、子どもたちの幸せな姿が見られるようになるだろう。すると、子どもが主役であり、教師や園長が真の教育者に戻る幼児教育本来の姿を韓国国民がみられるようになるだろう。

制度の改革は、1998年金大中前大統領の選挙公約から始まった「幼保統合の案」を、20年後の現文在寅政府において完成することを望む。1998年当時72万人だった年間出生児数が、今は35万人以下に減少してきた。現場では、当時幼保統合一本化の公約が実行されていたら、今日のような幼児教育の荒廃化や人口激減の時代はおとずれなかったと言われている。幼保統合一本化の政策は、金大中と盧武鉉政府、そして、李明博と朴槿恵政府を経て、研究と検証は十分に行われたと言える。新政府のヌリ課程の予算の支援は、幼保統合を前提にしたものである。新しい政府は、幼保格差の解消という曖昧な公約を提示するのではなく、幼保統合一本化を通じて幼保改革を完成しなければならないものである。

7．新政府と地方自治体の幼保改革と生態幼児教育の展望

幼保改革連合の努力の結果、2017年末、文在寅政府は「遊び中心で子ども中心のヌリ課程への改革」を国政課題に採択しており、既存の教室・授業・教師中心の教育課程を、自然・遊び・子ども中心の教育課程へ改編するという旨を表明した（教育部、2017.12.27）。これは、李明博・朴槿恵政府において積み上げられた教育の過ちである国定化、画一化されたヌリ教育課程を、多様化させ自律化させることである。現在、教育部レベルで行われている幼児教育課程の

改編は、2018年に再編成研究、2019年にモデルの適用、そして、2020年には、幼稚園・オリニジップにおける全面実施を目指して推進が行われている。

このような教育課程の多様化と自律化の動きの中、一方では、全国の地方自治体と地方教育庁のレベルでも生態幼児教育への関心が高まっている。まず、2018年6月13日の韓国の地方選挙では、生態幼児教育と森の教育を強化するという公約を掲げる候補者が増えている。いくつかの事例を紹介すると、ソウルの場合、与党の有力なソウル市長候補と道峰区の区庁長候補は、生態保育プログラムの導入と生態保育の強化を選挙公約に提示している。釜山の場合は、釜山市教育庁において、現教育監が公約として提示し、2014年からすでに実践して来た生態幼児教育の拠点幼稚園と森の教育の拠点幼稚園を選定し、モデルケースとして適用することと、今後4年間この公約をより深め、生態幼児教育と森の教育を活性化していくことを、今回の選挙での公約として提示している。与党の釜山市長候補も、生態保育プログラムの導入を通じ、オリニジップの生態保育の強化という公約を公表した。世宗特別自治市教育庁の有力な教育監候補も、生態幼児教育プログラムを取り入れる幼稚園を指定運営するとともに、森の教育の拡大や森の幼稚園設立を選挙公約として提示しているのである。

特に、釜山市海雲台区では、2013年からオリニジップで生態幼児教育と森の教育の実践を強調してきており、生態幼児指導士の資格クラスの運営を含めた生態教師教育と良い親の資格クラスの運営など、「生態親教育」を持続的に推進している。(社) 韓国生態幼児教育研究所（理事長・林再澤）は2018年3月から、海雲台区育児総合センターを委託運営しており、230のオリニジップや幼稚園の生態機関への転換コンサルティング及び生態家庭への転換コンサルティングを主な事業としている。

文在寅政府において、ヌリ教育課程と標準保育課程の多様化と運営の自律化が正常に進んでくると、子どもの体、心、魂を健康かつ幸せに平和にする生態幼児教育は、数多くの幼稚園とオリニジップの園長及び教師、親たちから選択してもらえると確信する。神明なる子どもと神明なる世界を志向する生態幼児教育が韓国幼児教育の主流となる日はそれほど遠くないにちがいない。

注

1 ハンウルニム（한울님　hanulnim）とは、韓国の伝統的な宗教の東学の信仰の対象の意味。天主ともいう。東学の教理では「人乃天」といい、人は皆自分の中にハンウルニムを授かる存在として、根本的に天主のように尊い存在として互いに仕えなければならないという。生態幼児教育ではこのような人間観を受容し、子どももハンウルニムのような尊い存在として仕えるべきだと考えている。

2 サリム（살림　salim）とは、生命がよく生き、生命を維持できるように行う営み。対立語に「殺生」がある。思想を示す言葉としては、韓国の代表的な生活協同組合のハンサリムの運動の理念を表す言葉に由来するが、現在はサリム文明、生命サリム、農村サリム、土サリム、子どもサリムなど、広く使われている。

3 神明（신명나다　shinmyungnada）とは、興が沸き起こる、または、楽しい気分になること。人の心身の陰陽調和がその極に達し、心身が天地の気運と相通じた境地に至ると言う意味もある。「神明なる子」とは、「興に乗って」楽しく生きる強い生命力を感じさせる子どもの姿を指している。

4 オリニジップ（어린이집）は、韓国の保健福祉部の管轄する0～6歳児のための保育施設。保育園に相当する。

5 「満3－5歳ヌリ課程」は、2012年教育部及び保健福祉部によって告示された現行の幼稚園・オリニジップ共通のナショナルカリキュラムのこと。

6 現在韓国のオリニジップでは、CCTV（閉回路テレビ）いわゆる監視カメラの設置が義務づけられている。2015年1月に、仁川所在のオリニジップで、保育者が給食時間に園児を殴る様子がCCTVに映り、その映像がメディアで報道された。これをきっかけに、保育施設や保育者に対する不信感が強まり、同年4月に「オリニジップCCTV義務化法案」が国会を通過することになった。

参考文献

教育部（2017.12.27）出発線の平等を実現するための「幼児教育革新方案」発表。報道資料。

保育研究所の日韓交流の取り組み

保育研究所では、2016年度から、韓国の保育関係者との交流を始めています。
両国は様々な違いがありながら、ともに今、保育制度の転換期にあるといえます。交流によって互いに学び合うことができています。以下、その取り組みの概要と今後の予定を記しました。

2015年度

10月20～24日　韓国ソナム財団（現オリオン財団）招聘による訪韓
〈主な視察先〉　サンマルオルニジップ（以下　ソウル特別市）
梨花女子大学附属幼稚園
ソナム財団主催国際幼児教育シンポジウムの企画「あそびと生活中心の日本の保育」にて、6つの報告を行った。

2016年度

7月26日　韓国生態幼児教育研究所主催視察ツアーへの協力
保育研究所での交流会
11月23～27日　（第1回）保育研究所　日韓交流　プサン訪問ツアー
〈主な視察先〉　ヘドジー幼稚園（金海市）
国立釜山大学附設オリニジップ（以下　プサン広域市）
ジャンサン幼児の森体験園
共同育児実践園　子どもの世界
生態幼児教育研究所での交流会

2017年度

2017年8月5～7日　第49回全国保育団体合同研究集会（埼玉）へ韓国関係者を招待
8月6日　日韓交流の夕べ開催　ヘドジー幼稚園ベク・ジョンイ園長
報告「韓国における自然を大切にする保育」
2018年1月20～23日　（第2回）保育研究所　日韓交流　プサン訪問ツアー
〈主な視察先〉　金海ヘドジー幼稚園再訪問（金海市）
アイピョナンオリニジップ（以下　プサン広域市）
生態幼児教育研究所受託子育て支援施設での保護者との懇談
生態幼児教育研究所の林再澤先生らとの交流会

2018年度

2018年8月4～6日　第50回全国保育団体合同研究集会（大阪）へ韓国関係者を招待
8月5日　日韓交流の夕べ開催　ヘドジー幼稚園ベク・ジョンイ園長、イ・ソンファさん
報告「韓国発！自然を大切にする保育Ⅱ」
＊2019年2月に第3回訪韓ツアーを実施予定

2016年11月

2018年1月

自由論題

乳幼児の貧困研究の動向

—子育て支援拠点からの考察—

尾島万里（法政大学大学院）

Ⅰ．はじめに

近年、日本において「子どもの貧困」が注目されている。18歳未満の子どもの貧困率は1985年には10.9％であったが、2012年には16.3％と過去最悪の水準となった。しかし、2015年では13.9％となり、12年ぶりに減少した（厚生労働省2017）。この数字から子どもの貧困は６人に１人から７人に１人の割合になった。それでも子どもの７人に１人が苦しい生活環境に置かれたままでいる。

このような状況を改善しようと、子どもの貧困研究には、様々な分野からの研究報告や実践報告がなされている。さらに、2013年には「子どもの貧困対策の推進に関する法律（以下「貧困対策法」と記す）」が制定され、2014年には「子どもの貧困対策大綱」が閣議決定されたことにより、法整備の面からも前進をみせている。特に、日本の子どもの貧困の特徴のひとつとして、若い親のもとで育つ乳幼児期の貧困率が高いことが指摘されている（阿部2008、小西2016b）。欧米の調査研究では、他の発達段階における貧困と比較したところ、どの年代よりも乳幼児期に貧困を体験していることが、その後の人生のライフチャンスを脅かし、成人後も貧困に陥ってしまう「貧困の世代的再生産」を引き起こす可能性が高いということが明らかにされている（山野2014b、小西2016b）。こうした背景から欧米を中心とした先進国では、貧困対策として保育制度の充実に力を注いでいる（山野2014b）。

2006年に児童福祉の分野から小西がこれまでの子どもの貧困研究の動向について報告しているが、その中で「日本における子どもの貧困に関する社会福祉研究は乏しい」と指摘している（小西2006）。そこで本稿では、2006年の小西論文以降の約12年間に焦点をあて、乳幼児期の子どもの貧困研究を概観した後、実際に子どもと親を支援している拠点ごとに、それらの貧困研究を整理し、考察を試みることとする。

Ⅱ．文献検索の方法

論文検索NDL-OPAC (1) を用いて、2006年から2017年９月30日時点までの文献検索を次の方法で行った。①「日本」「保育」「貧困」をキーワードにして検索した結果、2006年以降の文献は34件がヒットした（学童保育など就学児を対象にしたものは除いた）。②「日本」「乳幼児」「貧困」をキーワードにして検索をした結果、10件の文献がヒットした。そのうち４件は①の「日本」「保育」「貧困」をキーワードにして検索した文献と重複していた。③「日本」「幼稚園」「貧困」をキーワードにして検索した結果２件がヒットしたが、そのうちの１件は保育園の誕生に関する論文などであり、対象から除いた。今回はその①＋②＋③の文献41件と、NDL-OPACの検索した資料の中で引用している政策の資料や調査及び引用論文・書籍などの文献32件をさらに加えて、総計73件を対象に分析した。

Ⅲ．研究の全体的動向

図1に示すように、NDL-OPACで検索した「保育」と「貧困」などに関する文献は2006年から2008年まではなかった。先述したように子どもの貧困問題が顕在化してくるのは2008年頃からであるが、そのきっかけのひとつとなったのは、2008年５月に週刊東洋経済が「子ども格差　このままでは日本の未来が危ない!!」という特集記事を組み、子どもの貧困問題に関する啓発をおこなったことによる[(2)]。この特集では、日本における子どもの貧困の現状や教育・保育の現場で起こっている問題、イギリスにおける子どもの貧困問題への取り組み等を取り上げている。

これ以降、専門家などによる18歳までを対象にした子どもの貧困問題の報告（対談なども含めて）が相次ぎ、「子どもの貧困」をタイトルにした単行本や新書が初めて公刊され、問題への関心が一気に高まった（松本2010）。子どもの貧困問題は保育の領域でも広がっており、2009年から報告がなされるようになってきた（図1参照）。この背景には、前年に子どもの貧困に関する刊行物が増加したこと、2009年に民主党が政権を取り、相対的貧困率を発表し、子どもの相対的貧困率が15.7％であることが明らかになったこと、保育所の待機児童問題により保育を必要としている子どもが保育所に入れないこと、保育料を滞納している保護者の増加などが影響し、保育の現場からの実態報告が一気に増えたことなどがある。2013年に「貧困対策法」が制定されて以降、乳幼児の貧困に関しても注目されるようになり、報告数は増加した。2015年以降からは事例などの実態報告だけでなく調査報告が見られるようになってきた。但し、学齢期以降を含めた子どもの貧困研究の文献数は2014年が30件、2015年51件、2016年68件、2017年９月まで48件[(3)]あり、これらと比較すると乳幼児期の貧困に関する文献数は圧倒的に少ない。

Ⅳ．日本における子どもの貧困の特徴

１．子どもの貧困率の特徴

先述したように、日本の子どもの貧困の特徴として若い親のもとで育つ乳幼児期の子どもがリスクにさらされやすいと指摘されている。

図１　「日本×保育×貧困」・「日本×乳幼児×貧困」・「日本×幼稚園×貧困」の文献数

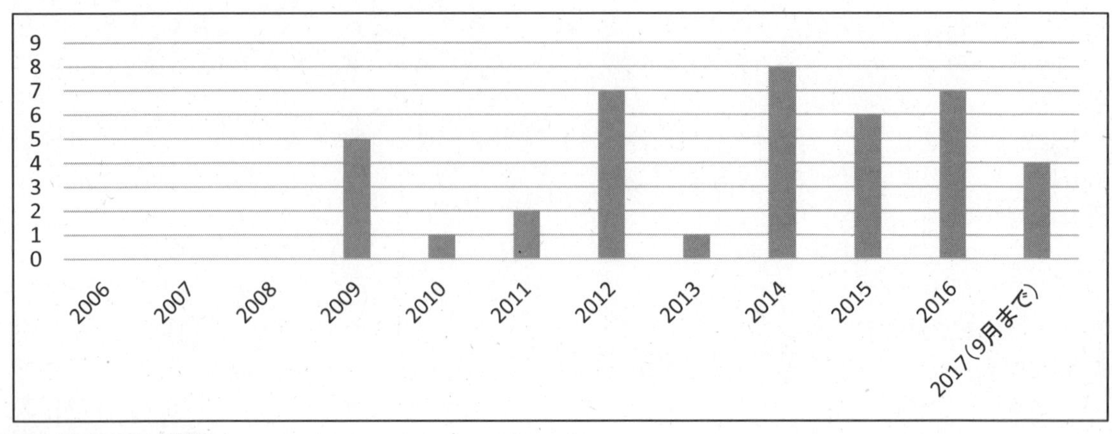

NDL-OPACから算出

図2を見ると、両親の年齢が20歳台前半で子どもの貧困率が際立って高くなっていることがわかる。また、父親の就労形態においては一般常勤雇用（期間定めなし）の子どもの貧困率は7.0％と最も低く、父親が被雇用者の中では契約期間が短いほど貧困率が高い。そして雇用形態が非正規の父親を持つ子どもの貧困率は３割を超えている。さらに親の学歴で見ると、大学卒の父親を持つ子どもの貧困率は6.3％であるのに対して、小・中学校卒の父親の場合は33.1％であった。一方、母親の場合は大学卒では7.3％であるのに対して、小・中学校卒は42.8％であった。この結果から親の学歴が小・中学校卒の場合に子どもの貧困率が突出して高い(4)。

さらに日本の税・社会保障制度が子どもの貧困率に及ぼす影響について、子どもの年齢層別に見たものが図３である。「再分配前」の貧困率と「再分配後」の貧困率の差

図２　父親・母親の年齢別子どもの貧困率（2012）

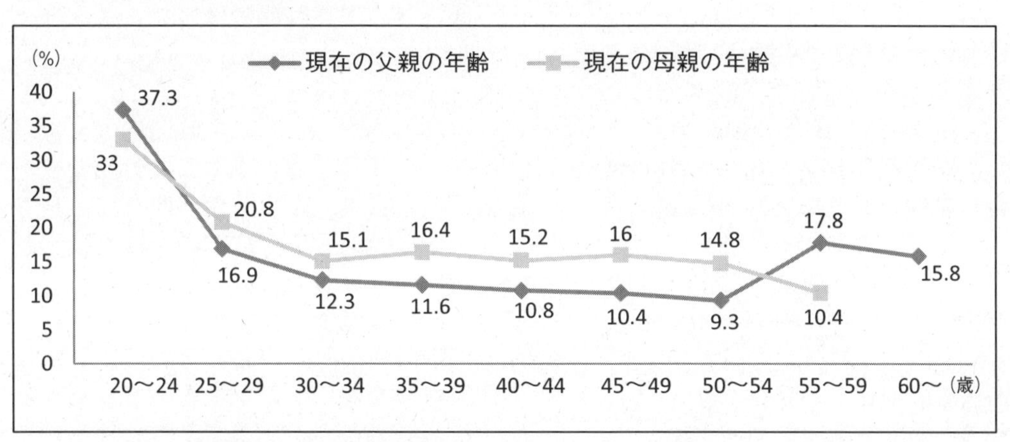

出所：阿部彩氏作成「貧困統計ホームページ」より
http://www.hinkonstat.net/ 子どもの貧困 /1- 日本における子どもの貧困率の動向 /

図３　子どもの年齢別貧困率（2012）

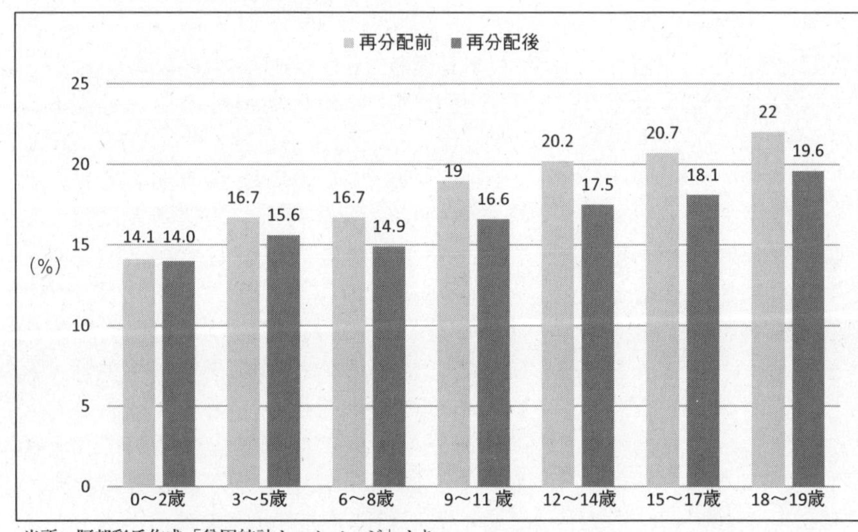

出所：阿部彩氏作成「貧困統計ホームページ」より
http://www.hinkonstat.net/ 子どもの貧困 /1- 日本における子どもの貧困率の動向 /

が政府の所得移転による貧困削減効果であり、年齢の高い子どもでは、再分配後には減少に転じて政府貧困削減効果も大きい。しかし、０～２歳はほとんど変化がなく、乳幼児に対しては、社会保障制度による効果があまり見られない。それゆえに乳幼児期の子どもに着目し、貧困対策を考えていく必要がある。

２．乳幼児期における貧困研究の概観

日本における乳幼児期の貧困研究に関しては、以前から蓄積が少ないという指摘がなされている（中村2014、小西2016bなど）。前述のように、乳幼児と貧困に関連した文献数は１ケタしかない。一方、欧米では乳幼児期の貧困に関する研究は進んでおり、乳幼児期における貧困がその子どもの将来に最も深刻な被害を与えるということが合意されており、アメリカのヘッド・スタート、イギリスのシェア・スタートなど、乳幼児期の貧困対策としての制度も存在している。

阿部（2014）は子どもの貧困の中で特に重要なのが０～６歳と述べ、その根拠としてDuncan&Brooks-Gunn（1997）によるデータ分析から「乳幼児期に貧困を経験した子どもは、その後、世帯の状況が改善して、貧困から抜け出せたとしても、乳幼児期の貧困の経験が悪影響を及ぼす」ことを紹介し、乳幼児期における介入政策が最も効果的であると説明している。そして子どもの貧困対策の場で最も適しているのは保育所であると述べている。その理由として、①０歳から子どもをみており、公的な介入度も高いため、幼稚園よりも福祉的な性格をもつこと、②母子世帯など貧困層の子どもの大多数が利用していること、③その一方で比較的高所得の共働き世帯の子どもも利用しているので、偏見が発生する心配がないことを挙げている（阿部2008、2014）。乳幼児期には家庭環境が重要視されるが、その点において保育所は、ほぼ毎日親との接触があるので、子どものみならず親へアプローチするのには絶好の場であると勧めている。但し、保育所を貧困対策の場とするならば、家庭の問題に踏み込んで解決できるスタッフが必要であり、保育の現場にもソーシャルワーカーの役割を果たす人材が必要であると提案している。

他にも『社会生活基本調査（2001）』のデータを分析し、乳幼児期の子育て家庭の生活に焦点をあてたものとして山野（2014a）の研究がある。山野は、日本の子育て家庭の特徴として低所得家庭においては労働単価が低いために長時間労働にならざるをえず、そのことにより育児にかける時間が短くなっていると述べている。そこには、子どもの貧困の背景として長時間就労を含めた保護者の仕事の在り方やその労働環境が影響しているのではないかと問題提起している。さらに、近年の日本における子どもの貧困率が上昇した背景として、親たちの給料の下落に児童手当の拡充が追い付かなかった事も指摘している。そこで、子どもの貧困率の改善には児童手当のような現金給付を増やすこと、加えて現物給付としての保育制度（職員の給与改善などを含めて）を充実させることが大切であると政策的な提言を行っている（山野2014c）。

３．乳幼児期における貧困の実態調査

最近では、乳幼児期の貧困の実態調査を小西（2016a、2016b）と中村（2014、2015、2016）が行っている。小西の調査では、長崎市内の保育所を利用する保護者に対するアンケート調査を行い、日常生活・レジャー・予防接種の有無・子どもとの関わり・進学期待・家計の状況について所得階層別に分析している。その結果を、①生活・経験の不平等、②医療の不平等、③子どもとの関わり、④経済的困難、についてまとめている。調査から見えてきたことは、今の子育て家族は年収300万円未満層でも５割近くがパソコンを持ち、洋服も子どものおも

ちゃも絵本もそろっていると感じ、朝食も毎日食べており、病院にも9割以上が通院できている。その一方で、日本では高所得の世帯でも子どもの将来を心配せざるを得ないほどに子育てと教育にお金がかかり、高い保育料に悩まされている。調査からは、突然の出費のための貯金が不十分な人が7割を超えており、一見問題がなさそうな世帯でも、大きな不平等と深刻な貧困があることを示唆している。その解決に向けて保護者の就労環境を整えていくと同時に、保育所が大きな鍵を握っていると考察し、保育所利用の長所について言及している。

一方、中村の調査報告では名古屋市内の保育所を利用する保護者を対象に、①年齢や家族構成など基本属性の違い、②子育て及び家庭生活に関する悩み・不安・困難、③保護者の養育態度、④社会資源、⑤保育所への評価を所得階層別に検討している。その結果、①に関しては年収150万円以下の世帯（以下『貧困層』と記す）の特徴として「保護者の年齢が若い」「ひとり親世帯が半数を占める」「子どもを多く育てていること」（中村2014）、②に関しては「子どもの学習面の遅れ」「子育て費用の不足」「生活費」「借金」「病気・障害」の5つが所得の増減とリンクしやすいこと、貧困層の保護者はすでに「貧困の連鎖」に不安を抱えていること、また「生活費」「仕事」「やりたいことができない」の3つが貧困層を象徴する生活問題であること、貧困層の約4人に1人が社会的に孤立していることを明らかにしている（中村2015）。さらに③に関しては、所得が低い階層ほど「ついついあたった」「ついつい叩いた」「厳しく叱った」という養育態度3項目の回答率が高く、所得が低くなるにつれて「同じことの繰り返し」「解放されたい」「我慢している」という育児ストレスを抱えやすく、そのストレス発散の方法として、上記のような養育態度になってしまうのではないかと分析している。④に関しては貧困層のうち23.5％が保育所に日常的にアクセスしているにも関わらず社会的孤立という問題を抱えており、それは他の階層と比べて最も高い割合を示していること、「公的機関相談員」「インターネット」「誰にも相談していない」「悩み・不安なし」の回答率が貧困層に高いことを示している（中村2016）。

両者の調査の結果から、貧困層の生活状況の苦しさや子育て費用の不足が明らかにされ、子どもへの関わりについても、所得が少ない層では子どもへ厳しくあたってしまう傾向が高くなっている。中村の調査では、貧困層は保育所へ日常的にアクセスしているにも関わらず、社会的孤立感を抱えていることが示されている。そして保育所は、これ以上孤立させない防波堤にはなっているものの、保護者は保育所を相談相手にはしていないと指摘している。これらに対し中村も、乳幼児期の貧困事例の解決方法として「保育ソーシャルワーカー」の配置を提案している。

これまで見てきた論文・調査報告においても、その解決策として保育所が地域における子育て支援の拠点となり、家庭と地域社会との積極的なネットワークを築き、生活困難なケースを支援することが期待されている。ところで、乳幼児の居場所となる拠点は保育所以外にも存在しており、多様化してきている。保育所以外の居場所では子どもの貧困に対する取り組みはどのようになされているのであろうか。次に、子どもの居場所となる拠点別に子どもの貧困研究に関する文献を整理していく。

Ⅴ．乳幼児の居場所における「子どもの貧困」

就学前の乳幼児の保育・教育の拠点は保育所・幼稚園・認定こども園・地域型保育（家庭的保育、小規模保育、事業所内保育、居宅訪問型保育）・認可外保育施設などがあり、生活上の問題を抱えて親と離れて暮らす場合は乳児院や児童養護施設などの利用が考えられる。またこれらの施設に入所する前や休日などに過ごす場所として、子ども広場などがある。それ以外は、ほとんどが家庭である。

就学前の子どもがどこに拠点を置いているかを山縣（2016）が示している（表1）。これによると就学前の子どもたちの4割、3歳未満児では7割が、保育所や幼稚園ではなく、その他の施設か家庭で保護者が直接養育している。NDL-OPACで検索した文献では、保育所における現場からの報告が16件、幼稚園は1件、その他には乳児院からの報告が3件あった。一方、認定こども園、子ども広場などの地域子育て支援拠点事業の現場からの報告は見当たらなかった。以下、その内実について見ていく。

1．保育所

保育所における子どもの貧困に関しては、石川（2009）、平松（2009、2016）、牧（2015）、の実践報告や原田（2010）の論文などがある。これらは、事例を通して仕事につきたくてもつけない生活不安を抱いた家庭、ダブルワークやトリプルワークをして生活を支えるひとり親家庭など、経済的な困難さを抱えた親子を保育士が一生懸命に支え奮闘している姿が描かれている。そして、生活困難に直面している家族が増えているという現実から、保育所において福祉的支援を強化していくことの必要性を述べている。例えば平松（2016）は、ひとり親家庭で長時間労働により体調不良を起こし、子育てに向き合えない母親に対して生活保護を受給できるように保育所の職員が丁寧に支援する事例を報告している。それを踏まえて、保育所の存在意義は、専門的な知識に裏付けされた良質な保育をすべての子どもたちに提供し、家庭とともに豊かな乳幼児期を過ごすところにある。そのために保育所は、子どもたちの生活そのものを作ると同時に、家庭での生活をどこよりも早くキャッチし、適切な援助の道に結び付けられる重要な福祉機関としての役割があると述べている。

しかし現在の保育所の体制では、子どもの貧困に向き合い、機能を果たしていくには限界があるといった指摘もある。一つは人材の問題である。久保田（2008）や垣内ら（2015）の報告の中では保育労働の問題にも言及している。保育所に求められる課題は高くなっているにも関わらず、職員全体に占める非正規職員の割合が高くなっていることや、職員が日々の保育や保護者の対応に追われ、肉体的にも精神的にも疲労が蓄積し、退職や長期の休暇を余儀なくされていることなど、保育の現場で働く人の窮状を指摘している。また、保育所に福祉的機能が求められるが、現状ではそれを担うのは主に園長であり、園長の負担が大きい。原田（2010）は、それを解決するためにソーシャルワーカーなど福祉的視点や視野をもつ福祉専門職を置くことを提案している。

2．幼稚園

幼稚園に関しては、長谷川ら（2014）が地方都市にある公営住宅団地の住民調査を行っており、その中で井上が、その団地の地区にある4つの幼稚園の園長や主任を対象に、保育の特徴、子育て支援事業、保護者との関係、地域とのつながりなどの聞き取り調査を試みている（井上2014）。その結

表1　就学前の子どもの居場所　（%）

	保育所	幼稚園	それ以外	計
就学前全体	34.6	25.1	40.3	100
3歳未満児	28.1	0	71.9	100

出所：山縣文治氏作成『子ども家庭福祉論』P110より

果、調査対象地域である公営住宅団地には低所得者層が多いが、そこに住む子どもたちが幼稚園に通っているケースはほとんどなく、保育園に通っていた。その地区の幼稚園では保育料や諸経費の未払いなどの問題もなく、母親がフルタイムで働く必要がない程度の経済力をもった家庭と教職員による子育て共同体が形成されており、地域住民や保育所などの子育て支援との連携もなかった。井上（2014）は、このような状況は子育ての階層化を促進させ、地域における子育て家庭を細かく分断してしまうのではないかと懸念している。

幼稚園は制度発足以来、比較的裕福で教育的関心の高い家庭に利用されてきた経緯があり、現在でも１日４時間という保育時間上の条件などから、保育所と比較して専業主婦家庭の子どもが多く通っている（石黒2010）。また、日本の場合は私立幼稚園が多いということもあり(5)、幼稚園との直接契約で入園する場合が多く、こうした事情から経済的に困窮した家庭が集まりにくいと考えられる。石黒（2010）は、幼稚園において預かり保育を利用している保護者の特徴について報告している。それによれば、預かり保育の利用者は非利用者と比較して母親が高学歴で子どもへの教育的関心が高いが、身近な子育て支援の人的ネットワークが不足していると述べている。また、預かり保育を実施している園は、その料金を徴収しているところが多く、利用者は非利用者より経済的に裕福であるのではないかと考察している。この結果から、乳幼児期の保育・教育制度の利用が高度に階層的実践であることを指摘し、社会的に公正な保育制度の構築に向け、保育制度利用の階層性について明らかにしていく必要性を述べている。

近年、幼稚園は共働き家庭の増加により、幼稚園数及び園児数が減少している。「平成29年度　学校基本調査」によれば、2007（平成19）年度の幼稚園数は13,723園、園児数は1,705,402児であったのが、2017（平成29）年度では10,877園、1,271,931児と減少している（文部科学省2017）。幼稚園減少の要因には、認定こども園へ移行する幼稚園が増加していることや、全国的に公立幼稚園を削減する動きなどが影響しているといわれている（大久保2016）。

３．認定こども園

認定こども園は2006年に創設された。保育所が主に就労している保護者の子どもを対象とするのに対し、認定こども園は保護者の就労の有無等に関係なく、就学前の子どもを対象とする施設である。そのために子どもが親の就労の有無や就労状況の変化で幼保の施設に分かれることもなく、就学前の教育・保育を同じ施設で受けられるメリットがあるとされている。

認定こども園の数は、過去７年において2014（平成26）年までは緩やかに増加しているが、2015年に子ども・子育て支援新制度が発足してからは大きく増加している。2017（平成29）年には認定こども園数は5,081園にまでなった。しかし、内閣府（2017）によると2016（平成28）年から新規に開設された施設は60園と少なく、移行元施設の内訳は幼稚園が377か所、認可保育所が715か所、その他の保育施設が35か所であった(6)。

認定こども園においても子どもの貧困と関連した文献は見当たらないが、学校経営研究の分野で、認定こども園の組織作りを教育と福祉のクロスボーダー・マネジメントの視点から分析した鈴木（2015）の論文がある。その論文の中で事例として紹介されている園は、幼稚園から幼保連携型認定こども園に移行しているが、園を「総合施設」と捉え、組織作りを行っている。職員構成は従来のスタッフに加えて、特別支援担当やスクールカウンセラーを配置し、「プレスクール」の実践を通して、小学校との連携の役割を担っている。また保育スタッフや事務職員が個々にNPOやサークル活動へ参加し、地域と

図４　認定こども園数の推移

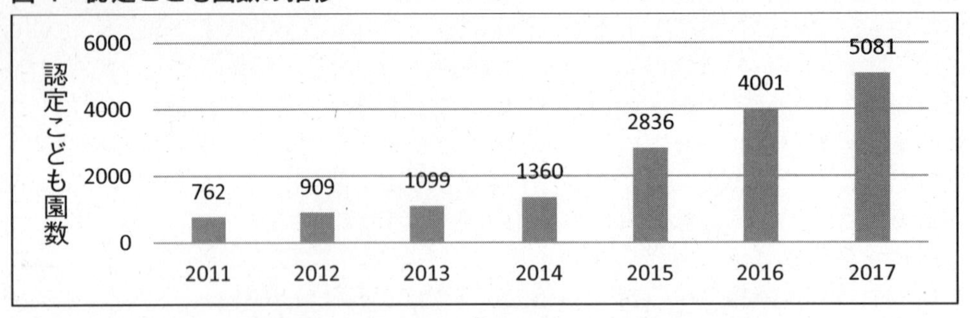

資料出所：内閣府子ども・子育て本部「認定こども園に関する状況について」（各年４月１日時点）

のつながりを形成している。園内で個々のスタッフが複数の役割を担当しているので、地域とのつながりも含めて「多層的」な役割をもち、教育と福祉の枠組みを超えた活動が可能になり、認定こども園を核とした地域全体での子育て環境づくりを目指している様子を報告している。

認定こども園は、対象とする子どもが家庭の状況や年齢に限定されておらず、就学前のすべての子どもを対象にしており、利用者にとっては子どものための総合施設となることの期待も高いのであろう。また、地域連携を重視していくならば、将来的にはソーシャルワーカーを配置する園も増えてくる可能性もある。しかし、認定こども園においては不安要素もあり、久保田（2008）が次のように指摘している。認定こども園は入園の申し込みは行政を通さず、保護者と園との直接契約で利用できる。そのために利用料は、利用時間や保育の内容などの質に応じて自由に設定できる「応益負担」とすることができるため、オプション保育として英語学習やおけいこ教室の併設など目玉保育を作ることによって別料金をとることができる。しかし、その一方で手のかかりそうな障がい児が入所を拒否されたり、保育料未納で退所を求められたりする可能性があることを危惧している。

柏女（2016）は、認定こども園の今後の在り方にかかわる政策的・実践的課題として、「教育と福祉の融合がいかに図れるか」ということを挙げている。2015年の認定こども園法の改正により、幼保連携型の認定こども園の職員は幼稚園教諭免許と保育士資格を併有する「保育教諭」を配置しなければならなくなった。また、認定こども園の設置主体は国・地方自治体もしくは学校法人、社会福祉法人となっている。柏女（2016）は、学校法人経営の幼保連携型認定こども園で、しかも「保育教諭」という教育職が中心的に担う施設が、児童福祉施設としてのミッションを果たせるかが大きな課題と指摘している。

認定こども園は、共働きや一人親家庭の子どもも利用する施設であることから、生活困難を抱える家庭が利用する可能性もある。今後の子育て支援を考える上でも、認定こども園における利用者の実態調査は急務であろう。

４．地域子育て支援拠点事業

地域子育て支援事業とは、地域において、主に乳幼児の子どもをもつ親を支えるために子育て中の親が気軽に集い、語り合って子育ての不安を解消したり、子育ての不安や悩みを相談し、助言や支援を受けられる場所を設置する事業である。2016年度で全国に一般型と連携型併せて7,063か所設置されている（厚生労働省2016）。

保育所、幼稚園や認定こども園と違い、親子を対象としている施設であることと、不特定多数の人を対象としているところが多いことが特徴である。前述したように、3歳未満児の子どもの居場所の拠点は家庭での保育が7割を占める（**表1参照**）が、地域子育て支援拠点事業は、これらの親子が利用する可能性の高い居場所である。そして支援の対象が、訪れた「親と子」を中心とするために、求められる専門性は、子どもを預かる施設型とは異なってくる。「地域子育て支援拠点事業における活動の指標『ガイドライン』」（子ども未来財団2010）には、地域子育て支援拠点事業の従事者の役割として、①温かく迎え入れる、②身近な相談相手であること、③利用者同士をつなぐ、④利用者と地域をつなぐ、⑤支援者が積極的に地域に出向く、という5点をあげている。安川（2014）は、地域子育て支援拠点事業の職員には、コーディネート力、コミュニケーション力、ソーシャルワークの技術など新たな専門性が求められ、従来のケアワークを中心とした保育の専門性では対応しきれないことを指摘している。

一方で、地域子育て支援拠点事業の職員要件は必ずしも保育士であることは求められていない。2015年に施行された子ども・子育て支援新制度において「子育て支援員」が創設されたが、これは育児経験のある主婦を対象に一定の研修を修了した者に与えられる資格であり、地域子育て支援拠点事業を含んだ小規模の保育施設で保育士を補助する役割が期待されている。このように地域子育て支援拠点事業の支援者には非専門職化が進む一方で、保育の新たな専門性が求められているのが現状である。

残念ながら地域子育て支援拠点事業における子どもの貧困研究に関する文献はなかったが、この事業は、就学前の子どもをもつ家庭が数多く利用する居場所であり、貧困家庭の発見や予防的機能を果たす役割は大きいと考える。

5．その他

乳幼児を対象とした現場からの報告には、保育所の次に乳児院が多く、藤川（2008）や金澤（2009、2010）などがある。これらの報告では、乳児院は保育園以上に生活困難を抱え、障がいを抱えている子どもや医療的処置をしなくてはならない子どもが多いことを挙げている。乳児院では退所に向けての周囲の支援体制をつくることにも努力しているが、乳児院退所後、保育所に繋げたくても保育所が不足していて入園できないケースや、保護者が不規則な仕事をしているために保育所の保育時間内では対応できないケースなどがあり、乳児院での施設入所期間が長引く場合もある。さらに家事や育児ができない保護者もいることから、地域における保健師やヘルパーの家庭支援の充実を提案している（金澤2009、2010）。

また、乳幼児期からの社会的養護の場としては児童養護施設もあり、堀場（2010）の論文がある。それによると、施設で暮らす子どもは、親の親（祖父母）の代から経済的貧困を背景として、「低学歴→不安定就労→失業・借金→心身の健康状態の悪化→虐待・離婚→家庭崩壊→子どもの施設入所」という典型的な「貧困」と「虐待」の再生産が見られ、親たちの厳しい雇用・労働条件を背景として深刻な生活問題があることを指摘している。そして、そのような家庭で育った子どもたちが、幼児期から施設で暮らすことによる変化について、事例を通して述べている。施設での暮らしを通して子どもたちは落ち着いた生活はできるが、施設では様々な疾患・症状を持つ子どもが多く存在しているにも関わらず、国が予算化した看護師の配置が進んでいないため、医療面でのケア体制が不十分なことを指摘している。さらに、子どもをケアする職員の労働環境にも触れており、非正規職員の比率が高くなってきていること、職員の時間外労働の増加などを明らかにしており、職員の労働問題を含めて総合的に検討する必要があると述べている。

その他にも、保育所、幼稚園や認定こど

も園等を利用していない家庭に対してアプローチする子育て支援も行われている。その方法としては保健師や助産師による「新生児訪問」や「乳児家庭全戸訪問事業」、「ホームスタート」などがある。「ホームスタート」とは、民間のホームスタートジャパンという団体が行っている活動であり、子育て経験者が研修を受け、ホームビジターとして就学前の子育て家庭を訪問し家事・育児支援を行う活動である。これらの訪問型支援活動における乳幼児の貧困に関する具体的な報告は見当たらないが、こうした活動からも経済的困難を抱えている家庭を発見できる可能性がある。特に乳児家庭全戸訪問事業は、生後4か月までの子どものいる家庭を訪問するため、保健所における健診よりも家庭の中の様子を把握しやすく、保育所・幼稚園・認定こども園などの施設を利用していない家庭にもアクセスでき、早期に経済的困難を抱えている母子を発見できるメリットがある。佐藤（2011）は、乳児家庭全戸訪問事業の現状と課題について報告しているが、早期発見のメリットがある一方で、訪問するスタッフは保健師や助産師の専門職のみならず母子保健推進員や民生児童委員、子育て経験者等が研修を受けて実施しており、必要な状況をいかに把握できるかについてのスキルアップが重要となってくると指摘している。

Ⅵ．考察

過去12年間の乳幼児期の子どもの貧困研究を概観し、地域の子育て支援拠点ごとに乳幼児期の子どもの貧困に関するレビューを整理してみた。それは、小学校以降では義務教育によって、全ての子どもに対して貧困状態に陥っているかどうかのスクリーニングをかけることができるが、乳幼児期の子どもは、拠点とする居場所が多様にあることから子どもの貧困対策から取りこぼされてしまう可能性があるからである。

まず、子どもが拠点とする居場所は、従来の保育所・幼稚園及び家庭から、これらに加えて認定こども園・地域子育て支援拠点事業や家庭への訪問事業など運営主体や場所や職員・職種が多様化し、拡大していることが確認できた。

子どもの貧困研究に関しては、2008年以降は保育所からの現場報告、2014年以降はいくつかの保育所を利用する保護者への調査が行われ、少しずつではあるものの保育所においては乳幼児期の貧困の状態が明らかになってきた。しかし、認定こども園、地域子育て支援拠点事業といった、その他の子どもの居場所における利用者への実態調査は見当たらなかった。小学校以降と違い、就学前の子どもたち、特に3歳未満児の子どもの7割が保育所以外を居場所にしている。なかでも、認定こども園は児童福祉施設の機能も備えており、地域子育て支援拠点事業は第2種社会福祉事業であることから、福祉的ニーズを持った家庭が利用する可能性が高い施設である。乳幼児期の貧困の全体像を把握するためには、認定こども園や地域子育て支援拠点事業などの居場所を含めた利用者の実態調査を進めていくことが必要であろう。

また、乳幼児期の子どもの居場所が多様化すると同時に、そこで働く職員の職種が多様化し、求められる専門性も変化してきていることが分かった。2003年に保育士資格が法定化され、保育士は子どもの保育だけでなく、保護者支援や地域子育て支援の役割も求められ、ソーシャルワーク的な関わりなど、保育士に要求される役割も拡大してきた。さらに、近年では保育所に生活困難を抱える家庭の子どもの入所が増加しているために、福祉的機能を強化する必要性が生じ、福祉専門職の配置が求められている。認定こども園に関しては、保育教諭が配置されているが、幼稚園から移行している園も多く、教育的視点が強い園も多いと推測される。今後は保育教諭がどのように福祉的な視点を取り入れ、それを仕事上活かしていくのか、さらに認定こども園もソーシャルワーカーなどの福祉専門職の配置が必要なのかどうか注目されるところである。

さらに地域子育て支援拠点事業においては、保育所や幼稚園及び認定こども園と違い、親子を支援する場で、不特定多数の人を対象とするために、コーディネート力やソーシャルワーク的な関わりを含めた独自の専門性が求められている。その一方で、保育士以外の非専門職も職員として配置されており、支援者の技量をどのように向上させていくのかが課題となっている。

ここまで見ると、子どもの居場所が異なれば、求められる保育の専門性が異なり、保育職がどこまで福祉的な支援を担うのかも異なってくる。保育分野のソーシャルワーク研究は少しずつ蓄積されているものの、子どもの貧困問題に焦点をあてた保育ソーシャルワークの報告は原田ら（2011）の１件しかなかった。その報告では、保育学者の神田英雄の提案した保育ソーシャルワークの原則をもとに２事例の分析を行い、保育とソーシャルワークに共通する認識の枠組み（援助の視点や専門職的価値などを含めて）を提案している。

乳幼児期の子どもの貧困問題に対応していくためには、前述の拠点ごとの実態把握に加えて、保育ソーシャルワーカーが必要と言われる状況下における保育の専門性とは何であるのかが問われる。2008年３月に改訂された厚生労働省「保育所保育指針」の参考資料として取りまとめられた同「保育所保育指針解説書」においては、子育て等に関する相談や助言などに関しては、保育士が相応にソーシャルワーク機能を果たすことが必要であると断わりつつ、「保育所や保育士はソーシャルワークを中心的に担う専門機関や専門職でないことに留意し、ソーシャルワークの原理（態度）、知識、技術等への理解を深めた上で、援助を展開することが必要」と記されている。保育士がどこまで福祉的機能を発揮するべきなのかについては曖昧である。近年、乳幼児期の子育て支援は、多様な支援者が多様な形態で支援を展開してきている。その全体像の中で、保育とソーシャルワークの専門性と関係性をいかにとらえ、生活困窮の子ども達の育ちをどのように保障し支援していけるのか、これについては今後の課題としたい。

【注】

(1) NDL-OPACは国立国会図書館が所蔵する資料を検索するリサーチシステムであり、学術研究や一般の調査研究に資することを目的とし、雑誌記事検索においては、(1)学術雑誌、(2)特定の分野・業界に関する情報・解説・評論などを掲載している専門誌、(3)(1)、(2)に該当しない機関紙（政党・労働組合・非営利団体・各種協会等の団体が、自らの政策や活動内容、意見及び関連事項を掲載しているもの、(4)一般総合誌を採録誌としている。しかし、実際には採録基準に合致するにも関わらず、採録対象から洩れている文献が存在する可能性を示唆している。

(2)「子ども格差　このままでは日本の未来が危ない！！」『週刊東洋経済』2008年5月17日号　P36-104

(3) NDL-OPACで「日本」「子ども」「貧困」をキーワードにして2014年～2017年9月までの期間で検索した文献数を記した。

(4)「貧困統計ホームページ」http://www.hinkonstat.net/子どもの貧困/1-日本における子どもの貧困率の動向/

(5) 文部科学省（2017）「平成29年度　学校基本調査」によると、国立幼稚園数49園、公立幼稚園数3,952園、私立幼稚園数6,876園であった。
http://www.mext.go.jp/component/b_menu/other/_icsFiles/afieldfile/2017/8/3/1388639_2.pdf

(6) 2016（平成28）年4月1日から2017（平成29）年4月1日までの認定こども園へ移行した施設の内訳については、複数の施設が合併して１つの認定こども園になった場合があるため、移行数と増加数は一致しない。

引用・参考文献

・阿部彩（2008）「子どもの貧困－日本の不公平を考える」岩波書店
・阿部彩（2014）「子どもの貧困Ⅱ－解決策を考える」岩波書店
・石川幸枝（2009）「困難な子を支えて－子どもたちの笑顔を守りたい」『季刊　保育問題研究』No.240　P24-30

・石黒万里子（2010）「幼稚園における「子育て支援」の課題－「預かり保育」の利用者に着目して－」『家庭教育研究所紀要』No.32　P14-22
・井上大樹（2014）「A 団地の幼稚園における子育て支援機能」『格差社会における家族の生活・子育て・教育と新たな困難－低所得者集住地域の実態調査から』長谷川裕編著　旬報社　P363-372
・大久保藹音（2016）「認定こども園と保育所の収益性の比較について」『WAM』独立行政法人福祉医療機構経営サポートセンター　リサーチグループ　P1-12
http://www.wam.go.jp
・垣内国光・義基祐正・川村雅則・小尾晴美・奥山優佳（2015）『日本の保育労働者　せめぎあう処遇改善と専門性』ひとなる書房
・柏女霊峰（2016）「認定こども園の未来」『NEW 認定こども園の未来～保育の新たな地平へ～』特定非営利活動法人　全国認定こども園協会編　吉田正幸監修　フレーベル館　P34-37
・金澤由紀（2009）「乳児院からみえてくるもの」『季刊保育問題研究』No.240　P54-57
・金澤由紀（2010）「乳児院から見た子どもの貧困」『あいち保育研究所　研究紀要』第 1 号　P18-23
・久保田徹（2008）「保育の現場から見えてくるもの」『人権と部落問題』No.770　P115-125
・子ども未来財団（2010）「地域子育て支援拠点事業における活動の指標『ガイドライン』【普及版】」（第二版）　P5
https://kosodatehiroba.com/new_files/kekyu/guideh21fukyuu.pdf
・小西祐馬（2016a）「子どもを守れ－「乳幼児期の貧困」の現状から考える」『月刊　女性&労働』4 月号　P9-11
・小西祐馬（2016b）「乳幼児期の貧困と保育－保育所の可能性を考える－」『貧困と保育』かもがわ出版　P25-52
・厚生労働省　雇用均等・児童家庭局保育科（2008）「保育所保育指針解説書」平成 20 年 4 月　P180
http://www.mhlw.go.jp/bunya/kodomo/hoiku04/pdf/hoiku04b.pdf
・厚生労働省（2017）「平成 28 年度　国民生活基礎調査の概況」平成 29 年 6 月 27 日　P15
・厚生労働省（2016）「平成 28 年度　地域子育て支援拠点実施状況」
http://www.mhlw.go.jp/file/06-Seisakujouhou_11900000_koyoukintoujidoukateikyoku/kyoten_kasho28.pdf
・佐藤和代（2011）「産じょく期・新生児期からの家庭訪問の実際－乳児家庭全戸訪問事業の現状と課題」『世界の児童と母性』Vol.70　P23-26
・鈴木瞬（2015）「認定こども園にみる「教育と福祉のクロスボーダー」－佐野市認定こども園「あかみ幼稚園」におけるヒアリング調査をもとに－」『学校経営研究』No.40　P29-36
・Duncan,Greg J. & Jeanne Brooks-Gunn, eds.（1997）Consequences of growing up poor, Russell Sage Foundation.
・内閣府（2014）『子どもの貧困対策に関する大綱について』
http://www8.can.go.jp/kodomonohinkon/pdf/taikou.pdf
・内閣府（2017）『認定こども園に関する状況について（平成 29 年 4 月 1 日現在）』
http://www8.cao.go.jp/shousi/shinseido/links/pdf/kodomoen27.pdf
・中村強士（2014）「保育所保護者における貧困層の特徴－名古屋市保育所保護者への生活実態調査から－」『日本福祉大学社会福祉論叢』第 131 号　P1-7
・中村強士（2015）「保育所保護者における貧困と子育て・家庭生活の悩み・不安・困難－名古屋市保育所保護者への生活実態調査から－」『日本福祉大学社会福祉論叢』第 132 号　P1-10
・中村強士（2016）「保育所保護者への調査からみえた貧困－解決策としての保育ソーシャルワーカーの配置」『貧困と保育』かもがわ出版　P95-112
・長谷川裕編著（2014）『格差社会における家族の生活・子育て・教育と新たな困難－低所得者集住地域の実態調査から』　旬報社
・原田明美（2010）「保育園は福祉の最前線」『あいち保育研究所　研究紀要』第 1 号　P32-41
・原田明美・坂野早奈美・中村強士（2011）「保育ソーシャルワーク論の試み－「子どもの貧困」問題からのアプローチ－」『あいち保育研究所　研究紀要』第 2 号　P55-67
・平松知子（2009）「保育園が子どもたちにできること」『季刊　保育問題研究』No.240　P18-23
・平松知子（2016）「人生最初の 6 年間で育めるもの　保育所保育から見る貧困と福祉」『貧困と保育』かもがわ出版　P54-71
・藤川加代子（2008）「身体の傷は消えても心の傷は深い－愛着関係を取り戻すために－」『福祉のひろば』No.468　P12-14
・堀場純矢（2010）「子どもの貧困と児童養護施設」『家族関係学』N0.29　P27-36
・松本伊智朗（2010）「いま、なぜ子どもの虐待と貧困か」『子どもの虐待と貧困』明石書店
・牧裕子（2015）「保育園から見た子どもの貧困」『子どもの文化』47 巻 11 号　P24-29
・文部科学省（2017）「平成 29 年度　学校基本調査」
http://www.mext.go.jp/component/b_menu/other/_icsFiles/afieldfile/2017/8/3/1388639_2.pdf
・安川由貴子（2014）「地域子育て支援拠点事業の役割と課題－保育所・保育士の役割との関連から－」『東北女子大学・東北女子短期大学　紀要』No.53　P79-88
・山縣文治（2016）『子ども家庭福祉論』ミネルヴァ書房
・山野良一（2014a）「子どもの貧困と保育の課題（1）貧困率の高さと親の働き方」『月刊保育情報』No.451

P19-42
・山野良一（2014b）「子どもの貧困と保育の課題（3）子どもの貧困対策としての保育」『月刊　保育情報』No.454　P19-22
・山野良一（2014c）「子どもの貧困と保育の課題（4）子どもの貧困対策の現状と課題」『月刊　保育情報』No.455　P10-18

保育の研究　Number 27

（2016．4）

巻頭言

●社会の崩れ方—新自由主義時代を生きるとはどういうことか—　……………………………中西 新太郎

特　集

子ども・子育て支援新制度と課題

●子ども・子育て支援新制度の支給認定と育休退園問題　………………………………………伊藤 周平

●新教育基本法制下における幼児教育内容の国家統制の仕組みと幼児教育政策の現段階　……………………………小泉 広子

●子ども・子育て支援新制度施行後の地方における保育行政の基礎的課題—鳥取県19市町村を事例として—　……………………畑 千鶴乃・大谷 由紀子／藤井 伸生・金坂 友莉

実践報告

●原発事故と保育—子ども・家族を支える保育、保護者・地域とともにつくる保育—　………齋藤 美智子

自由論題

●保育所の1歳児クラスにおけるかみつきについての考察　………杉山 弘子・佐藤 由美子・前田 有秀

●韓国の保育・幼児教育の改革とその動向—「公的保育・幼児教育」と「質の向上」の取り組み—　……勅使 千鶴

●新任保育者が職場の困難に対応していく様相—困難としての「人間関係」に着目して—　……庭野 晃子

●保育者の子ども時代の遊び環境と遊び観　…………………………………………音田 忠男・金田 利子

資　料

●月刊『保育情報』総目次（4）—No.410 ～No.457（2011年～2014年）

編集・発行　保育研究所　　定価 2,200 円＋税

お求めは保育研究所へ

〒162-0837 東京都新宿区納戸町26番3 保育プラザ　TEL 03-6265-3173　FAX 03-6265-3230

自由論題

子どもの歌の最高音の母音および歌の音域についての調査と一考察

山本　学（静岡県立大学短期大学部）　カタヴァ美紀（静岡県立大学短期大学部）
田代千早（静岡県立大学短期大学部）　原川洋子（静岡県立大学短期大学部）
八木名菜子（静岡県立大学短期大学部）　山田美穂子（静岡県立大学短期大学部）
鷲巣貴乃（静岡県立大学短期大学部）　丸尾真紀子（静岡福祉大学）

はじめに（序論）

保育現場において、歌を歌う場面は多くある。

柳、伊豆、片山（2007）[1]は、保育実習および幼稚園実習に参加する直前の学生に、実際の保育活動のなかで音楽がどのように使用されているかを観察することを依頼し、その記録件数777件を分析した結果、朝の会21.6%、帰りの会15.4%で最も多く使用されていたと報告している。

保育所保育指針、幼稚園教育要領の保育の内容の「表現」においても、内容として「生活の中で様々な音、色、形、手触り、動き、味、香りなどに気付いたり、感じたりして楽しむ」、「感じたこと、考えたことなどを音や動きなどで表現したり、自由にかいたり、つくったりする」、「音楽に親しみ、歌を歌ったり、簡単なリズム楽器を使ったりする楽しさを味わう」等がある。保育の場において、子どもが自主的に音楽に触れること、歌を歌うことの重要性がうかがえる。

しかし、その重要性がわかっていたとしても、実際に子どもたちと音楽を楽しむとき、一緒に歌を歌うときに、どのような曲を選択すれば良いのか、子どもたちが歌いやすい曲、心地よく歌える曲とはどういった曲なのかを保育者は知っていなければならない。また、子どもが歌うとき、ピアノなどの楽器で伴奏することもあるが、そのときにどういった音域で歌うのがふさわしいのかも知っていなければならない。

土田（2012）[2]は以下のように述べている。

「よく歌われる『うみ』をみてみよう。（中略）曲がクライマックスに差しかかると最高音の『月が』の『が』に最もよく響く『あ』の母音がくるので非常に歌いやすい。その上『うみは　ひろいな　大きいな～』と読んで自明のごとく、単語や文章に内蔵されている強弱や抑揚をメロディーが忠実になぞっているので、日本語の自然な響きが活かされている」。

このように、歌の最高音と母音の関係、メロディーの高低と抑揚の関係について、感覚的に言及されているものはある。しかし、土田（2012）は数多くの子どもの歌について分析をしているわけではない。同様にメロディーの高低と抑揚の関係についても、山田耕筰の「赤とんぼ」を例に述べたものはあるが、特に「子どもの歌」において体系的に調査をしたものは見当たらない。

また、最高音においては、子どもの歌の音域も歌いやすさに関係していると考えている。この点に関しては、新谷（2009）[3]が「3歳児だと生理的声域（音楽的音域とは異なり、人間が出せる声の最高音から最低音までの範囲）がa～a1までの１オクターブ、５歳児になるとa～c2まで、小学校に入学する前後になると、子どもの声は一応完成し、生理的な音域はf～f2までの２オクターブになると言われている」と述べている。さらに、大原（1994）[4]は一般的な幼児の声域は、１～２歳児で１点ヘ～１点イ、３～５歳児で１点ニから１点イとしている。

声域に関しては他にも多々あり、水崎(2013)[5]の「幼児の声域研究の動向」において国内のものは概ねまとめられている。子どもの声域に合わせるという考え方は至極当然で自然なことであるが、実際にすでに存在している子どもの歌の音域の方面をまとめたものは白石（2016）[6]の研究がある。これは、小学校の歌唱共通教材の音域に注目し教育現場で求められる発声について言及したもので、子どもの歌の音域について研究したものは極めて少ないようである。

Ⅰ．研究の目的

先行研究の動向から、本研究の目的は以下の二つに定める。一つ目は、いまだ立証されていない子どもの歌の最高音と母音の関係を明らかにすること、二つ目は、子どもの声域方面ではなく、現に存在している子どもの歌の音域を調査することである。存在している子どもの歌が子どもにとって歌いやすいかどうかは残念ながら本研究における限界を超えたものになる。

Ⅱ．研究方法

子どもの歌514曲を対象とする。子どもの歌の定義はここでは、「歌集に『子どもの歌』と書かれたものの中の歌」とする。そのため、様々な年代の歌を混在して調査することとなる。これに関しては、その調査の限界を認知しながらも量的な面に重きを置くこととした。調べるものは、

A　子どもの歌の最高音
B　子どもの歌の最高音での母音
C　子どもの歌の音域

の三つとする。

そして、曲の調査で生じる問題点等は以下のように対処する。

- 一番、二番とあるものはそのすべてが対象となる。
- 複数の最高音があるものはそのすべてが対象となる。
- 「ケーキ」、「カーニバル」のようなカタカナの長音やメリスマ（音楽における一つの母音で複数の音を伸ばす技法。子どもの歌で言えば、「こいのぼり（近藤宮子作詞、作曲不詳)」の「やねよりたかいこいのぼーり」の「ぼー」部分のこと）はその前の母音と同じとする。
- 促音の小さな「っ」は、一般的にその前の母音を伸ばした後で切って歌うため、その前の母音と同じとする。
- 「ん」も母音として扱う。
- 拗音（小さなやゆよ等）は拗音を優先する（例：「ひゃ」は「あ」母音となる)。
- 複母音「あう」、「おう」などはそのまま扱う。複母音でなくとも一つの音符に入れられた母音はそのまま複母音として扱う。ただし、「ああ」、「おお」などの複母音は「あ」、「お」とする。
- 「を」は「お」と日本語において発音の区別をしないとされているので、「お」として扱う。
- 最高音の表記は真ん中のCをC4とする国際的な標準規格を使用する（日本国内のヤマハ方式とは異なる)。

Ⅲ．研究結果

1　A子どもの歌の最高音

最も多いものがD5となり、次いでC5とな

った。わらべうたのような音域のせまいものが比較的低いところにとどまっている。

2　B子どもの歌の最高音での母音

「あ」、「い」、「う」、「え」、「お」、「ん」、「あい」、「あう」、「あお」、「あん」、「いえ」、「いお」、「いん」、「うい」、「ういん」、「うん」、「えい」、「えお」、「えん」、「おあ」、「おう」、「おい」、「おいん」、「おん」、「んい」の25種類となった。一曲の中に最高音が二回あったり、一番と二番で同じ最高音の母音が異なっていたりして延べ数は調査対象の514曲よりも多くなっている。

多いものから、「あ」366曲、「お」298曲、「い」272曲、「う」225曲、「え」205曲、「ん」53曲と続いている。複母音では、「あん」26曲と「おう」26曲と「おん」17曲で他よりも多くなっている。

今回、最も多かった「あ」は、土田（2012）による経験から歌いやすい「あ」の母音が

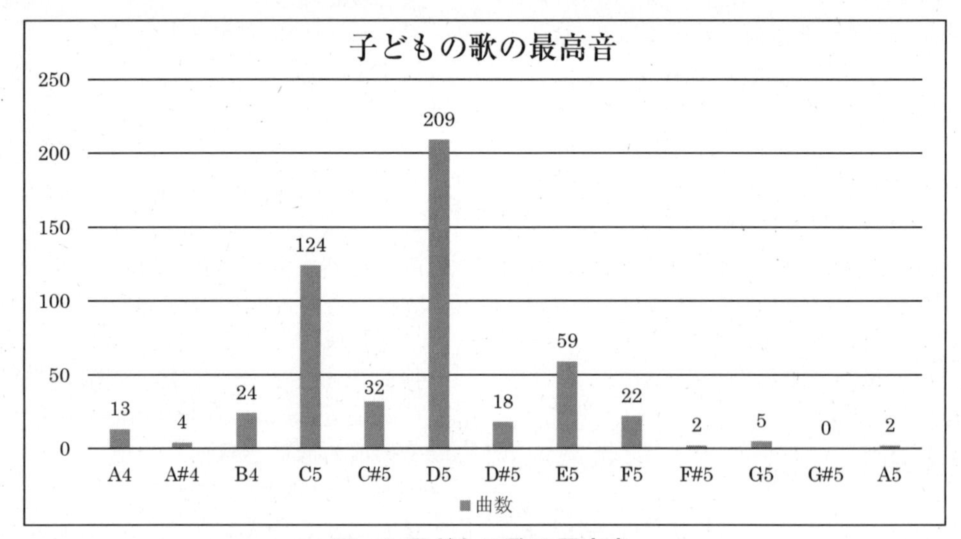

Fig 1 子どもの歌の最高音

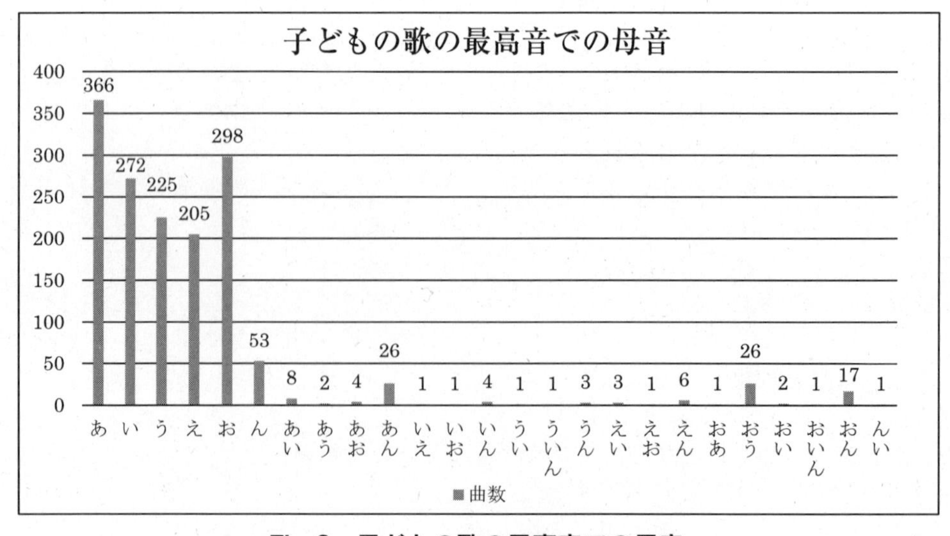

Fig 2　子どもの歌の最高音での母音

多く作られていると述べていたことが実証された形となった。

子どもの歌の音域は、多いものから完全8度148曲、長9度138曲となった。多くの曲が1オクターブ周辺の音域を持っていることが明らかになった。

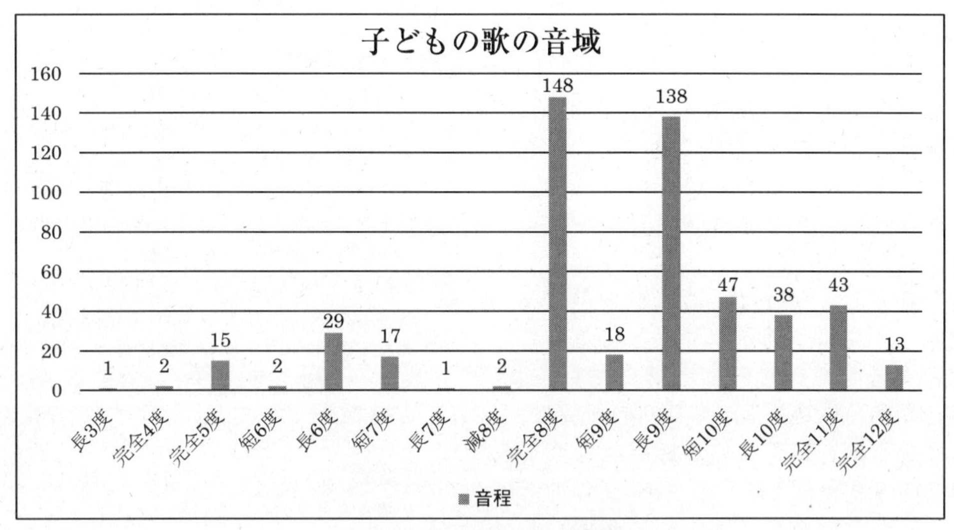

Fig 3　子どもの歌の音域

Ⅳ．考察

本研究では二つの目的を定めた。それについて、結果を元に考察していく。

1　子どもの歌の最高音と母音の関係について

子どもの歌の最高音はD5、C5が最も多く表れていた。この結果は、「はじめに」でも示した白石（2016）の論文の結果と一致している。白石の研究は小学校の歌唱共通教材を対象にしたもので、童謡を含む子どもの歌も同じ結果となった。同じく最初に示した新谷（2009）によれば、小学校入学前後で子どもの声は一応完成するということであるため、子どもの声域と子どもの歌とがうまく合致していないのではないかという現在までの研究の動向を再確認する結果となった。

母音に関しては、これまでの先行研究では量的なデータを取っておらず、今回が初めての試みとなった。土田（2012）による「あ」の母音が歌いやすいという結果を立証する形となり、最も多かったのは「あ」の母音であった。次いで、「お」の母音が来るが、「あ」も「お」も日本語の基本の五つの母音では、比較して口を大きく開ける母音となる。そのような母音が歌うエネルギーを必要とする最高音に当てられていることは、子どもの歌がそのように作られている、もしくは自然とそうなっているということが今回明らかになった。

2　子どもの歌の音域について

子どもの歌の音域は完全8度、長9度が最も多く表れていた。子どもの声域の研究に関しては、水崎（2013）にまとめられている。11の主たる研究が提示されているが、その内容の多くは、年齢と共に声域は広がり、3、4歳の時点で長7度から長9度を示している。最高音は研究によりA4からC5程度と、子どもの歌の最高音では子どもに合っていないという見解になるが、音域に注目をすれば、子どもの能力をはるかに超えたものではなくなる。保育者はピアノを弾いて子どもたちと歌を歌う場合、移調して低くする能力が必要とされる。

V. 終わりに

様々な制約のもとで調査を行ったため、研究の限界はすでに本論中に述べた。しかし、今まで感覚的に伝えられていて、実証されてこなかったものを今回、量的な視点で証明することができたことは大きな成果であると考える。今後は、より細やかに条件を限定し、今回、研究の限界としたものを丁寧に実証していければと考えている。共同研究者が大勢であるが、今回の研究は、完全8度などの音域を求める専門的な楽典の知識を持つことを要求し、さらに514曲という多量の曲の分析を行うために必要なことであった。論文のグランドデザインはファーストオーサーが行っているが、専門知識を必要とするデータ調査、論文の文章表現、部分的な執筆は共同研究者と共に行っている。

引用・参考文献

1) 柳昌子、伊豆千栄美、片山順子（2007）「就学前教育における規律化のための音楽（第1報）」、『九州女子大学紀要』第44-1号、p.47-50
2) 土田定克（2012）「幼児が聴き、歌うことの意義―感性を伸ばす教材選択と歌唱指導の視点―」、『尚絅学院大学紀要』第64号、p.157-169
3) 新谷奈々（2009）「幼児の声域と発声について」、『エデュケア』29号、p.17-20、大阪教育大学幼児教育学研究室
4) 大原正義（1994）「保育現場における歌唱指導の問題点とその解決方法―コンピューターミュージック機器＆AV機器を用いて―」、『中国短期大学紀要』25巻、p.35-40
5) 水崎誠（2013）「幼児の声域研究の動向」、全国大学音楽教育学会研究紀要第24号、p.31-37
6) 白石愛子（2016）「教育現場で求められる発声（1）小学校歌唱共通教材における音域に着目して」、『姫路大学教育学部紀要』9号、p.53-60

保育の研究　Number 25 (2013.11)

巻頭言

こどもの城の閉館、民間児童館補助金廃止問題と子ども・子育て支援新制度………………村山 祐一
なぜ児童館行政を後退させるのか？

特　集

保育所の最低基準を考える

保育所最低基準の根拠に関する検討―保育者に対する質問紙調査より―………大谷 直史・奥野 隆一
【調査報告】保育所最低基準の条例化の動向と課題 ……………………………………………若林 俊郎

編集・発行　保育研究所　　定価 2,200円＋税
お求めは保育研究所へ
〒162-0837 東京都新宿区納戸町26番3 保育プラザ　TEL 03-6265-3173　FAX 03-6265-3230

自由論題

保育者の子ども時代の遊びの検討

—世代間に有意差の見られた遊びを中心に—

音田忠男（埼玉東萌短期大学）　金田利子（東京国際福祉専門学校）

1．緒言

1－1．本研究のこれまでの到達点と課題

本研究は、「『遊びを通した保育』の理解と実践—遊び観との関わりから—」（『保育の研究』No.25）と『保育者の子ども時代の遊び環境と遊び観』（『保育の研究』No.27）においての課題についての検討を行うものである。

両論文では保育者の「遊び観」についてアンケートをとり分析、その考察を行った。遊び観についてたずねる問いでは、幼児にとっての「遊び」の本質をア～エの４択で問い、自分の意見にいちばん近いもの１つに○を付けてもらうものである。ア～エの選択肢は「ア　生活そのものだ。」、「イ　社会性、知能、運動能力などを発達させることを狙うものだ。」、「ウ　おもしろさを追求する中で自己実現を図る自主的な活動である。」、「エ　幼児の欲求を解放するものだ。」とした。結果として、保育者全体の遊び観は、アの「生活そのものだ」（42.6％）が全体で最も多い割合を示した。次に、ウの「おもしろさを追求する中で自己実現を図る自主的な活動である」（31.2％）、イの「社会性、知能、運動能力などを発達させることを狙うものだ」（24.4％）、が続き、最も低い割合として、エの「幼児の欲求を解放するものだ」（1.8％）という順になった。前回、前々回とでアンケート調査園、調査対象者が変わっていることもあるがこの位置関係は、前回の調査と同様のア＞ウ＞イ＞エの並びであった。

その結果を踏まえ、前回の論文（『保育者の子ども時代の遊び環境と遊び観』）では、保育者の経験年数と保育者の子ども時代における遊び環境の時代背景とアンケート結果から見る保育者の遊び観の違いを捉えようと試みた。時代区分を①遊び環境の高揚期（1948～1952）、②遊び環境の停滞期（1953～1964）、③遊び環境の沈滞期（1965～1973）、④遊び環境の「沈滞加速期」（1974～1983）、⑤遊び環境の「超沈滞期」（1984～）とした（「　」内、筆者らが仮に命名）。その時代区分（高揚期、停滞期、沈滞期、沈滞加速期、超沈滞期）に保育者の経験年数を当てはめそれぞれの遊び観の違いを見た。すると、結果から以下のことを考察することができた。

1）①高揚期＋②停滞期を除くと最もアすなわち「生活そのもの」が多い。

2）イとウすなわち能力を伸ばす手段として捉えていると思われる場合と遊ぶことそのものを目的と捉えているものとを比べてみると、全体的に後者の方が多い。大きな開きをもって後者が多いのは①＋②の時代に子ども時代をすごした層に多いということがわかる。その次が③の時期すなわち遊び環境の沈滞期（と言っても沈滞加速期や超沈滞期よりは遊び環境が良い）に子ども時代をすごした保育士

の方が遊びはおもしろいからというものを選んでいることがわかる。最もイすなわち何かを学ぶために遊ぶとしているものは、④（沈滞加速期）に子ども時代をすごした者に多い。それはそれだけ、遊び環境から三つの間が遠のいてきているということになる。

3）しかし例外がある。時代が最も進んだ時期は最も遊び環境が悪化しているのであるが遊び観に即影響してない層が⑤に当たる時期に子ども時代をすごした最も若い層である。その理由として、次の2点が考えられる。

一つはこの年代の保育者が保育士養成課程に学んでいる時期は2011年に保育士養成課程の1年目になる。2011年からは保育士養成課程のカリキュラムも改訂されたが、カリキュラム自体には「遊び」を銘打つ科目の設定はない。しかし、2008年に『幼稚園教育要領』（以下、『要領』とする。）と『保育所保育指針』（以下、『指針』とする。）が改訂され、遊びを通した総合的保育が明確に位置づき、『要領』解説書（2008）には「遊びは遊ぶこと自体が目的であり、人の役に立つ何らかの成果を生み出すことが目的ではない」と明確に記されるようになった。要領の解説書のみでなく『指針』解説書にも「遊び」（「遊ぶ」など語尾が変わるケースを含める。）という用語が200か所以上登場してくる。こうした時期だけにどこの養成校でも遊びの重要性とその本質については以前よりも重きが置かれてきているのではないかということである。

もう一つはこの年代の人たちは、小・中・高の学校時代にゆとりの教育を受け、総合的学習も体験していることと関係しているのではないかと思われる。これは遊びではなく学習であるが、幼児期の遊びは学童以上の子どもの学習に位置づき、やらされているのではなく自発的な学習という点からも遊びからの発展という性格もあると思われるからである。ゆとり教育に、学力向上の面から批判が集まり、2008年度から「確かな学力」を掲げ、教育内容と授業時間数の増加へと方針転換が図られたが、遊び観形成の面からはプラスになっていたのではないかとも考えられる。総じて、子どもの頃の遊び環境の保障の中での遊び体験は、遊び観の形成に大きな影響があるという方向への実証データを一つ加算することができたと考える。一方、時代の中で遊び環境が悪化される中でも、養成校の教育などによっては、遊びとは何かの本質を意識的に育てることも可能なのではないかと示唆された。

1－2．本研究の目的

それでは、保育者が子ども時代にどのような遊びを経験し、その遊びが保育者になった現在の遊び観に与える影響はあるのだろうか。それについて明らかにしていくことが究極的な目的にはなるが、その遊び観への影響を見る前に、ここではそれぞれの世代がどのような遊びを行い、そこでの質的違いに焦点を当てて、遊び環境が遊び観に与える影響について検討することを目的とする。

2．研究方法

本研究も前回と同じアンケート調査を用いているが、今回は保育者が子ども時代にどのような遊びをしたのかを質問している（自由記述）項目を中心に、保育者それぞれの子ども時代の遊びを整理し検討する。

2－1．調査対象・選定理由・対象数・調査方法・調査時期

対象、対象選定理由、調査対象数、調査方法、調査時期などは前回（『保育の研究』No.27）と同様ではあるが、参考のため以下に示す。

対象：保育者

・東京K市（公立保育園、私立保育園）
・東京都F市（公立幼稚園、公立保育園、私

立幼稚園、私立保育園）
・東京都H市（公立幼稚園、公立保育園、私立幼稚園、私立保育園）
・愛知県Ｋ市（公立保育園）
・愛知県（国公立幼稚園およびこども園）

対象選定理由：

アンケートの協力要請に関しては、前回のアンケートをお願いした園を中心に再度、要請した。さらに今回は保育者の人数を増やすため、新たに、東京都F市、H市にお願いした。その理由としては、市内に公立幼稚園、公立保育園、私立幼稚園、私立保育園といった形態をすべて設置している自治体だからである。また、愛知県K市と同様、大都市に隣接し、そのベットタウンとして位置した点などで共通な部分もあるためである。

調査対象数：

ここでは、都市別設置主体別にはこだわらず、保育者の経験・年齢にのみ焦点を分けて分析する。回収数1,318中有効回答数1,121

調査方法：市町村別・機関別に郵送による。

調査時期：①2014.12.10 ～ 2015.1.31
②2015.6.10 ～ 8.17

なお、このアンケートの回答からみる考察は、アンケートをとりおこなった愛知県の公立幼稚園、愛知県K市の公立保育園、私立幼稚園、東京都K市の公立保育園、私立保育園、東京都F市、H市の公立幼稚園、公立保育園、私立幼稚園、私立保育園から見る保育者の「遊び」であり、一般の国公立幼稚園、私立幼稚園、公立保育園、私立保育園としての保育者の「遊び」として即時捉えることはできないが、答えて頂いた限りでの一定の保育者の意識をみることとなる。しかし、保育者の「遊び観」を踏まえたうえで様々な問題と絡めて考えていくための何らかの重要な手がかりとなるという視点をもって、この結果を扱うことにする。

2－2. 質問紙の構成

今回の分析に使用するアンケートは、前回（『保育者の子ども時代の遊び環境と遊び観』〈『保育の研究』No.27〉）回答をいただいた「保育者の遊び観を問う」アンケートを用いる。

今回は、特に「設問３.小さい頃（幼少期～小学校時代）によくやっていた遊びや印象に残っている遊び」（次頁を参照）の質問項目の回答とフェイスシート（回答者の性別、年齢〈世代〉、職場、経験年数、現在の担当クラス等の項目）の回答を扱うこととする。

2－3. 結果分析手順

手順１

「設問３.」の全ての自由記述回答を参考に、遊びをカテゴライズ（カテゴリー）し、その中で多かったものを「小さい頃の遊び」として順番に並べた（内訳は以下に示す）。

手順２

①小さい頃の遊びをまとめた場合
②「小さい頃の遊び」３%以上の遊びを抽出した場合
③「世代別」

以下に対してどれも変数のためクロス集計とカイ２乗検定を行った。

①×③、②×③

回答から、まずは割合で示し、カイ２乗検定を行った（クロス集計表で期待度数５未満のセルがある場合は、Fisherの正確確率検定を行った）。

3. 倫理的配慮

調査に際しては、研究の趣旨を説明する際にアンケート協力者の代表に、匿名性とプライバシー保護を遵守する旨を説明した。研究目的以外で調査の結果を利用しないことを説明し、アンケート用紙を調査対象者に郵送した。同意が得られた場合のみ園ごとに無記名で返送され、回収されたアンケート用紙をすべてデータ化することで、施設及び回答者の匿名性が確保される倫理的配慮を行った。

表１「設問３.の実際」

設問３.小さい頃（幼少期〜小学校時代）によくやっていた遊びや印象に残っている**遊びを３つ**自由に書いてください。

（例１：山でのターザン遊び、ドッチボール、ファミコン）

（例２：ままごと、すもう、かくれんぼ）

４. 結果と考察

それぞれの分析の結果について有意差が見られたものを中心に取り上げていくこととする。自由記述に回答があった場合を「よく遊んだ・印象に残っている」とし、自由記述の回答がなかった場合を「よく遊ばなかった・印象に残っていない」とする。

４－１. ①×③（小さい頃の遊びをまとめた場合×世代別）の結果

表３を参考に結果を見ていくこととする。「草花・虫取り」、「ボール遊び」、「テレビゲーム」、「一輪車・自転車」、「縄跳び・ゴムとび」、「お手玉・おはじき」、「お絵かき」、「砂遊び」、「馬とび」がＰ＜0.05で有意差が見られた。

「草花・虫取り」における「よく遊んだ・印象に残っている」の各世代の割合は、20代2.3％、30代3.8％、40代6.5％、50代4.5％、60歳以上13.5％。「ボール遊び」における「よく遊んだ・印象に残っている」の各世代の割合は、20代35.3％、30代26.9％、40代29.3％、50代32.2％、60歳以上13.5％。

「テレビゲーム」における「よく遊んだ・印象に残っている」の各世代の割合は、20代3.6％、30代3.8％、40代1.1％、50代０％、60歳以上０％。

「一輪車・自転車」における「よく遊んだ・印象に残っている」の各世代の割合は、20代10.0％、30代7.7％、40代0.7％、50代1.5％、60歳以上０％。

表２　小さい頃の遊びの順位

小さい頃の遊び	n	%
鬼ごっこ	673	60.0%
ままごと	560	50.0%
ボール遊び	404	36.0%
縄跳び、ゴムとび	314	28.0%
山遊び、川遊び	267	23.8%
外遊具（ブランコ、すべり台等）	105	9.4%
一輪車、自転車	76	6.8%
草花、虫取り	56	5.0%
お絵かき	45	4.0%
砂遊び	40	3.6%
テレビゲーム	32	2.9%
ヒーローごっこ	22	2.0%
ローラースケート	18	1.6%
かけっこ、リレー	16	1.4%
店やごっこ	15	1.3%
カードゲーム	15	1.3%
折り紙	15	1.3%
馬とび	15	1.3%
お手玉、おはじき	14	1.2%
ぬり絵	12	1.1%
バトミントン	12	1.1%
絵本	8	0.7%
あやとり	8	0.7%
ボードゲーム	3	0.3%
有効回答数	1,121	

また、「小さい頃の遊び」3%以上の遊びカテゴリーの内訳も今回の分析対象とする。

「縄跳び・ゴムとび」における「よく遊んだ・印象に残っている」の各世代の割合は、20代12.1％、30代21.8％、40代37.7％、50代31.7%、60歳以上48.6%。

「お手玉・おはじき」における「よく遊んだ・印象に残っている」の各世代の割合は、20代0.6％、30代0％、40代0.7％、50代3.0％、60歳以上8.1%。

「お絵かき」における「よく遊んだ・印象に残っている」の各世代の割合は、20代6.0％、30代3.8％、40代0.4％、50代2.0％、60歳以上０％。

「砂遊び」における「よく遊んだ・印象に残っている」の各世代の割合は、20代4.9%、30代3.2％、40代1.8%、50代0.5%、60歳以上2.7%。

「馬とび」における「よく遊んだ・印象に残っている」の各世代の割合は、20代０％、30代０％、40代1.1％、50代4.5％、60歳以上8.1％であった。

4－2. ①×③（小さい頃の遊びをまとめた場合×世代別）の考察

分析の結果を図1－1から図1－9に示し考察を行う。「草花・虫取り」、「縄跳び・ゴムとび」、「馬とび」に関しては世代が上がるにつれて「よく遊んだ・印象に残っている」と言える。「草花・虫取り」、「縄跳び・ゴムとび」ともに50代で減っていることが確認でき、きれいな上昇を見せているわけではないが60歳以上の回答者数が相対的に少ないということを考慮すると、世代が上がるにつれて「よく遊んだ・印象に残っている」と考えられる。逆に「テレビゲーム」、「一輪車・自転車」、「お絵かき」、「砂遊び」は若い世代ほど「よ

表３　小さい頃の遊びをまとめた場合×世代別

世代		20代	30代	40代	50代	60歳以上
草花、虫取り	よく遊ばなかった・印象に残っていない	97.7%	96.2%	93.5%	95.5%	86.5%
	よく遊んだ・印象に残っている	2.3%	3.8%	6.5%	4.5%	13.5%
合計		100.0%	100.0%	100.0%	100.0%	100.0%
ボール遊び	よく遊ばなかった・印象に残っていない	64.7%	73.1%	70.7%	67.8%	86.5%
	よく遊んだ・印象に残っている	35.3%	26.9%	29.3%	32.2%	13.5%
合計		100.0%	100.0%	100.0%	100.0%	100.0%
テレビゲーム	よく遊ばなかった・印象に残っていない	96.4%	96.2%	98.9%	100.0%	100.0%
	よく遊んだ・印象に残っている	3.6%	3.8%	1.1%		
合計		100.0%	100.0%	100.0%	100.0%	100.0%
一輪車、自転車	よく遊ばなかった・印象に残っていない	90.0%	92.3%	99.3%	98.5%	100.0%
	よく遊んだ・印象に残っている	10.0%	7.7%	0.7%	1.5%	
合計		100.0%	100.0%	100.0%	100.0%	100.0%
縄跳び、ゴムとび	よく遊ばなかった・印象に残っていない	87.9%	78.2%	62.3%	68.3%	51.4%
	よく遊んだ・印象に残っている	12.1%	21.8%	37.7%	31.7%	48.6%
合計		100.0%	100.0%	100.0%	100.0%	100.0%
お手玉、おはじき	よく遊ばなかった・印象に残っていない	99.4%	100.0%	99.3%	97.0%	91.9%
	よく遊んだ・印象に残っている	0.6%		0.7%	3.0%	8.1%
合計		100.0%	100.0%	100.0%	100.0%	100.0%
お絵かき	よく遊ばなかった・印象に残っていない	94.0%	96.2%	99.6%	98.0%	100.0%
	よく遊んだ・印象に残っている	6.0%	3.8%	0.4%	2.0%	
合計		100.0%	100.0%	100.0%	100.0%	100.0%
砂遊び	よく遊ばなかった・印象に残っていない	95.1%	96.8%	98.2%	99.5%	97.3%
	よく遊んだ・印象に残っている	4.9%	3.2%	1.8%	0.5%	2.7%
合計		100.0%	100.0%	100.0%	100.0%	100.0%
馬とび	よく遊ばなかった・印象に残っていない	100.0%	100.0%	98.9%	95.5%	91.9%
	よく遊んだ・印象に残っている			1.1%	4.5%	8.1%
合計		100.0%	100.0%	100.0%	100.0%	100.0%

く遊んだ・印象に残っている」と考えられる。「テレビゲーム」では「よく遊んだ・印象に残っている」における50代、60歳以上の回答者は０％であり、「一輪車・自転車」の「よく遊んだ・印象に残っている」における50代、60歳以上の回答者はともに1.5%、０％となり、その世代が子ども時代には普及していなかったと考えられるのではないか。

違った角度からこの結果を読み取ると、50代、60歳以上の世代、いわゆる遊び環境の高揚期（1948～1952)、停滞期（1953 ～ 1964）に当たる時期に子ども時代を過ごしてきた世代は体一つで遊んだり、紐一本を使って遊ぶことが多かったのではないだろうか。また、お手玉やおはじきなどその時代に流行った遊びについても「よく遊んだ・印象に残っている」という認識として表れているのではないだろうか。

図１　世代別、各遊び（小さい頃の遊び）の遊び経験や印象の有無

図１-１　草花、虫取り

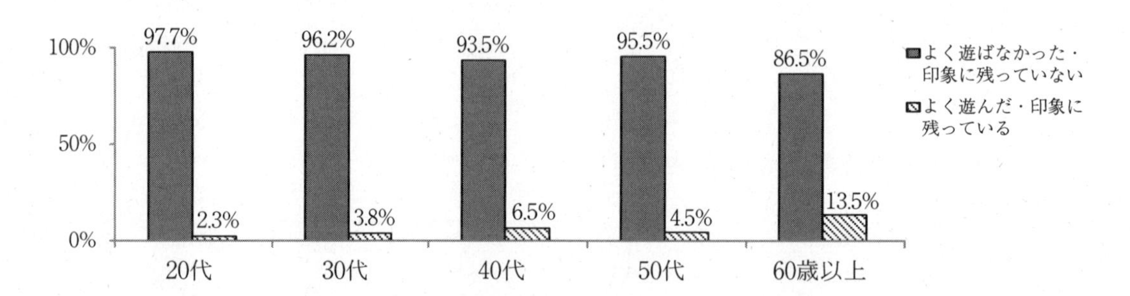

図１-２　ボール遊び

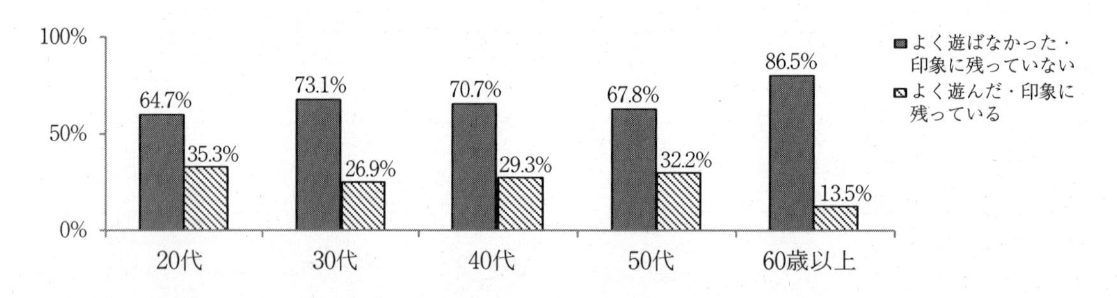

図１-３　テレビゲーム

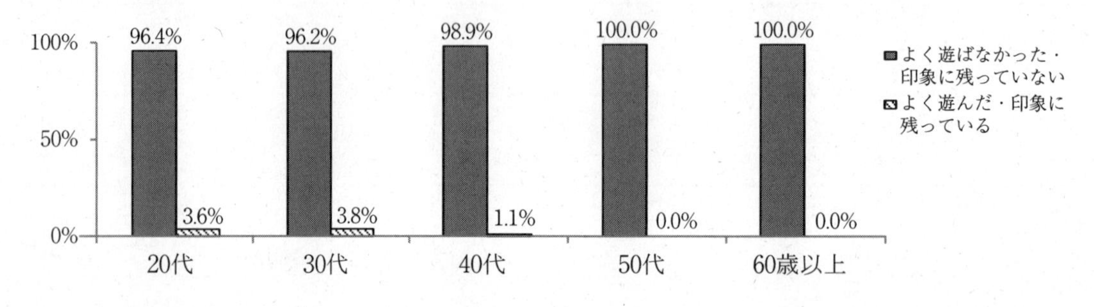

図１-４　一輪車、自転車

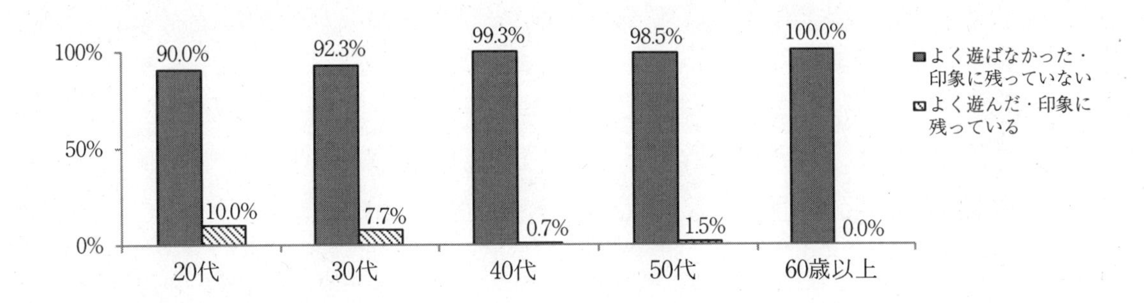

図１-５　縄跳び、ゴムとび

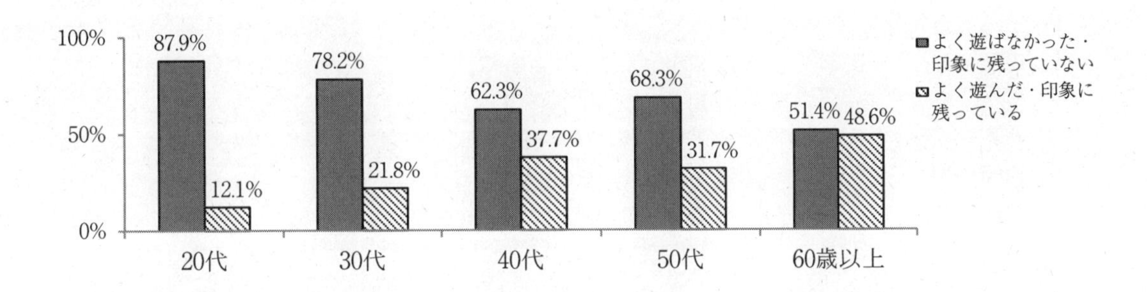

図１-６　お手玉、おはじき

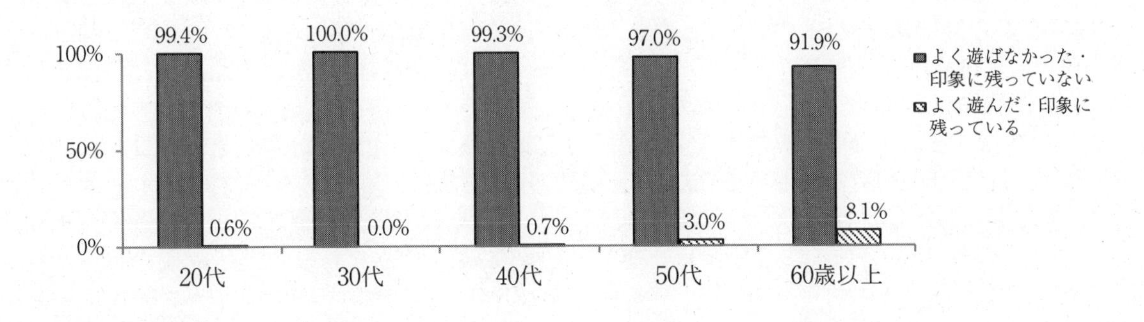

図１-７　お絵かき

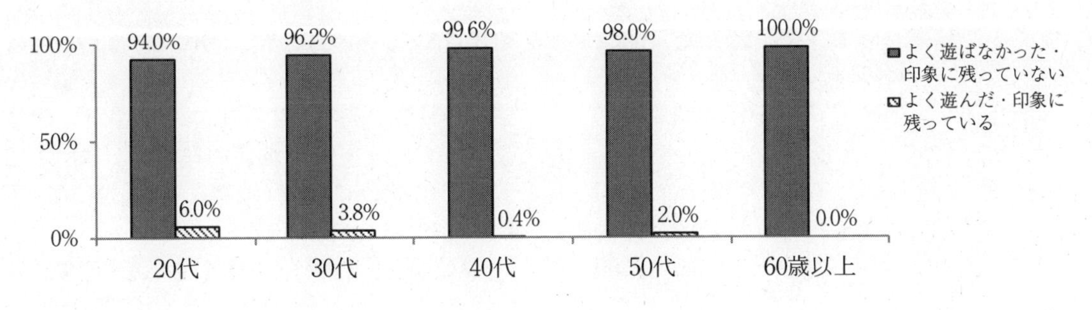

図１-８　砂遊び

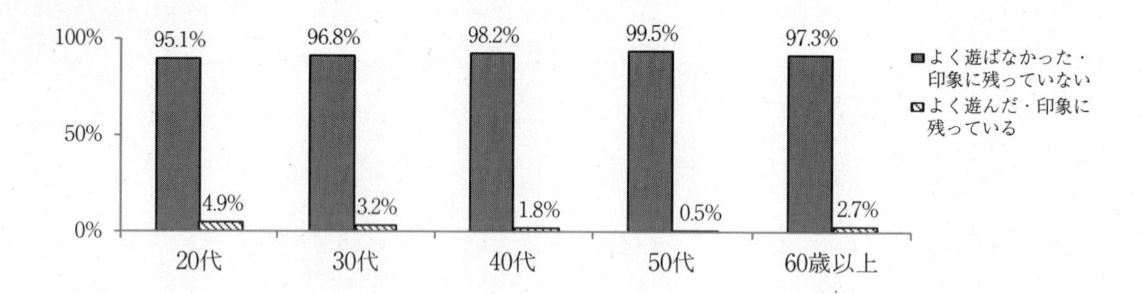

図１-９　馬とび

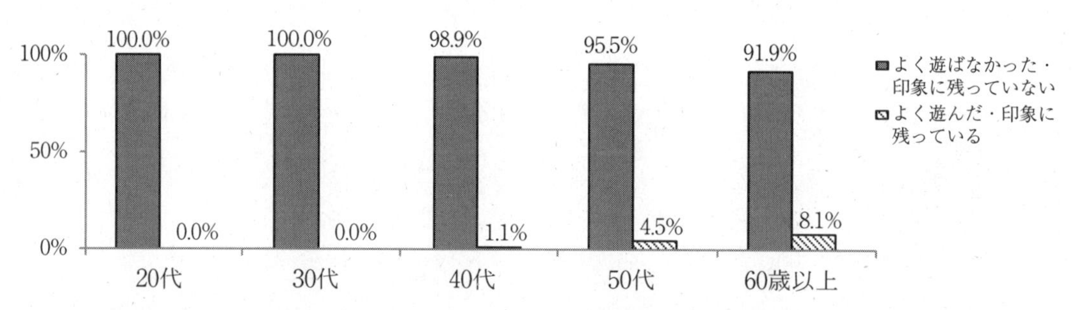

４－３．②×③（「小さい頃の遊び」3％以上の遊びを抽出した場合×世代別）の結果

表４を参考に結果を見ていくこととする。「一輪車」、「縄跳び」、「鬼ごっこ」、「探検ごっこ」、「泥遊び」、「缶けり」、「かくれんぼ」、「ゴムとび」、「どろけい」、「お絵かき」、「砂遊び」が、P＜0.005で有意差が見られた。

「一輪車」における「よく遊んだ・印象に残っている」の各世代の割合は、20代8.9％、30代6.7％、40代0.7％、50代０％、60歳以上０％。

「縄跳び」における「よく遊んだ・印象に残っている」の各世代の割合は、20代8.3％、30代4.5％、40代4.3％、50代6.0％、60歳以上13.5％。

「鬼ごっこ」における「よく遊んだ・印象に残っている」の各世代の割合は、20代25.5％、30代22.1％、40代16.7％、50代13.6％、60歳以上13.5％。

「探検ごっこ」における「よく遊んだ・印象に残っている」の各世代の割合は、20代1.1％、30代6.1％、40代6.2％、50代5.5％、60歳以上０％。

「泥遊び」における「よく遊んだ・印象に残っている」の各世代の割合は、20代5.1％、30代3.8％、40代1.8％、50代０％、60歳以上０％。

「缶けり」における「よく遊んだ・印象に残っている」の各世代の割合は、20代14.0％、30代11.5％、40代14.1％、50代31.2％、60歳以上13.5％。

「かくれんぼ」における「よく遊んだ・印象に残っている」の各世代の割合は、20代13.4％、30代10.3％、40代12.7％、50代17.1％、60歳以上29.7％。

「ゴムとび」における「よく遊んだ・印象に残っている」の各世代の割合は、20代1.7％、30代17.3％、40代34.1％、50代24.1％、60歳以上37.8％。

「どろけい」における「よく遊んだ・印象に残っている」の各世代の割合は、20代10.2％、30代13.1％、40代9.8％、50代2.0％、60歳以上０％。

「お絵かき」における「よく遊んだ・印象に残

っている」の各世代の割合は、20代6.0％、30代3.8％、40代0.4％、50代2.0％、60歳以上０％。

「砂遊び」における「よく遊んだ・印象に残っている」の各世代の割合は、20代4.9％、30代3.2％、40代1.8％、50代0.5％、60歳以上2.7％であった。

4－4. ②×③（「小さい頃の遊び」3％以上の遊びを抽出した場合×世代別）の考察

「小さい頃の遊びをまとめた場合」に分類

表４ 「小さい頃の遊び」3％以上の遊びを抽出した場合×世代別

世代		20代	30代	40代	50代	60歳以上
一輪車	よく遊ばなかった・印象に残っていない	91.1%	93.3%	99.3%	100.0%	100.0%
	よく遊んだ・印象に残っている	8.9%	6.7%	0.7%		
合計		100.0%	100.0%	100.0%	100.0%	100.0%
縄跳び	よく遊ばなかった・印象に残っていない	91.7%	95.5%	95.7%	94.0%	86.5%
	よく遊んだ・印象に残っている	8.3%	4.5%	4.3%	6.0%	13.5%
合計		100.0%	100.0%	100.0%	100.0%	100.0%
鬼ごっこ	よく遊ばなかった・印象に残っていない	74.5%	77.9%	83.3%	86.4%	86.5%
	よく遊んだ・印象に残っている	25.5%	22.1%	16.7%	13.6%	13.5%
合計		100.0%	100.0%	100.0%	100.0%	100.0%
探検ごっこ	よく遊ばなかった・印象に残っていない	98.9%	93.9%	93.8%	94.5%	100.0%
	よく遊んだ・印象に残っている	1.1%	6.1%	6.2%	5.5%	
合計		100.0%	100.0%	100.0%	100.0%	100.0%
泥遊び	よく遊ばなかった・印象に残っていない	94.9%	96.2%	98.2%	100.0%	100.0%
	よく遊んだ・印象に残っている	5.1%	3.8%	1.8%		
合計		100.0%	100.0%	100.0%	100.0%	100.0%
缶けり	よく遊ばなかった・印象に残っていない	86.0%	88.5%	85.9%	68.8%	86.5%
	よく遊んだ・印象に残っている	14.0%	11.5%	14.1%	31.2%	13.5%
合計		100.0%	100.0%	100.0%	100.0%	100.0%
かくれんぼ	よく遊ばなかった・印象に残っていない	86.6%	89.7%	87.3%	82.9%	70.3%
	よく遊んだ・印象に残っている	13.4%	10.3%	12.7%	17.1%	29.7%
合計		100.0%	100.0%	100.0%	100.0%	100.0%
ゴムとび	よく遊ばなかった・印象に残っていない	98.3%	82.7%	65.9%	75.9%	62.2%
	よく遊んだ・印象に残っている	1.7%	17.3%	34.1%	24.1%	37.8%
合計		100.0%	100.0%	100.0%	100.0%	100.0%
どろけい	よく遊ばなかった・印象に残っていない	89.8%	86.9%	90.2%	98.0%	100.0%
	よく遊んだ・印象に残っている	10.2%	13.1%	9.8%	2.0%	
合計		100.0%	100.0%	100.0%	100.0%	100.0%
お絵かき	よく遊ばなかった・印象に残っていない	94.0%	96.2%	99.6%	98.0%	100.0%
	よく遊んだ・印象に残っている	6.0%	3.8%	0.4%	2.0%	
合計		100.0%	100.0%	100.0%	100.0%	100.0%
砂遊び	よく遊ばなかった・印象に残っていない	95.1%	96.8%	98.2%	99.5%	97.3%
	よく遊んだ・印象に残っている	4.9%	3.2%	1.8%	0.5%	2.7%
合計		100.0%	100.0%	100.0%	100.0%	100.0%

図２　世代別、各遊び（「小さい頃の遊び」3％以上の遊び）の遊び経験や印象の有無

図２-１　一輪車

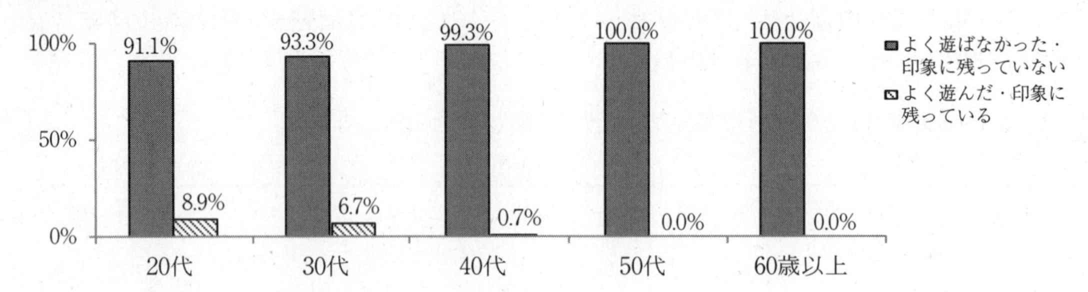

図２-２　縄跳び

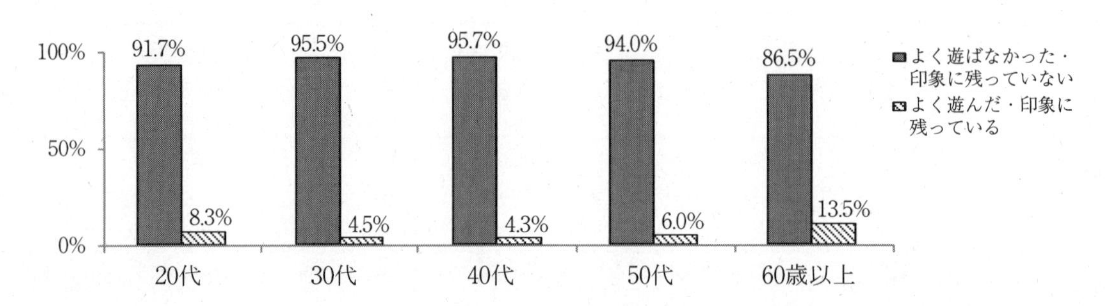

図２-３　鬼ごっこ

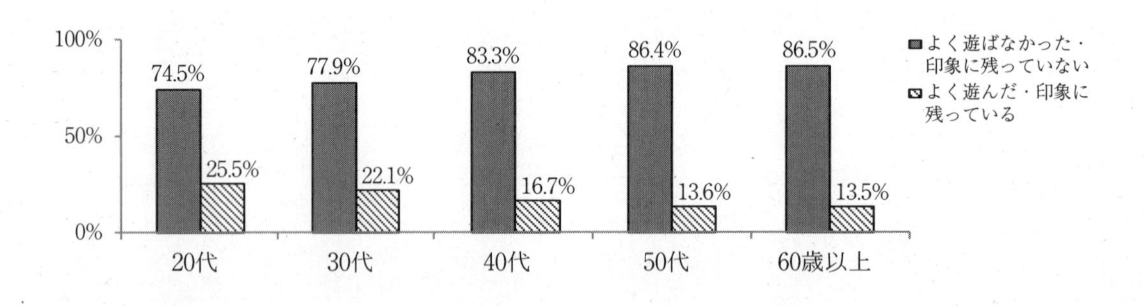

図２-４　探検ごっこ

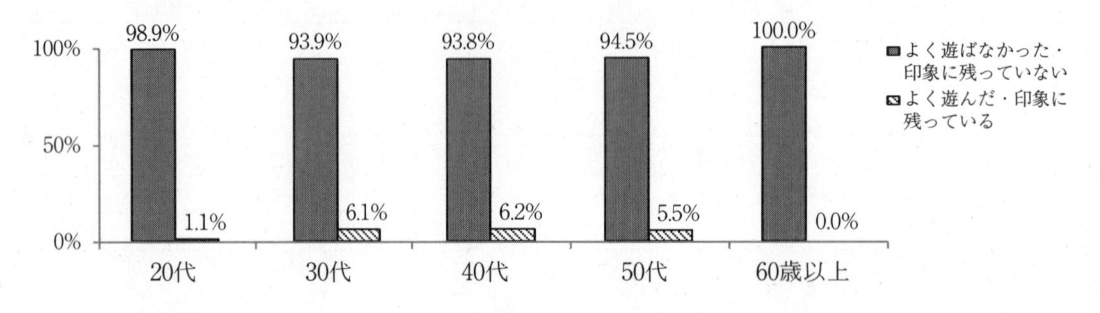

図２-５　泥遊び

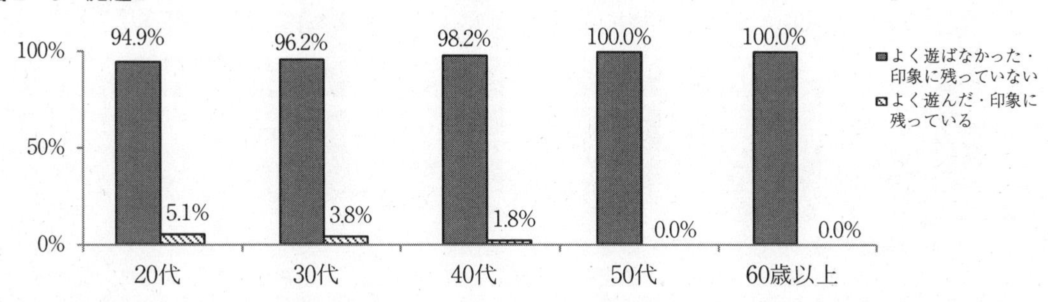

図２-６　缶けり

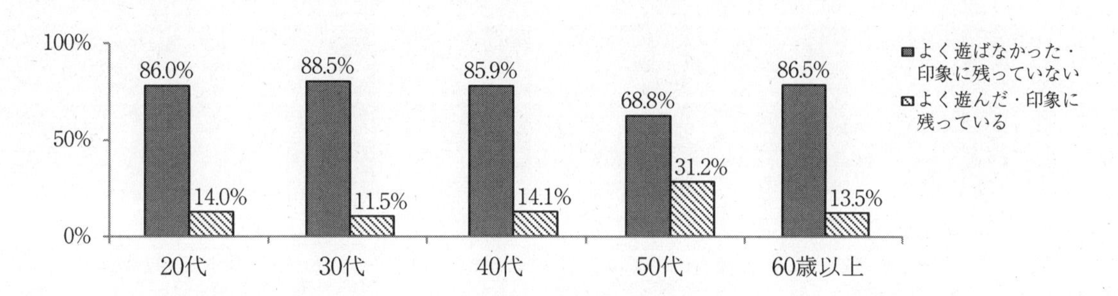

図２-７　かくれんぼ

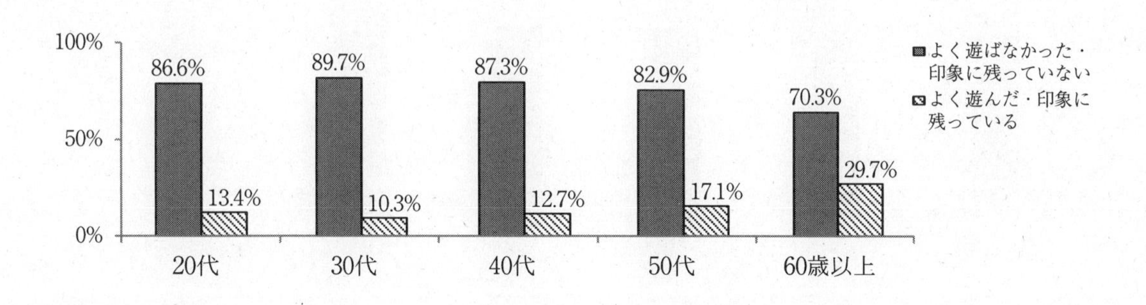

図２-８　ゴムとび

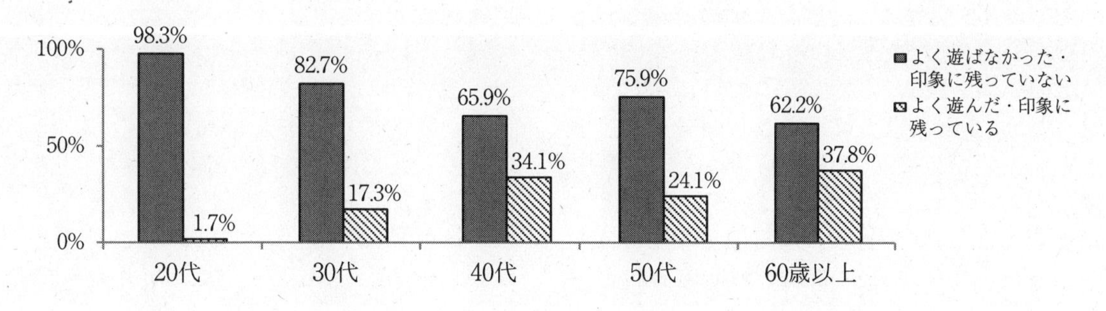

図2-9　どろけい

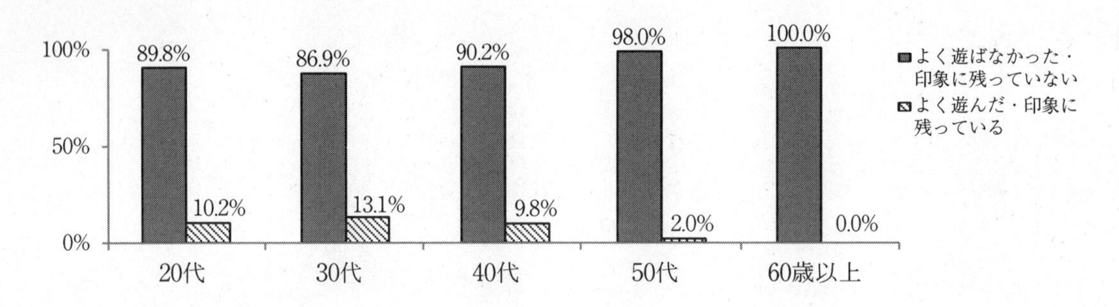

図2-10　お絵かき

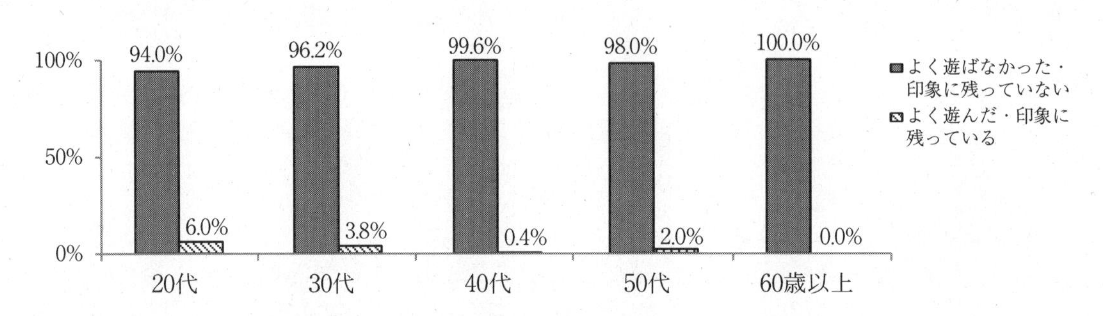

図2-11　砂遊び

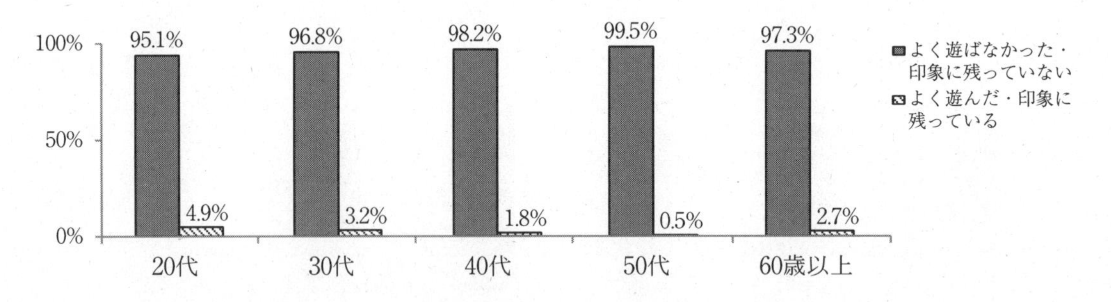

する前の様々ある遊びの種類のうち、「小さい頃の遊び」３%以上の遊びを抽出したものの中から有意差が見られた遊びの種類についての結果を図2−1から図2−11に示し考察を行う。「一輪車」は「小さい頃の遊びをまとめた場合」での結果と同様に若い世代ほど「よく遊んだ・印象に残っている」と考えられる。「ゴムとび」も同様に多少のばらつきはあるものの60歳以上の回答者数が相対的に少ないということを考慮しても、世代が上がるにつれて「よく遊んだ・印象に残っている」と言えるのではないだろうか。「かくれんぼ」も同様に20代のパーセンテージが30代に比べやや高いものの、それ以降の世代に関しては上昇しており、「よく遊んだ・印象に残っている」と考えられるのではないか。反対に「鬼ごっこ」、「どろけい」は若い世代ほど「よく遊んだ・印象

に残っている」と考えられる。
「かくれんぼ」と「鬼ごっこ」に着目すると「かくれんぼ」が世代が高くなるほど遊び経験が多くなり、反対に「鬼ごっこ」は若い世代になるほど遊び経験が多くなる。この傾向は、遊ぶ環境の変化つまり「かくれんぼ」で言うところの隠れる場所が少なくなっていることとも関連があるのではないかと推測する。「ごっこ」という言葉についても今回の分析からは推測の域になってしまうが、年齢が高い世代にとって、遊びは実生活の中でそれを探していたのではないか（生活の中で遊びを見つけて楽しんでいた）。

5. 総合考察

これまで、保育者に行ったアンケート（自由記述）をもとに分析を行い、回答を得た遊びの種類を整理し、「小さい頃の遊び」をまとめた場合と「小さい頃の遊び」３％以上の遊びを抽出した場合、それぞれから有意差をみた。すると、世代間の遊びの特徴がうかがえた。
世代の高い方が「よく遊んだ・印象に残っている」と回答している遊びは、「草花・虫取り」、「かくれんぼ」、「ゴムとび」、「馬とび」などが挙がった。若い世代が「よく遊んだ・印象に残っている」と回答している遊びは、「砂遊び」、「鬼ごっこ」、「テレビゲーム」、「一輪車・自転車」、「お絵かき」などが挙がった。
「草花・虫取り」が世代の高いほうが回答が多いことについて、自然環境の変化が子どもたちの遊び方にも影響しているのではないだろうか。そう考えると「砂遊び」や「泥遊び」ができる場所は世代が高い時代の方が環境として多かったと予想することもできるが、結果的に「よく遊んだ・印象に残っている」と思っているのは若い世代ということになり、もしかしたら、高い世代も「砂遊び」や「泥遊び」をしたのかもしれないが、遊びとして印象に残っていなかったのではないか。また、若い世代が「囲われた砂遊び」なのに対して高い世代は「生活の中で土と関わる遊び」ではなかったのではないだろうか。
「かくれんぼ」と「鬼ごっこ」の遊びに着目すると両方とも友だちと群れて遊ぶ遊びではあるが、「よく遊んだ・印象に残っている」ということを軸に考えると世代間で相反的関係になっている。「かくれんぼ」という遊びを考える場合、まずはじめに隠れ場所が多く存在することが前提になってくる。また、「かくれんぼ」が盛り上がり、継続的に続いていくためには、様々な隠れ場所は勿論、隠れ場所の変化も大切な要素になってくるのではないか。他にも、「かくれんぼ」は完璧に隠れてしまうと鬼に見つからなくはなるが、ドキドキしたりワクワクするような心の揺れ動きは少なくなる。それゆえ、鬼に見つかるか見つからないかの絶妙な隠れ場所、言うなれば質の高い隠れ場所がどのくらい子どもたちの遊び環境に残っているのかも大切と考える。そのような隠れ場所の減少を含めた遊び環境の変化が影響しているのではないかと推測する。
「ゴムとび」、「馬とび」に関しても世代が上がるにつれて「よく遊んだ・印象に残っている」と考えられるのではないだろうか。反対に「テレビゲーム」、「一輪車・自転車」、「お絵かき」は若い世代ほど「よく遊んだ・印象に残っている」と考えられる。「テレビゲーム」は「よく遊んだ・印象に残っている」における50代、60歳以上の回答者は０％であり、「一輪車・自転車」の「よく遊んだ・印象に残っている」における50代、60歳以上の回答者はともに1.5％、０％という結果であった。それは、その遊具自体がその世代が子ども時代には普及していなかったと考えられるのではないか。遊び環境の高揚期（1948～1952）、停滞期（1953～1964）に当たる時期に子ども時代を過ごしてきた世代（50代、60歳以上の世代）は体一つで遊んだり、紐一本を使って遊ぶことが多かったのではないだろうか。また、若い世代は「テレビゲーム」、「一輪車・自転車」、「お絵かき」といった、遊び道具を媒介として、一人で行う遊びに適しているものが挙がっているのではないかと考えられる。決して、一人だけで行う遊びとは断定はできないものの一人だけでも十分に遊べる、楽しめる遊びである。それに対して、「ゴムとび」や「馬とび」は年齢が高い世代に「よく遊んだ・印象に残っている」回答が多く、一人では成立しない遊びや複数人いることで遊びが盛り上がるもの（群れて遊ぶ遊び）が挙がっている。勿論、「鬼ごっこ」は若い世代に多いことからわかるように、若い世代が群れて遊ばないわけではない。

これまでに述べたように、世代間に有意差の見られた遊びを中心に保育者の子ども時代の遊びを分析すると、３つの事柄が考えられるのではないだろうか。①保育者の子ども時代背景の自然環境・遊び環境（遊び空間の質）、②物が少ない時代と豊かな時代の変化（物質的な豊かさ）、③群れて遊ぶことと一人で遊ぶこと（人と関わる関係性の濃さ）である。３つの関係はそれぞれ独立して子どもたちの遊びに影響しているのではなく、絡み合いながら影響しているのではないだろうか。「かくれんぼ」と「鬼ごっこ」の考察で述べたように、遊びが盛り上がるためには、絶妙な隠れる場所が必要であり、そのような遊び環境は減っている。それと同時に、ルールや禁止が多くなっている現代では自然環境だけではなく遊び環境そのものの質が保障されにくくなってきているのではないだろうか。一方で、「テレビゲーム」、「一輪車」で示されたように現代の方が物質的には豊かになっている。それによって、遊びの種類が増えたり、遊び方が多様化していると考えられる。しかし、人との関わりであったり、遊びを工夫し、発展させてみるといったことを少なくさせている一面もあるように思える。時代が進むにつれ、「ゴムとび」のような紐一本で工夫して遊んだり、群れて遊んでみるといった経験を積みにくくしている環境になっている。人間と自然の関係が正常な循環関係にあるならば物が豊かになるにつれ、三間（時間・空間・仲間）も同じように豊かにならなくてはならないが、現在はそれに逆行している状態である。その中で、遊べない保育者が増えていると言われている。それだけに遊びを意識的に養成校の中で学んでいくことが大切であるが、同時に遊び環境の見直しを地域ひいては国を挙げて考えていく必要が明確になった。今後さらに、世代による遊びの違いが遊び観の違いにどう反映するかを検討していきたい。

引用参考文献

・音田忠男・金田利子（2013）「『遊びを通した保育』の理解と実践－遊び観との関わりから－」『保育の研究』No.25　ひとなる書房
・音田忠男・金田利子（2016）「保育者の子ども時代の遊び環境と遊び観」『保育の研究』No.27　ひとなる書房
・河﨑道夫（1994）『あそびのひみつ』 ひとなる書房
・河﨑道夫編著（1994）『子どものあそびと発達』 ひとなる書房
・河﨑道夫（2008）「歴史的構成体としての子どもの遊びの変容」『保育学研究』第46巻第1号
・河﨑道夫（2015）『ごっこ遊び　自然・自我・保育実践』ひとなる書房
・厚生労働省（2008）『保育所保育指針解説書』フレーベル館
・汐見稔幸・木村歩美編著 『保育学を拓く―「人間」と「文化」と「育ちの原点」への問いが響き合う地平』 萌文社
・諏訪きぬ（2009）編著 『改訂版　現代保育学入門』フレーベル館
・民秋言編（2008）『幼稚園教育要領・保育所保育指針の成立と変遷』 萌文書林
・野上暁（2015）『子どもの文化の現代史』 大月書店
・文部科学省（2008）『幼稚園教育要領解説』 フレーベル館
・中山昌樹（2011）『遊び保育の実践』 ななみ書房

謝辞

今回の調査のために自治体への紹介役を務めてくださった先生方、また園の先生方に繋いでくださいました園長先生方、そして回答にご協力いただきました保育者の先生方に心より感謝申し上げます。

資料　保育所保育指針解説・関連通知

保育所保育指針解説

平成30年2月
厚生労働省

序章

1　保育所保育指針とは何か

保育所保育指針は、保育所保育の基本となる考え方や保育のねらい及び内容など保育の実施に関わる事項と、これに関連する運営に関する事項について定めたものである。

保育所保育は、本来的には、各保育所における保育の理念や目標に基づき、子どもや保護者の状況及び地域の実情等を踏まえて行われるものであり、その内容については、各保育所の独自性や創意工夫が尊重される。その一方で、全ての子どもの最善の利益のためには、子どもの健康や安全の確保、発達の保障等の観点から、各保育所が行うべき保育の内容等に関する全国共通の枠組みが必要となる。このため、一定の保育の水準を保ち、更なる向上の基点となるよう、保育所保育指針において、全ての保育所が拠るべき保育の基本的事項を定めている。

全国の保育所においては、この保育所保育指針に基づき、子どもの健康及び安全を確保しつつ、子どもの一日の生活や発達過程を見通し、それぞれの保育の内容を組織的・計画的に構成して、保育を実施することになる。この意味で、保育所保育指針は、保育環境の基準（児童福祉施設の設備及び運営に関する基準（昭和23年厚生省令第63号。以下「設備運営基準」という。）における施設設備や職員配置等）や保育に従事する者の基準（保育士資格）と相まって、保育所保育の質を担保する仕組みといえる。

なお、家庭的保育事業等の設備及び運営に関する基準（平成26年厚生労働省令第61号）及び認可外保育施設に対する指導監督の実施について（平成13年3月29日付け雇児発第177号厚生労働省雇用均等・児童家庭局長通知）により、保育所にとどまらず、小規模保育や家庭的保育等の地域型保育事業及び認可外保育施設においても、保育所保育指針の内容に準じて保育を行うことが定められている。

2　保育所保育指針の基本的考え方

保育所保育指針は、厚生労働大臣告示として定められたものであり、規範性を有する基準としての性格をもつ。保育所保育指針に規定されている事項は、その内容によって、①遵守しなければならないもの、②努力義務が課されるもの、③基本原則にとどめ、各保育所の創意や裁量を許容するもの、又は各保育所での取組が奨励されることや保育の実施上の配慮にとどまるものなどに区別される。各保育所は、これらを踏まえ、それぞれの実情に応じて創意工夫を図り、保育を行うとともに、保育所の機能及び質の向上に努めなければならない。

また、保育所保育指針においては、保育所保育の取組の構造を明確化するため、保育の基本的な考え方や内容に関する事項とこれらを支える運営に関する事項とを整理して示しているが、保育の実施に当たっては、両者は相互に密接に関連するものである。

各保育所では、保育所保育指針を日常の保育に活用し、社会的責任を果たしていくとともに、保育の内容の充実や職員の資質・専門性の向上を図ることが求められる。さらに、保育に関わる幅広い関係者に保育所保育指針の趣旨が理解され、全ての子どもの健やかな育ちの実現へとつながる取組が進められていくことが期待される。

3　改定の背景及び経緯

保育所保育指針は、昭和40年に策定され、平成2年、平成11年と2回の改訂を経た後、前回平成20年度の改定に際して告示化された。その後、子どもの健やかな成長を支援していくため、全ての子どもに質の高い教育・保育を提供することを目標に掲げた子ども・子育て支援新制度が平成27年4月から施行された。また、1、2歳児を中心に保育所利用児童数が大幅に増加するなど、保育をめぐる状況は大きく変化している。

この間、子どもの育ちや子育てに関わる社会の状況については、少子化や核家族化、地域のつながりの希薄化の進行、共働き家庭の増加等を背景に、様々な課題が拡大、顕在化してきた。子どもが地域の中で人々に見守られながら群れて遊ぶという自生的な育ちが困難となり、乳幼児と触れ合う経験が乏しいまま親になる人も増えてきている一方で、身近な人々から子育てに対する協力や助言を得られにくい状況に置かれている家庭も多いことなどが指摘されている。保育の充実や地域における子育て支援の展開など保育関係者の努力によって改善されてきた面もあるものの、子育てに対する不安や負担感、孤立感を抱く人は依然として少なくない。こうした中、児童虐待の相談対応件数も増加しており、大きな社会問題となっている。

他方、様々な研究成果の蓄積によって、乳幼児期における自尊心や自己制御、忍耐力といった主に社会情動的側面における育ちが、大人になってからの生活に影響を及ぼすことが明らかとなってきた。これらの知見に基づき、保育所において保育士等や他の子どもたちと関わる経験やそのあり方は、乳幼児期以降も長期にわたって、様々な面で個人ひいては社会全体に大きな影響を与えるものとして、我が国はもとより国際的にもその重要性に対する認識が高まっている。

これらのことを背景に、保育所が果たす社会的な役割は近年より一層重視されている。このような状況の下、平成27年12月に社会保障審議会児童部会保育専門委員会が設置され、幅広い見地から保育所保育指針の改定に向けた検討が行われた。そして、保育専門委員会における「保育所保育指針の改定に関する議論のとりまとめ」（平成28年12月21日）を受けて、新たに保育所保育指針（平成29年厚生労働省告示第117号）が公示され、平成30年4月1日より適用されることとなった。

保育所保育指針は保育所、保育士等にとって、自らの行う保育の拠りどころとなるものである。今回の改定が保育所保育の質の更なる向上の契機となり、保育所で働く保育士等はもちろん、乳幼児期の子どもの保育に関わる幅広い関係者にもその趣旨が理解され、全ての子どもの健やかな育ちの実現へとつながる取組が、今後も着実に進められていくことが求められる。

4　改定の方向性

今回の改定は、前述の社会保障審議会児童部会保育専門委員会による議論を踏まえ、以下に示す5点を基本的な方向性として行った。

（1）乳児・1歳以上3歳未満児の保育に関する記載の充実

乳児から2歳児までは、心身の発達の基盤が形成される上で極めて重要な時期である。また、この時期の子どもが、生活や遊びの様々な場面で主体的に周囲の人やものに興味をもち、直接関わっていこうとする姿は、「学びの芽生え」といえるものであり、生涯の学びの出発点にも結び付くものである。

こうしたことを踏まえ、3歳未満児の保育の意義をより明確化し、その内容について一層の充実を図った。

特に乳児期は、発達の諸側面が未分化であるため、「健やかに伸び伸びと育つ」「身近な人と気持ちが通じ合う」「身近なものと関わり感性が育つ」の三つの視点から保育内容を整理して示し、実際の保育現場で取り組みやすいものとなるようにした。

（2）保育所保育における幼児教育の積極的な位置づけ

保育所保育においては、子どもが現在を最も良く生き、望ましい未来をつくり出す力の基礎を培うために、環境を通して養護及び教育を一体的に行っている。幼保連携型認定こども園や幼稚園と共に、幼児教育の一翼を担う施設として、教育に関わる側面のねらい及び内容に関して、幼保連携型認定こども園教育・保育要領及び幼稚園教育要領との更なる整合性を図った。

また、幼児教育において育みたい子どもたちの資質・能力として、「知識及び技能の基礎」「思考力、判断力、表現力等の基礎」「学びに向かう力、人間性等」を示した。そして、これらの資質・能力が、第2章に示す健康・人間関係・環境・言葉・表現の各領域におけるねらい及び内容に基づいて展開される保育活動全体を通じて育まれていった時、幼児期の終わり頃には具体的にどのような姿として現れるかを、「幼児期の終わりまでに育ってほしい姿」として明確化した。

保育に当たっては、これらを考慮しながら、子どもの実態に即して計画を作成し、実践することが求められる。さらに、計画とそれに基づく実践を振り返って評価し、その結果を踏まえた改善を次の計画へ反映させていくことが、保育の質をより高めていく上で重要である。

こうしたことを踏まえ、保育の計画の作成と評価及び評価を踏まえた改善等についても、記載内容を充実させた。

（3）子どもの育ちをめぐる環境の変化を踏まえた健康及び安全の記載の見直し

社会状況の様々な変化に伴い、家庭や地域における子どもの生活環境や生活経験も変化・多様化しており、保育所においては、乳幼児一人一人の健康状態や発育の状態に応じて、子どもの健康支援や食育の推進に取り組むことが求められる。また、食物アレルギーをはじめとするアレルギー疾患への対応や、保育中の事故防止等に関しては、保育所内における体制構築や環境面での配慮及び関係機関との連携など、最近の科学的知見等に基づき必要な対策を行い、危険な状態の回避に努めなければならない。

さらに、平成23年に発生した東日本大震災を経て、安全、防災の必要性に対する社会的意識が高まっている。災害発生後には、保育所が被災者をはじめとする地域住民の生活の維持や再建を支える役割を果たすこともある。子どもの生命を守るために、災害発生時の対応を保護者と共有するとともに、平時からの備えや危機管理体制づくり等を行政機関や地域の関係機関と連携しながら進めることが求められる。

これらを踏まえて、食育の推進や安全な保育環境の確保等を中心に記載内容を見直し、更なる充実を図った。

（4）保護者・家庭及び地域と連携した子育て支援の必要性

前回の保育所保育指針改定により「保護者に対する支援」が新たに章として設けられたが、その後も更に子育て家庭に対する支援の必要性は高まっている。それに伴い、多様化する保育ニーズに応じた保育や、特別なニーズを有する家庭への支援、児童虐待の発生予防及び発生時の迅速かつ的確な対応など、保育所の担う子育て支援の役割は、より重要性を増している。

また、子ども・子育て支援新制度の施行等を背景に、保育所には、保護者と連携して子どもの育ちを支えるという視点をもち、子どもの育ちを保護者と共に喜び合うことを重視して支援を行うとともに、地域で子育て支援に携わる他の機関や団体など様々な社会資源との連携や協働を強めていくことが求められている。こうしたことを踏まえて、改定前の保育所保育指針における「保護者に対する支援」の章を「子育て支援」に改めた上で、記載内容の整理と充実を図った。

（5）職員の資質・専門性の向上

保育所に求められる機能や役割が多様化し、保育をめぐる課題も複雑化している。こうした中、保育所が組織として保育の質の向上に取り組むとともに、一人一人の職員が、主体的・協働的にその資質・専門性を向上させていくことが求められている。

このため、各保育所では、保育において特に中核的な役割を担う保育士をはじめ、職員の研修機会の確保と充実を図ることが重要な課題となる。一人一人の職員が、自らの職位や職務内容に応じて、組織の中でどのような役割や専門性が求められているかを理解し、必要な力を身に付けていくことができるよう、キャリアパスを明確にし、それを見据えた体系的な研修計画を作成することが必要である。また、職場内外の研修機会の確保に当たっては、施設長など管理的立場にある者による取組の下での組織的な対応が不可欠である。

こうした状況を背景に、平成29年4月には、保育現場におけるリーダー的職員等に対する研修内容や研修の実施方法について、「保育士等キャリアアップ研修ガイドライン」が定められた（平成29年4月1日付け雇児保発0401第1号厚生労働省雇用均等・児童家庭局保育課長通知）。今後、各保育所において、このガイドラインに基づく外部研修を活用していくことが期待される。

これらのことを踏まえて、施設長の役割及び研修の実施体制を中心に、保育所において体系的・組織的に職員の資質・向上を図っていくための方向性や方法等を明確化した。

5　改定の要点

改定の方向性を踏まえて、前回の改定における大綱化の方針を維持しつつ、必要な章立ての見直しと記載内容の変更・追記等を行った。主な変更点及び新たな記載内容は、以下の通りである。

（1）総則

保育所の役割や保育の目標など保育所保育に関する基本原則を示した上で、養護は保育所保育の基盤であり、保育所保育指針全体にとって重要なものであることから、「養護に関する基本的事項」を総則において記載することとした。

また、「保育の計画及び評価」についても総則で示すとともに、改定前の保育所保育指針における「保育課程の編成」については、「全体的な計画の作成」とし、幼保連携型認定こども園教育・保育要領及び幼稚園教育要領との構成的な整合性を図った。

さらに、「幼児教育を行う施設として共有すべき事項」として、「育みたい資質・能力」及び「幼児期の終わりまでに育ってほしい姿」を、新たに示した。

（2）保育の内容

保育所における教育については、幼保連携型認定こども園及び幼稚園と構成の共通化を図り、「健康・人間関係・

環境・言葉・表現」の各領域における「ねらい」「内容」「内容の取扱い」を記載した。その際、保育所においては発達による変化が著しい乳幼児期の子どもが長期にわたって在籍することを踏まえ、乳児・１歳以上３歳未満児・３歳以上児に分けて示した。また、改定前の保育所保育指針第２章における「子どもの発達」に関する内容を、「基本的事項」に示すとともに、各時期のねらい及び内容等と併せて記載することとした。

乳児保育については、この時期の発達の特性を踏まえ、生活や遊びが充実することを通して、子どもたちの身体的・社会的・精神的発達の基盤を培うという基本的な考え方の下、乳児を主体に、「健やかに伸び伸びと育つ」「身近な人と気持ちが通じ合う」「身近なものと関わり感性が育つ」という三つの視点から、保育の内容を記載した。

さらに、年齢別に記載するのみでは十分ではない項目については、別途留意すべき事項として示した。

（３）健康及び安全

子どもの育ちをめぐる環境の変化や様々な研究、調査等による知見を踏まえ、アレルギー疾患を有する子どもの保育及び重大事故の発生しやすい保育の場面を具体的に提示しての事故防止の取組について、新たに記載した。

また、感染症対策や食育の推進に関する項目について、記載内容の充実を図った。さらに、子どもの生命を守るため、施設・設備等の安全確保や災害発生時の対応体制及び避難への備え、地域の関係機関等との連携など、保育所における災害への備えに関する節を新たに設けた。

（４）子育て支援

改定前の保育所保育指針と同様に、子育て家庭に対する支援について基本的事項を示した上で、保育所を利用している保護者に対する子育て支援と、地域の保護者等に対する子育て支援について述べる構成となっている。

基本的事項については、改定前の保育所保育指針の考え方や留意事項を踏襲しつつ、記載内容を整理するとともに、「保護者が子どもの成長に気付き子育ての喜びを感じられるように努める」ことを明記した。

また、保育所を利用している保護者に対する子育て支援については、保護者の子育てを自ら実践する力の向上に寄与する取組として、保育の活動に対する保護者の積極的な参加について記載するとともに、外国籍家庭など特別なニーズを有する家庭への個別的な支援に関する事項を新たに示した。

地域の保護者等に対する子育て支援についても、改定前の保育所保育指針において示された関係機関等との連携や協働、要保護児童への対応等とともに、保育所保育の専門性を生かすことや一時預かり事業などにおける日常の保育との関連への配慮など、保育所がその環境や特性を生かして地域に開かれた子育て支援を行うことをより明示的に記載した。

（５）職員の資質向上

職員の資質・専門性とその向上について、各々の自己研鑽（さん）とともに、保育所が組織として職員のキャリアパス等を見据えた研修機会の確保や研修の充実を図ることを重視し、施設長の責務や体系的・計画的な研修の実施体制の構築、保育士等の役割分担や職員の勤務体制の工夫等、取組の内容や方法を具体的に示した。

第１章　総則

この指針は、児童福祉施設の設備及び運営に関する基準（昭和23年厚生省令第63号。以下「設備運営基準」という。）第35条の規定に基づき、保育所における保育の内容に関する事項及びこれに関連する運営に関する事項を定めるものである。各保育所は、この指針において規定される保育の内容に係る基本原則に関する事項等を踏まえ、各保育所の実情に応じて創意工夫を図り、保育所の機能及び質の向上に努めなければならない。

保育所保育指針については、設備運営基準第35条において、「保育所における保育は、養護及び教育を一体的に行うことをその特性とし、その内容については厚生労働大臣が定める指針に従う。」との規定が置かれている。

保育所においては、子どもの健康や安全の維持向上を図るための体制をつくること、子育て支援に積極的に取り組むこと、職員の資質向上を図ることなど、運営に関わる取組が、保育の内容とは切り離せない関係にある。このことから、保育所保育指針では、保育所における保育の内容に関する事項及びこれに関連する運営に関する事項を規定している。

各保育所は、この保育所保育指針に規定されている基本原則の下、それぞれの実情に応じて創意工夫を図り、子どもの保育及び保護者や地域の子育て家庭への支援などの機能とそれらの質を向上させていくよう努めなくてはならない。

保育所保育指針の目指すところは、児童福祉の理念に基づいた保育の質の向上である。保育所には、この保育所保育指針を踏まえ、保育の専門性を発揮し、社会における役割を果たしていくことが求められる。

１　保育所保育に関する基本原則

（１）保育所の役割

ア　保育所は、児童福祉法（昭和22年法律第164号）第39条の規定に基づき、保育を必要とする子どもの保育を行い、その健全な心身の発達を図ることを目的とする児童福祉施設であり、入所する子どもの最善の利益を考慮し、その福祉を積極的に増進することに最もふさわしい生活の場でなければならない。

保育所は、児童福祉法（昭和22年法律第164号）に基づいて、保育を必要とする子どもの保育を行い、その健全な心身の発達を図ることを目的とする児童福祉施設であり、入所する子どもの最善の利益を考慮し、その福祉を積極的に増進するということは、保育所保育指針の根幹を成す理念である。

「子どもの最善の利益」については、平成元年に国際連合が採択し、平成６年に日本政府が批准した児童の権利に関する条約（通称「子どもの権利条約」）の第３条第１項に定められている。子どもの権利を象徴する言葉として国際社会等でも広く浸透しており、保護者を含む大人の利益が優先されることへの牽制や、子どもの人権を尊重することの重要性を表している。

平成28年６月の児童福祉法改正では、こうした子どもを権利の主体として位置付ける児童福祉の理念が明確化され、第１条に「全て児童は、児童の権利に関する条約の精神にのつとり、適切に養育されること、その生活を保障されること、愛され、保護されること、その心身の健やかな成長及び発達並びにその自立が図られることその他の福祉を等しく保障される権利を有する。」と定められた。

保育所は、この理念の下、入所する子どもの福祉を積極的に増進することに「最もふさわしい生活の場」であることが求められる。一人一人の心身共に健やかな成長と発達を保障する観点から、保育所における環境や一日の生活の流れなどを捉え、子どもが様々な人と出会い、関わり、心を通わせる経験を重ねることができるよう、乳幼児期にふさわしい生活の場を豊かにつくり上げていくことが重要である。

イ　保育所は、その目的を達成するために、保育に関する専門性を有する職員が、家庭との緊密な連携の下に、子どもの状況や発達過程を踏まえ、保育所における環境を通して、養護及び教育を一体的に行うことを特性としている。

【専門性を有する職員による保育】

保育所においては、子どもの健全な心身の発達を図るという目的の下、保育士をはじめ、看護師、調理員、栄養士など、職員がそれぞれの有する専門性を発揮しながら保育に当たっている。保育所職員は、各々の職種における専門性を認識するとともに、保育における子どもや保護者等との関わりの中で、常に自己を省察し、次の保育に生かしていくことが重要である。また、組織の一員として共通理解を図りながら、保育に取り組むことも必要とされる。なお、保育所保育指針及び本解説においては、保育に携わる全ての保育所職員（施設長・保育士・看護師・調理員・栄養士等）を「保育士等」としている。

【家庭との連携】

保育所における保育は、保護者と共に子どもを育てる営みであり、子どもの一日を通した生活を視野に入れ、保護者の気持ちに寄り添いながら家庭との連携を密にして行わなければならない。保育において乳幼児期の子どもの育ちを支えるとともに、保護者の養育する姿勢や力が発揮されるよう、保育所の特性を生かした支援が求められる。

【発達過程】

子どもは、それまでの体験を基にして、環境に働きかけ、様々な環境との相互作用により発達していく。保育所保育指針においては、子どもの発達を、環境との相互作用を通して資質・能力が育まれていく過程として捉えている。すなわち、ある時点で何かが「できる、できない」といったことで発達を見ようとする画一的な捉え方ではなく、それぞれの子どもの育ちゆく過程の全体を大切にしようとする考え方である。そのため、「発達過程」という語を用いている。

保育においては、子どもの育つ道筋やその特徴を踏まえ、発達の個人差に留意するとともに、一人一人の心身の状態や家庭生活の状況などを踏まえて、個別に丁寧に対応していくことが重要である。また、子どもの今、この時の現実の姿を、過程の中で捉え、受け止めることが重要であり、子どもが周囲の様々な人との相互的関わりを通して育つことに留意することが大切である。

【環境を通して行う保育】

乳幼児期は、生活の中で興味や欲求に基づいて自ら周囲の環境に関わるという直接的な体験を通して、心身が大きく育っていく時期である。子どもは、身近な人やものなどあらゆる環境からの刺激を受け、経験の中で様々なことを感じたり、新たな気付きを得たりする。そして、充実感や満足感を味わうことで、好奇心や自分から関わろうとする意欲をもってより主体的に環境と関わるようになる。こうした日々の経験の積み重ねによって、健全な心身が育まれていく。

したがって、保育所保育においては、子ども一人一人の状況や発達過程を踏まえて、計画的に保育の環境を整えたり構成したりしていくことが重要である。すなわち、環境を通して乳幼児期の子どもの健やかな育ちを支え促していくことに、保育所保育の特性があるといえる。

【養護と教育の一体性】

保育における養護とは、子どもたちの生命を保持し、その情緒の安定を図るための保育士等による細やかな配慮の下での援助や関わりを総称するものである。心身の機能の未熟さを抱える乳幼児期の子どもが、その子らしさを発揮しながら心豊かに育つためには、保育士等が、一人一人の子どもを深く愛し、守り、支えようとすることが重要である。

養護と教育を一体的に展開するということは、保育士等が子どもを一人の人間として尊重し、その命を守り、情緒の安定を図りつつ、乳幼児期にふさわしい経験が積み重ねられていくよう丁寧に援助することを指す。子どもが、自分の存在を受け止めてもらえる保育士等や友達との安定した関係の中で、自ら環境に関わり、興味や関心を広げ、様々な活動や遊びにおいて心を動かされる豊かな体験を重ねることを通して、資質・能力は育まれていく。

乳幼児期の発達の特性を踏まえて養護と教育が一体的に展開され、保育の内容が豊かに繰り広げられていくためには、子どもの傍らに在る保育士等が子どもの心を受け止め、応答的なやり取りを重ねながら、子どもの育ちを見通し援助していくことが大切である。このような保育士等の援助や関わりにより、子どもはありのままの自分を受け止めてもらえることの心地よさを味わい、保育士等への信頼を拠りどころとして、心の土台となる個性豊かな自我を形成していく。

このように、保育士等は、養護と教育が切り離せるものではないことを踏まえた上で、自らの保育をより的確に把握する視点をもつことが必要である。乳幼児期の発達の特性から、保育所保育がその教育的な機能を発揮する上で、養護を欠かすことはできない。すなわち、養護は保育所保育の基盤であり、保育所保育全体にとって重要なものである。この位置付けを明確にするため、第1章の2において、養護の基本原則を示した上で、第2章において、養護と教育が一体となって展開されることを示している。保育士等がその専門性を発揮し、自らの保育を振り返り評価する上でも、また、新たな計画を立てる上でも、養護と教育の視点を明確にもつことは非常に重要である。

ウ　保育所は、入所する子どもを保育するとともに、家庭や地域の様々な社会資源との連携を図りながら、入所する子どもの保護者に対する支援及び地域の子育て家庭に対する支援等を行う役割を担うものである。

保育所は、入所する子どもの保護者への支援とともに、地域の子育て家庭に対する支援の役割も担う。

入所する子どもの保護者への支援は、日々の保育に深く関連して行われるものである。また、地域の子育て家庭に対する支援については、児童福祉法第48条の4において保育所の努力義務として規定されている。地域の様々な人・場・機関などと連携を図りながら、地域に開かれた保育所として、地域の子育て力の向上に貢献していくことが、保育所の役割として求められている。地域社会や家庭において、育児についての見聞や経験が乏しい人が増えている一方で、身近に相談相手がなく、子育て家庭が孤立しがちとなっている状況がある中で、安心・安全で、親子を温かく受け入れてくれる施設として、保育所の役割はますます期待されている。さらにまた、保育所の子育て支援は、児童虐待防止の観点からも、重要なものと位置付けられている。

エ　保育所における保育士は、児童福祉法第18条の4の規定を踏まえ、保育所の役割及び機能が適切に発揮されるように、倫理観に裏付けられた専門的知識、技術及び判断をもって、子どもを保育するとともに、子どもの保護者に対する保育に関する指導を行うものであり、その職責を遂行するための専門性の向上に絶えず努めなければならない。

保育士については、児童福祉法第18条の4において

「保育士の名称を用いて、専門的知識及び技術をもつて、児童の保育及び児童の保護者に対する保育に関する指導を行うことを業とする者をいう。」との規定が置かれている。これを踏まえ、保育所における保育士は、子どもの保育や家庭での子育ての支援に関する専門職として、保育所保育の中核的な役割を担う。

保育所の保育士に求められる主要な知識及び技術としては、次のようなことが考えられる。すなわち、①これからの社会に求められる資質を踏まえながら、乳幼児期の子どもの発達に関する専門的知識を基に子どもの育ちを見通し、一人一人の子どもの発達を援助する知識及び技術、②子どもの発達過程や意欲を踏まえ、子ども自らが生活していく力を細やかに助ける生活援助の知識及び技術、③保育所内外の空間や様々な設備、遊具、素材等の物的環境、自然環境や人的環境を生かし、保育の環境を構成していく知識及び技術、④子どもの経験や興味や関心に応じて、様々な遊びを豊かに展開していくための知識及び技術、⑤子ども同士の関わりや子どもと保護者の関わりなどを見守り、その気持ちに寄り添いながら適宜必要な援助をしていく関係構築の知識及び技術、⑥保護者等への相談、助言に関する知識及び技術、の六つである。

保育士には、こうした専門的な知識及び技術を、状況に応じた判断の下、適切かつ柔軟に用いながら、子どもの保育と保護者への支援を行うことが求められる。その際、これらの知識や技術及び判断は、子どもの最善の利益を尊重することをはじめとした児童福祉の理念に基づく倫理観に裏付けられたものでなくてはならない。

これらのことを踏まえ、保育所における保育士としての職責を遂行していくためには、日々の保育を通じて自己を省察するとともに、同僚と協働し、共に学び続けていく姿勢が求められる。幅広い観点において子どもに対する理解を深め、子どもや子育て家庭の実態や社会の状況を捉えながら、自らの行う保育と保護者に対する支援の質を高めていくことができるよう、常に専門性の向上に努めることが重要である。

(2) 保育の目標

保育所は、それぞれに特色や保育方針があり、また、施設の規模や地域性などにより、その行う保育の在り様も様々に異なる。しかし、全ての保育所に共通する保育の目標は、保育所保育指針に示されているように、子どもの保育を通して、「子どもが現在を最も良く生き、望ましい未来をつくり出す力の基礎を培う」ことと、入所する子どもの保護者に対し、その援助に当たるということである。

乳幼児期は、生涯にわたる人間形成にとって極めて重要な時期である。保育所は、この時期の子どもたちの「現在」が、心地よく生き生きと幸せなものとなるとともに、長期的視野をもってその「未来」を見据えた時、生涯にわたる生きる力の基礎が培われることを目標として、保育を行う。その際、子どもの現在のありのままを受け止め、その心の安定を図りながらきめ細かく対応していくとともに、一人一人の子どもの可能性や育つ力を認め、尊重することが重要である。

ア　保育所は、子どもが生涯にわたる人間形成にとって極めて重要な時期に、その生活時間の大半を過ごす場である。このため、保育所の保育は、子どもが現在を最も良く生き、望ましい未来をつくり出す力の基礎を培うために、次の目標を目指して行わなければならない。

(ア) 十分に養護の行き届いた環境の下に、くつろいだ雰囲気の中で子どもの様々な欲求を満たし、生命の保持及び情緒の安定を図ること。

(イ) 健康、安全など生活に必要な基本的な習慣や態度を養い、心身の健康の基礎を培うこと。

(ウ) 人との関わりの中で、人に対する愛情と信頼感、そして人権を大切にする心を育てるとともに、自主、自立及び協調の態度を養い、道徳性の芽生えを培うこと。

(エ) 生命、自然及び社会の事象についての興味や関心を育て、それらに対する豊かな心情や思考力の芽生えを培うこと。

(オ) 生活の中で、言葉への興味や関心を育て、話したり、聞いたり、相手の話を理解しようとするなど、言葉の豊かさを養うこと。

(カ) 様々な体験を通して、豊かな感性や表現力を育み、創造性の芽生えを培うこと。

子どもの保育の目標は、養護に関わる目標である（ア）及び、教育に関わる内容の領域としての「健康」「人間関係」「環境」「言葉」「表現」の目標である（イ）から（カ）まで、六つの側面から説明されている。

（1）のイにおいて示したように、養護は保育所保育の基盤であり、保育において養護と教育は一体的に展開されるものである。さらに、（ア）に示されるように、養護は一人一人の子どもに対する個別的な援助や関わりだけでなく、保育の環境の要件でなければならない。

また、教育に関わる保育の目標は、学校教育法（昭和22年法律第26号）に規定されている幼稚園の目標及び就学前の子どもに関する教育、保育等の総合的な提供の推進に関する法律（平成18年法律第77号）に規定されている幼保連携型認定こども園の教育及び保育の目標と、共通のものである。

この養護と教育に関わる目標は、子どもたちが人間として豊かに育っていく上で必要となる力の基礎となるものを、保育という営みに即して明確にしようとするものである。これらの目標を、一人一人の保育士等が自分自身の保育観、子ども観と照らし合わせながら深く理解するとともに、保育所全体で共有しながら、保育に取り組んでいくことが求められる。

イ　保育所は、入所する子どもの保護者に対し、その意向を受け止め、子どもと保護者の安定した関係に配慮し、保育所の特性や保育士等の専門性を生かして、その援助に当たらなければならない。

保護者に対する援助は、子どもの保育と深く関連して行われるものである。第4章の内容を踏まえ、保護者の意見や要望等からその意向を捉えた上で、適切に対応しなくてはならない。それぞれの保護者や家庭の状況を考慮し、職員間で連携を図りながら援助していくが、その際、常に子どもの最善の利益を考慮して取り組むことが必要である。

また、日頃より保育の意図や保育所の取組について説明したり、子どもの様子を丁寧に伝えたりしながら、子どもについて保護者と共に考え、対話を重ねていくことが大切である。保育士等と保護者が互いに情報や考えを伝え合い共有することを通して、それぞれが子どもについて理解を深めたり、新たな一面に気が付いたりする。こうした保護者と保育士等の関係の形成や深まりは、子どもと保護者の関係の育ちや安定につながるものである。

保護者への援助に当たっては、これらのことを踏まえて、子どもと保護者の関係を軸に、子ども・保育士等・保護者の関係が豊かに展開していくことが望まれる。

(3) 保育の方法

ア　一人一人の子どもの状況や家庭及び地域社会での生活の実態を把握するとともに、子どもが安心感と信頼感

をもって活動できるよう、子どもの主体としての思いや願いを受け止めること。

子どもは、保育所だけでなく、家庭や地域社会の一員として生活している。したがって保育士等は、その生活全体の実態を把握するとともに、家庭や地域社会における生活と保育所での生活の連続性に配慮して保育することが求められる。

また、子どもは一人の独立した人間である。保育士等が子どもをそれぞれに思いや願いをもって育ちゆく一人の人間として捉え、受け止めることによって、子どもは安心感や信頼感をもって活動できるようになる。

身近な人との信頼関係の下で安心して過ごせる場において、子どもは自分の意思を表現し、意欲をもって自ら周囲の環境に関わっていく。このことを踏まえ、保育に当たっては、一人一人の子どもの主体性を尊重し、子どもの自己肯定感が育まれるよう対応していくことが重要である。

イ　子どもの生活のリズムを大切にし、健康、安全で情緒の安定した生活ができる環境や、自己を十分に発揮できる環境を整えること。

保育所における子どもの生活は、長時間にわたる。心身の状態や発達の面で環境からの影響を特に受けやすい時期であることから、一人一人の生活のリズムを大切にするとともに、他の子どもたちと共に過ごす生活の中で、遊びや活動が充実するよう、乳幼児期にふさわしい生活のリズムが次第に形成されていくようにすることが求められる。

また、子どもが周囲の環境に興味をもって自ら関わろうとする意欲を支え促すためには、健康や安全が守られ、安心感をもちながら落ち着いて過ごせるよう、配慮の行き届いた環境を整えることが重要である。

これらのことを踏まえた上で、発達過程に即して適切かつ豊かに環境を構成することによって、子どもがそれぞれに今の自分の思いや力を十分に発揮し、保育所における遊びや活動は生き生きと豊かに展開されていく。

ウ　子どもの発達について理解し、一人一人の発達過程に応じて保育すること。その際、子どもの個人差に十分配慮すること。

発達には、ある程度一定の順序性や方向性がある。また、身体・運動・情緒・認知・社会性など様々な側面が、相互に関連しながら総合的に発達していくものである。

一方で、実際の子どもの育ちの姿は直線的なものではなく、行きつ戻りつしながら、時には停滞しているように見えたり、ある時急速に伸びを示したりといった様相が見られる。

また、それぞれの個性や生活における経験などの違いによって、同じ月齢・年齢の子どもであっても、環境の受け止め方や環境への関わり方、興味や関心の対象は異なる。言葉の習得は比較的早いが運動面の発達はゆっくりしているといったように、発達の側面によって一人の子どもの内にも違いがある。

こうした乳幼児期の発達の特性や道筋を理解するとともに、一人一人の子どもの発達過程と個人差に配慮し、育ちについて見通しをもちながら、実態に即して保育を行うことが求められる。

エ　子ども相互の関係づくりや互いに尊重する心を大切にし、集団における活動を効果あるものにするよう援助すること。

保育所において子どもが過ごす集団の大きさや、そこでの遊びや活動の在り様は、年齢や活動の内容等に応じて異なる。

低年齢のうちは、集団としての意識を明確にもって遊びや活動を行うというよりは、保育士等による仲立ちの下、身近にいる子ども同士が比較的少人数で同じ遊びを楽しむという場面が多い。保育所において日常生活を共に過ごす中で、次第に互いを仲間として認識し合う関係が育まれていく。

年齢が高くなってくると、クラス全体などの大きな集団で仲間と一緒に取り組む場面も多くなる。互いに協力したり役割を分担したりするなど、集団の一員としての立場や他者との関係を経験する。そして、個人で行う場合とは違う楽しさや達成感を味わうとともに、思いを伝え合うことの大切さや難しさ、それぞれの多様な個性や考えなどに気が付いていく。

こうした経験の中で、子どもは、互いを仲間として認め、集団の中で期待される行動や役割、守るべきルールなどを理解するようになる。このように集団で行う活動を中心とする生活に適応していく過程で、同時に、一人一人の思いや個性が十分に発揮されることも重要である。それぞれが集団の中で受け入れられている安心感をもちながら友達と関わり合うことで、遊びや活動の展開は豊かなものとなり、そこでの経験はより広がりや深まりをもつようになる。

このように、個と集団の育ちは相反するものではなく、個の成長が集団の成長に関わり、集団における活動が個の成長を促すといった関連性をもつものである。保育士等は、こうしたことを踏まえて保育することが重要である。その際集団の状況を把握し、子どもの関係や役割、立場を調整したり、それぞれの子どものよいところを他の子どもたちに伝えていくようにしたりするなど、集団としての活動が一人一人の子どもにとって充実感の得られるものとなるよう配慮することが求められる。

オ　子どもが自発的・意欲的に関われるような環境を構成し、子どもの主体的な活動や子ども相互の関わりを大切にすること。特に、乳幼児期にふさわしい体験が得られるように、生活や遊びを通して総合的に保育すること。

遊びには、子どもの育ちを促す様々な要素が含まれている。子どもは遊びに没頭し、自ら遊びを発展させていきながら、思考力や企画力、想像力等の諸能力を確実に伸ばしていくとともに、友達と協力することや環境への関わり方なども多面的に体得していく。ただし、遊びの効用はこうしたことに限定されるものではない。遊びは、それ自体が目的となっている活動であり、遊びにおいては、何よりも「今」を十分に楽しむことが重要である。子どもは時が経つのも忘れ、心や体を動かして夢中になって遊び、充実感を味わう。そうした遊びの経験における満足感や達成感、時には疑問や葛藤が、更に自発的に身の回りの環境に関わろうとする意欲や態度の源となる。

子どもの発達は、様々な生活や遊びの経験が相互に関連し合い、積み重ねられていくことにより促される。また、ある一つの生活や遊びの体験の中でも、様々な発達の側面が連動している。子どもの諸能力は生活や遊びを通して別々に発達していくのではなく、相互に関連し合い、総合的に発達していく。

こうしたことを踏まえ、保育士等は、保育所の生活や遊びにおける子どもの体験について、発達の見通しをもちながら計画を立て、保育を行う。その際、子どもの実態や状況に即して柔軟に対応することが大切である。また、短期的な結果を重視したり、子どもの活動が特定の知識・能力の習得に偏ったりすることがないよう留意する。

カ　一人一人の保護者の状況やその意向を理解、受容し、それぞれの親子関係や家庭生活等に配慮しながら、様々な機会をとらえ、適切に援助すること。

子育て支援においては、保護者と連携して子どもの育ちを支える視点が大切であり、保護者とのパートナーシップが求められる。多様な家庭環境の下、保護者の状況もそれぞれに異なっており、そうしたことを踏まえながら、子どもや子育てに対する思いや願いを丁寧に汲み取り、受け止めることが重要である。

その上で、子どもと保護者の関係や家庭での生活の状況を把握し、適切に援助することが求められる。子どもの成長を伝え合いながら喜びを共有するとともに、保護者の子育てを肯定的に受け止め、励ましていく。送迎時のコミュニケーションをはじめ、保育所において保護者と関わる日常の様々な場面や機会をとらえながら、継続的に対話を重ね、援助していくことが重要である。

（4）保育の環境

保育の環境には、保育士等や子どもなどの人的環境、施設や遊具などの物的環境、更には自然や社会の事象などがある。保育所は、こうした人、物、場などの環境が相互に関連し合い、子どもの生活が豊かなものとなるよう、次の事項に留意しつつ、計画的に環境を構成し、工夫して保育しなければならない。

保育所における保育は、1の（1）のイに示されているように、環境を通して行うことを基本としている。保育の環境は、設備や遊具などの物的環境、自然や社会の事象だけでなく、保育士等や子どもなどの人的環境も含んでおり、こうした人、物、場が相互に関連し合ってつくり出されていくものである。

保育士等は、子どもが環境との相互作用を通して成長・発達していくことを理解し、豊かで応答性のある環境にしていくことが重要である。ここでいう豊かで応答性のある環境とは、子どもからの働きかけに応じて変化したり、周囲の状況によって様々に変わっていったりする環境のことである。こうした環境との相互作用の中で、子どもは身体の諸感覚を通して多様な刺激を受け止める。

乳幼児期の子どもの成長にふさわしい保育の環境をいかに構成していくかということは、子どもの経験の豊かさに影響を及ぼすという意味で、保育の質に深く関わるものである。

保育士等には、こうした環境を通して行う保育の重要性を踏まえた上で、以下の事項に留意し、子どもの生活が豊かなものとなるよう計画的に環境を構成し、それらを十分に生かしながら保育を行うことが求められる。

ア　子ども自らが環境に関わり、自発的に活動し、様々な経験を積んでいくことができるよう配慮すること。

保育においては、子ども自身の興味や関心が触発され、好奇心をもって自ら関わりたくなるような、子どもにとって魅力ある環境を保育士等が構成することが重要である。その際、子どもがそれまでの経験で得た様々な資質・能力が十分に発揮されるよう工夫する。

また、遊びが展開する中で、子ども自らが環境をつくり替えていくことや、環境の変化を保育士等も子どもたちと共に楽しみ、思いを共有することが大切である。さらに、保育所における自然環境や空間などを生かしながら、多様で豊かな環境を構成し、子どもの経験が偏らないよう配慮することも求められる。

イ　子どもの活動が豊かに展開されるよう、保育所の設備や環境を整え、保育所の保健的環境や安全の確保などに努めること。

安心感や他者に対する信頼感の得られる環境の下で、自己を十分に発揮し、自発的・意欲的に活動が展開される中で、子どもの健全な心身は育まれていく。

そうした活動が豊かに展開されるよう、子どもの健康と安全を守ることは、保育所の基本的かつ重大な責任である。子どもの命を守り、その活動を支えていくために、衛生や安全の管理等については、全職員が常に心を配らなくてはならない。また、衛生や安全について確認するための体制を整えるなど、子どもが安心して過ごせる保育の環境の確保に保育所全体で取り組んでいく必要がある。

ウ　保育室は、温かな親しみとくつろぎの場となるとともに、生き生きと活動できる場となるように配慮すること。

子どもの心身の健康と発達を支える上で、保育所における一日の生活が、発達過程や時期、季節などに即して静と動のバランスのとれたものとなるよう配慮することが重要である。

一日の中で、子どもが保育士等と一緒に落ち着いて過ごしたり、くつろいだりすることのできる時間や空間が保障されることが大切である。それとともに、一人又は少人数で遊びに集中したり、友達と一緒に思い切り体を動かしたり、様々な活動に取り組むことができるなど、子どもの遊びや活動が活発かつ豊かに展開するよう配慮や工夫がなされている環境であることが求められる。

エ　子どもが人と関わる力を育てていくため、子ども自らが周囲の子どもや大人と関わっていくことができる環境を整えること。

子どもは身近な大人や子どもと関わり合い、その影響を受けて育つ。同年齢の子ども同士の関係、異年齢の子どもとの関係、保育士等との関係や地域の様々な人との関わりなど、安心して様々な人と関わる状況をつくり出すことが大切である。こうした人との関わりの中で、子どもは様々な感情や欲求をもつ。そして、更に関わりを深めたり、他の人へ関心を広げたりしながら、人と関わる力を育んでいく。

こうしたことを踏まえ、保育の環境の構成に当たっては、複数の友達と遊べる遊具やコーナーなどを設定するとともに、物の配置や子どもの動線などに配慮することが重要である。

子どもが人とのやり取りを楽しみ、子ども相互の関わりや周囲の大人との関わりが自然と促されるような環境となることが大切である。

（5）保育所の社会的責任

保育所が、地域において最も身近な児童福祉施設として、これまでに蓄積してきた保育の知識、経験、技術を生かしながら、子育て家庭や地域社会に対しその役割を果たしていくことは、社会的使命であり、責任でもある。このことを踏まえ、保育所が特に遵守しなければならない事項を「保育所の社会的責任」として規定している。保育所が社会的な信頼を得て日々の保育に取り組んでいくとともに、地域の共有財産として、広く利用され、その機能が活用されることが望まれる。

ア　保育所は、子どもの人権に十分配慮するとともに、子ども一人一人の人格を尊重して保育を行わなければならない。

保育士等は、保育所における保育という営みが、子どもの人権を守るために、法的・制度的に裏付けられていることを認識し、憲法・児童福祉法・児童憲章・児童の権利に関する条約などにおける子どもの人権等について理解することが必要である。

また、子どもの発達や経験の個人差等にも留意し、国籍や文化の違いを認め合い、互いに尊重する心を育て、子どもの人権に配慮した保育となっているか、常に全職員で確認することが必要である。子どもに対する体罰や言葉の暴力が決してあってはならないことはもちろんのこと、日常の保育においても、子どもに身体的、精神的苦痛を与えることがないよう、子どもの人格を尊重するとともに、子どもが権利の主体であるという認識をもって保育に当たらなければならない。

子どもは、身近な保育士等の姿や言動を敏感に受け止めている。保育士等は、自らが子どもに大きな影響を与える存在であることを認識し、常に自身の人間性や専門性の向上に努めるとともに、豊かな感性と愛情をもって子どもと関わり、信頼関係を築いていかなければならない。

イ　保育所は、地域社会との交流や連携を図り、保護者や地域社会に、当該保育所が行う保育の内容を適切に説明するよう努めなければならない。

保育所は、地域に開かれた社会資源として、地域の様々な人や場、機関などと連携していくことが求められている。また、次世代育成支援や世代間交流の観点から、小・中学校などの生徒の体験学習や実習を受け入れたり、高齢者との交流を行ったりするなど、地域の実情に応じた様々な事業を展開することが期待されている。

社会福祉法（昭和 26 年法律第 45 号）第 75 条では、利用者への情報の提供が社会福祉事業の経営者の努力義務とされている。また、児童福祉法第48 条の 4 においても保育所の情報提供が努力義務として規定されている。保育所は、保育の内容等、すなわち、一日の過ごし方・年間行事予定・当該保育所の保育方針・職員の状況その他当該保育所が実施している保育の内容に関する事項等について、情報を開示し、保護者等が適切かつ円滑に利用できるようにすることが重要である。

また、保育所が保護者や地域社会との連携、交流を図り、開かれた運営をすることで、説明が一方的なものではなく、分かりやすく応答的なものとなることが望まれる。

ウ　保育所は、入所する子ども等の個人情報を適切に取り扱うとともに、保護者の苦情などに対し、その解決を図るよう努めなければならない。

保育に当たり知り得た子どもや保護者に関する情報は、正当な理由なく漏らしてはならない。児童福祉法第 18 条の 22 には、保育士の秘密保持義務について明記されている。また、個人情報の保護に関する法律（平成 15 年法律第57 号）第 3 条においても、個人情報は「個人の人格尊重の理念の下に慎重に取り扱われるべきもの」であることが示されている。ただし、児童虐待の防止等に関する法律（平成 12 年法律第 82 号。以下「児童虐待防止法」という。）第 6 条にある通告義務は、守秘義務より優先されることに留意しなければならない。なお、子どもの発達援助のための関係機関等との連携、保護者への伝達、保護者同士の交流や地域交流などに必要な情報交換等については、関係者の承諾を得ながら適切に進める必要がある。

また、社会福祉法第 82 条及び設備運営基準第 14 条の 3 には、「苦情の解決」について明記されている。

保育所が、苦情解決責任者である施設長の下に、苦情解決担当者を決め、苦情受付から解決までの手続きを明確化し、その内容や一連の経過と結果について書面での記録を残すなど、苦情に対応するための体制を整備することが必要である。また、中立、公正な第三者の関与を組み入れるために第三者委員を設置することも求められている。

保育所は、苦情を通して、自らの保育や保護者等への対応を謙虚に振り返り、誠実に対応していくことが求められる。そして、保護者等との相互理解を図り、信頼関係を築いていくことが重要である。また、苦情に関しての検討内容や解決までの経過を記録し、職員会議などで共通理解を図り、実践に役立てる。保護者等の意向を受け止めながら、保育所の考えや保育の意図などについて十分に説明するとともに、改善や努力の意志を表明することも必要である。

苦情解決とは、保護者等からの問題提起であり、個別の問題として対応するだけでなく、それを通じて、保育の内容を継続的に見直し、改善し、保育の質の向上を図っていくための材料として捉えることが重要である。苦情への総合的な対応を通じて、社会的責任を果たしていくという姿勢をもつことが求められる。

2 養護に関する基本的事項

（1）養護の理念

保育における養護とは、子どもの生命の保持及び情緒の安定を図るために保育士等が行う援助や関わりであり、保育所における保育は、養護及び教育を一体的に行うことをその特性とするものである。保育所における保育全体を通じて、養護に関するねらい及び内容を踏まえた保育が展開されなければならない。

保育所が、乳幼児期の子どもにとって安心して過ごせる生活の場となるためには、健康や安全が保障され、快適な環境であるとともに、一人の主体として尊重され、信頼できる身近な他者の存在によって情緒的な安定が得られることが必要である。保育士等には、子どもと生活を共にしながら、保育の環境を整え、一人一人の心身の状態などに応じて適切に対応することが求められる。保育における養護とは、こうした保育士等による細やかな配慮の下での援助や関わりの全体を指すものである。

保育士等が、子どもの欲求、思いや願いを敏感に察知し、その時々の状況や経緯を捉えながら、時にはあるがままを温かく受け止め、共感し、また時には励ますなど、子どもと受容的・応答的に関わることで、子どもは安心感や信頼感を得ていく。そして、保育士等との信頼関係を拠りどころにしながら、周囲の環境に対する興味や関心を高め、その活動を広げていく。

乳幼児期の教育においては、こうした安心して自分の思いや力を発揮できる環境の下で、子どもが遊びなど自発的な活動を通して、体験的に様々な学びを積み重ねていくことが重要である。保育士等が、子どもに対する温かな視線や信頼をもって、その育ちゆく姿を見守り、援助することにより、子どもの意欲や主体性は育まれていく。

このように、保育所における日々の保育は、養護を基盤としながら、それと一体的に教育が展開されていく。保育士等には、各時期における子どもの発達の過程や実態に即して、養護に関わるねらい及び内容を踏まえ、保育を行うことが求められる。

（2）養護に関わるねらい及び内容

養護に関わるねらい及び内容は、1の（2）に示される保育の目標の「(ア) 十分に養護の行き届いた環境の下に、くつろいだ雰囲気の中で子どもの様々な欲求を満たし、生命の保持及び情緒の安定を図ること」を具体化したものである。そして、それは「生命の保持」に関わるものと、「情緒の安定」に関わるものとに分けて示されている。

ア　生命の保持

（ア）ねらい

> ①　一人一人の子どもが、快適に生活できるようにする。
> ②　一人一人の子どもが、健康で安全に過ごせるようにする。
> ③　一人一人の子どもの生理的欲求が、十分に満たされるようにする。
> ④　一人一人の子どもの健康増進が、積極的に図られるようにする。

子どもの生命を守り、子どもが快適に、そして健康で安全に過ごすことができるようにするとともに、子どもの生理的欲求が十分に満たされ、健康増進が積極的に図られるようにすることは、子ども一人一人の生きることそのものを保障することである。それは、日常の生活の中での保育士等の具体的な援助や関わりにより実現されるものである。子ども一人一人の健康と安全がしっかりと守られるとともに、保育所全体で子どもの健康増進を図っていくことが求められる。

（イ）内容

> ①　一人一人の子どもの平常の健康状態や発育及び発達状態を的確に把握し、異常を感じる場合は、速やかに適切に対応する。

一人一人の子どもの健康状態や発育及び発達状態を把握するために、登所時の健康観察や保育中の子どもの様子の把握を、日々必ず行うことが重要である。また、家庭での食事や睡眠などについて、保護者から情報を得ることが必要である。

とりわけ、乳児の健康状態は生命の保持にも関わるものであり、常に身体の状態を細かく観察し、疾病や異常を早く発見することが求められる。

また、生後数か月以降には母親から受け継いだ免疫が減り始め、感染症にかかりやすくなるため、朝の受入れ時はもちろんのこと、保育を行っている際に、機嫌・食欲などの観察を十分に行い、発熱など体の状態に変化が見られた時は適切に対応しなくてはならない。

乳幼児期は疾病に対する抵抗力が弱く、容態が急変しやすいことを十分認識し、第３章で示されていることを踏まえ、職員間で連携を図りながら、適切かつ迅速に対応することが必要である。

加えて、日々の心身の健康状態の確認や継続的な把握及びその記録は、不適切な養育の早期発見につながったり、児童虐待への対応における根拠資料となったりすることがあり、子どもの人権を守る視点からも重要である。

> ②　家庭との連携を密にし、嘱託医等との連携を図りながら、子どもの疾病や事故防止に関する認識を深め、保健的で安全な保育環境の維持及び向上に努める。

疾病予防については、保護者との連絡を密にしながら一人一人の子どもの状態に応じて、嘱託医やかかりつけ医などと相談して進めていくことが必要である。保育士等が子どもの疾病について理解を深めるとともに、感染予防を心がけ保護者に適切な情報を伝え、啓発していくことも大切である。保育室・衣類・寝具・遊具など、子どもの周囲の環境を点検し、衛生的な環境への細心の注意を払う。

事故防止については、子どもの発達の過程や特性を踏まえ、一人一人の子どもの行動を予測し、起こりやすい事故を想定しつつ、環境に留意して事故防止に努めることが求められる。子どもの成長に伴い行動範囲が広がるため、その活動を保障し、保育所全体で安全点検表などを活用しながら対策を講じ、子どもにとって安心・安全な環境の維持及び向上を図ることが重要である。

> ③　清潔で安全な環境を整え、適切な援助や応答的な関わりを通して子どもの生理的欲求を満たしていく。また、家庭と協力しながら、子どもの発達過程等に応じた適切な生活のリズムがつくられていくようにする。

保育所の環境については、保健面や安全面に関して十分に配慮することが必要である。清潔が保たれ衛生的な場であることはもちろんのこと、明るさ・温度・湿度・音などについても常に配慮することが求められる。その上で、子どもが安心して探索活動をしたり、伸び伸びと体を動かして遊んだりすることのできる安全な環境であることが必要である。こうした環境の下で、保育士等が応答的に関わりながら、食欲や睡眠などの生理的欲求を満たしていくことが、一人一人の子どもの健やかな成長の支えとなる。子どもの欲求に応え、語りかけながら優しく対応することにより、子どもは心地よさとともに、自分の働きかけに対する相手の応答的な行為の意味を感じ取る。

また、送迎時の保護者との会話や連絡帳、懇談会などを通し、積極的に家庭との情報交換を行い、子どもの一日の生活全体を考慮して、子どもの食事・睡眠・休息・遊びなどが無理なく営まれるようにする。一人一人の子どもの生活に合わせ、時には柔軟な対応を図り、家庭と協力して子どもの生活や発達過程等にふさわしい生活のリズムがつくられていくことが大切である。

> ④　子どもの発達過程等に応じて、適度な運動と休息を取ることができるようにする。また、食事、排泄（せつ）、衣類の着脱、身の回りを清潔にすることなどについて、子どもが意欲的に生活できるよう適切に援助する。

保育においては、子どもの発達を見通し、全身を使う運動を適度に取り入れ、それぞれの状態に応じた活動を十分に行う。休息は、心身の疲労を癒やし、緊張を緩和し、子どもが生き生きと過ごす上で大切である。子ども一人一人の発達過程等に応じて、生活のリズムに合わせ適度な休息をとることができるようにするなど、静と動のバランスに配慮して、保育の内容を柔軟に取り扱うことが重要である。

食事は、楽しい雰囲気の中で喜んで食べることが大切である。第３章の２の（１）のイに示すように、友達と一緒に食事をし、様々な食べ物を食べる楽しさを味わうことで、食育の推進が図られる。授乳する時は、抱いてほほえみかけながら、ゆったりとした気持ちで行う。離乳の時期や方法については、保護者と情報を共有し、保育士、嘱託医、栄養士、調理員等職員間で連携しながら、一人一人の子どもに合わせて慎重に進める必要がある。

健康や安全等に関わる基本的な生活習慣や態度を身に付けることは、子どもが自分の生活を律し、主体的に生きる基礎となる。食事・排泄（せつ）・睡眠・衣類の着脱・身の回りを清潔にすることなどの生活習慣の習得については、急がせることなく、一人一人の子どもの様子をよく見て、その子どもにとって適切な時期に適切な援助をしていくことが求められる。保育士等は見通しをもって、子どもに分かりやすく手順や方法を示すなど、一人一人の子どもが達成感を味わうことができるよう援助を行う。子どもが、自信や満足感をもち、更に自分でしてみようとする意欲を高めていくことが重要である。

イ　情緒の安定

（ア）ねらい

> **①　一人一人の子どもが、安定感をもって過ごせるようにする。**
> **②　一人一人の子どもが、自分の気持ちを安心して表すことができるようにする。**
> **③　一人一人の子どもが、周囲から主体として受け止められ、主体として育ち、自分を肯定する気持ちが育まれていくようにする。**
> **④　一人一人の子どもがくつろいで共に過ごし、心身の疲れが癒されるようにする。**

一人一人の子どもが、保育士等に受け止められながら、安定感をもって過ごし、自分の気持ちを安心して表すことができることは、子どもの心の成長の基盤になる。

子どもは、保育士等をはじめ周囲の人からかけがえのない存在として受け止められ認められることで、自己を十分に発揮することができる。そのことによって、周囲の人への信頼感とともに、自己を肯定する気持ちが育まれる。特に、保育士等が、一人一人の子どもを独立した人格をもつ主体として尊重することが大切である。このように、乳幼児期において、他者への信頼感と自己肯定感が周囲の人との相互的な関わりを通して育まれていくことは、極めて重要である。

また、子どもたちが生活を共にする保育所において、保育士等が一人一人の子どもの状態を把握し、心身の疲れが癒やされるよう心がけることも必要である。一日の生活の流れにゆとりをもたせ、子どもが場や周囲の人々に親しみや安心感をもち、くつろいで過ごせる環境となるよう配慮することが求められる。保育所全体で、子どもの情緒の安定を図り、その心の成長に寄り添いながら、子ども主体の保育を実践していくことが大切である。

（イ）内容

> **①　一人一人の子どもの置かれている状態や発達過程などを的確に把握し、子どもの欲求を適切に満たしながら、応答的な触れ合いや言葉がけを行う。**

保育士等は、一人一人の子どもの心身の状態や発達過程を的確に把握し、それぞれの子どもの欲求を受け止め、子どもの気持ちに沿いながら、今、この子どもにとってどのように関わることが最も適切なのか検討し、保育を行っていくことが大切である。

子どもは、自分がしてほしいことを心地よくかなえられると安心し、自分の欲求をかなえてくれた人に対して、親しみと信頼感を抱くようになる。また、日頃より、自分に向けられる優しいまなざしや態度から、自分が認められ愛されていることを感じ、自分からもそうしたまなざしや態度を相手に示していく。保育士等とのこうした温かなやり取りやスキンシップが日々積み重ねられることにより、子どもは安定感をもって過ごすことができるようになる。特に、乳児期の子どもが十分にスキンシップを受けることは、心の安定につながるだけでなく、子どもの身体感覚を育てる。子どもは、肌の触れ合いの温かさを実感することにより、人との関わりの心地よさや安心感を得て、自ら手を伸ばし、スキンシップを求めるようになっていく。

こうした保育士等との触れ合いに子どもが喜びを感じながら、応答的なやり取りや言葉がけが豊かになる中で、子どもは保育士等の気持ちや言葉の表す意味を理解していく。

> **②　一人一人の子どもの気持ちを受容し、共感しながら、子どもとの継続的な信頼関係を築いていく。**

保育士等が一人一人の子どもの気持ちを汲み、適切に応答していくことは、保育の基本である。子どもの人に対する信頼感は、こうした関わりが継続的に行われることを通して育まれていく。子どもは、自分の気持ちに共感し、応えてくれる人がいることで、自身の気持ちを確認し、安心して表現し、行動する。

また、保育士等が子どもと向き合う中で、自らの思いや願いを子どもに返していくことにより、子どももまた保育士等の存在を受け止め、その気持ちを理解するようになる。保育士等の温かい受容的な雰囲気とともに、自らに向けられている気持ちや期待を、子どもは敏感に感じ取るものである。

保育所での生活の中で互いに認め信頼し合う関わりを通して、生涯にわたる人との関わりの基盤となる基本的な信頼感を培い、子どもの心を豊かに育てていくことは、保育士等の責任であることを認識することが大切である。

> **③　保育士等との信頼関係を基盤に、一人一人の子どもが主体的に活動し、自発性や探索意欲などを高めるとともに、自分への自信をもつことができるよう成長の過程を見守り、適切に働きかける。**

子どもの自分に対する自信や自己肯定感を育てていくことは、保育の大切なねらいの一つである。一人一人の子どもが、保育士等との間に形成された信頼関係を拠りどころとしながら、日々の生活の中で主体性や生きることへの意欲を育んでいることを、保育士等は常に心に留めながら、子どもと関わることが大切である。そのためには、一人一人の子どもの人格を尊重し、生命の尊厳を感受する、保育士等の倫理観が重要である。

また、子どもの自発性や探索意欲が高まるような環境を計画的に構成し、子ども自らが環境に関わろうとする姿を、保育士等は見守り、共感しながら、励ましたり、必要な助言を行ったりする。遊びや活動の展開に応じて環境を再構成しながら、保育士等も一人一人の子どもと楽しさを共有することによって、子どもの主体的な遊びや活動は更に豊かな広がりをもつものとなっていく。

子どもの育ちにおいて大切なことは、時間をかけて醸成されていくものである。人や物との出会いの中で様々な感情や考えが芽生え、多様な体験を積み重ねていく中で、子どもの心は成長していく。その過程を保育士等が見守り、受け止めることによって、子どもの自己肯定感が育まれていくことが重要である。保育士等が主体としての子どもを認め、肯定する気持ちを言葉や態度で子どもに伝えることにより、子どもは自分への自信を獲得していくのである。

> **④　一人一人の子どもの生活のリズム、発達過程、保育時間などに応じて、活動内容のバランスや調和を図りながら、適切な食事や休息が取れるようにする。**

保育所で長時間過ごす子どもは、就寝時刻が遅くなりがちになることがある。一人一人の子どもが、乳幼児期の子どもにふさわしい生活のリズムの中で、心身の健やかな発育・発達を支える上で必要となる食事や適度な休息をとる観点から、保育士等は子どもの生活全体を見通し、家庭と協力しながら心身の状態に応じて適切に援助していくことが大切である。

保育所では、いつでも安心して休息できる雰囲気やスペースを確保し、静かで心地よい環境の下で、子どもが心身の疲れを癒すことができるようにする。また、午睡は、子どもの年齢や発達過程、家庭での生活、保育時間といったことを考慮し、それぞれの子どもが必要に応じて取るようにすることが大切である。子どもの家庭での就寝時刻に配慮して、午睡の時間や時間帯を工夫し、柔軟に対応する。

一日の生活全体の流れを見通し、発散・集中・リラックスなど、静と動の活動のバランスや調和を図る中で、一人一人の子どもが適切に食事や休息を取れるようにすることが重要である。

3 保育の計画及び評価

保育所において、保育の目標を達成するためには、子どもの発達を見通しながら、保育の方法及び環境に関する基本的な考え方に基づき、計画性のある保育を実践することが必要である。保育所における保育は、計画とそれに基づく養護と教育が一体となった保育の実践を、保育の記録等を通じて振り返り、評価した結果を次の計画の作成に生かすという、循環的な過程を通して行われるものである。

保育において子どもの主体性を尊重することは、子どものしたいようにさせて保育士等は何も働きかけないようにするということではない。子ども自らが興味や関心をもって環境に関わりながら多様な経験を重ねていけるようにするためには、保育士等が乳幼児期の発達の特性と一人一人の子どもの実態を踏まえ、保育の環境を計画的に構成することが重要となる。その上で、子どもが安心して様々なことに取り組み、充実感や達成感を得て更に好奇心や意欲を高めていけるよう、一人一人の心身の状態に応じて適切に援助することで、子どもの育とうとする力は発揮される。

保育の計画を作成するに当たっては、全職員が各々の職種や立場に応じて参画し、保育の理念や方針を共有しながら、保育の方向性を明確にする。その際、子どもの発達や生活の連続性に配慮し、在籍期間を通じた育ちの見通しをもって、日々の生活における子どもの実態を捉える視点をもつことが重要である。その上で、子どもに計画通り「させる」保育ではなく、その時々の子どもの状況や遊びの展開に応じて環境を適宜変えていくなど、保育士等の適切な判断の下、保育が柔軟に行われることが求められる。保育は子どもと保育士等をはじめとする多様な環境との相互的な関わり合いによって展開されていくものである。このことを踏まえ、子どももまた保育をつくり出していく存在であることを認識することが重要である。そして、保育における育ちについて丁寧に評価を行い、その結果に基づいて、保育の環境の構成等を継続的に構想し直す。こうした一連の取組を繰り返すことを通じて、保育における生活や遊びが子どもの実態に即して柔軟に展開しながらも、子どもの豊かな経験が着実に積み重ねられ、資質・能力が育まれていく。

保育所が組織全体で計画的な保育の実践とその評価・改善に取り組み、保育所保育の全体的な過程や構造を明確にすることは、保育の質の向上を図り、社会的責任を果たしていくことにつながる。保育所では、子どもの家庭環境や生育歴、また保育時間や保育期間も一人一人異なる。保育に当たる職員も、保育士をはじめ様々な職種や勤務体制の者で構成されている。こうした状況を踏まえ、保育所全体として一貫性をもって子どもの発達過程を見通しながら保育を体系的に構成し、全職員の共通認識の下、計画性をもって保育を展開していくことが重要である。生活する場や時間・期間がどのような状況であっても、入所している全ての子どもが「現在を最も良く生き、望ましい未来をつくり出す力の基礎を培う」ことができるよう、保育を展開していくことが求められる。

(1) 全体的な計画の作成

ア 保育所は、1の(2)に示した保育の目標を達成するために、各保育所の保育の方針や目標に基づき、子どもの発達過程を踏まえて、保育の内容が組織的・計画的に構成され、保育所の生活の全体を通して、総合的に展開されるよう、全体的な計画を作成しなければならない。

「全体的な計画」は、児童福祉法及び関係法令、保育所保育指針、児童の権利に関する条約等と各保育所の保育の方針を踏まえ、入所から就学に至る在籍期間の全体にわたって、保育の目標を達成するために、どのような道筋をたどり、養護と教育が一体となった保育を進めていくのかを示すものである。全体的な計画における保育のねらいと内容は、2及び4、第2章に基づき、乳幼児期の発達過程に沿って、それぞれの時期の生活や遊びの中で、子どもは主にどのような体験をしていくのか、またどのような援助が必要となるのかを明らかにすることを目的として構成される。これらは、保育時間や在籍期間の長短に関わりなく在籍している全ての子どもを対象とし、保育所における生活の全体を通して総合的に展開される。

この全体的な計画に基づき、その時々の実際の子どもの発達や生活の状況に応じた具体的な指導計画やその他の計画を作成していく。すなわち、全体的な計画は、子どもの最善の利益の保障を第一義とする保育所保育の根幹を示すものであり、指導計画やその他の計画の上位に位置付けられる。

イ 全体的な計画は、子どもや家庭の状況、地域の実態、保育時間などを考慮し、子どもの育ちに関する長期的見通しをもって適切に作成されなければならない。

全体的な計画の作成に当たっては、様々な記録や資料等を生かしながら保育所における子どもの発達の過程や実態を理解するとともに、保育所における生活と家庭における生活の連続性を視野に入れて、家庭との連携を図り、子どもの家庭での過ごし方や保護者の意向についても把握するよう努める。また、地域の生活条件、環境、文化などの特性や近隣の関係機関及び人材等の実態を踏まえ、これらを生かして全体的な計画を保育所の実態に即した特色あるものとしていくことが求められる。

保育時間に関しては、設備運営基準第 34 条により、保育所における保育時間は一日につき8時間を原則とし、地域における乳幼児の保護者の労働時間や家庭の状況等を考慮して、各保育所において定めることとされている。したがって、それぞれの保育所における一日の保育の流れを基本としながら、その中での子どもの体験や生活のリズム等を発達過程に照らして考慮し、ねらいや内容を構成する。延長保育・夜間保育・休日保育などを実施している場合には、それらも含め、子どもの生活の全体を捉えることが重要である。

また、保育所に在籍する期間は子どもによって異なる。そのため、乳幼児期の発達過程と併せて、保育所入所時の環境の変化を乗り越えて安定し、自ら生活や遊びを広げ、充実感を得て更に好奇心や探究心を深めていくといった保育所における経験の面から、子どもの育ちの過程を捉える。

これらを踏まえ、保育所の生活全体における子どもの育ちについて、長期的な見通しをもって全体的な計画を作成する。その際、養護に関する内容と第2章に示される各視点及び領域のねらい及び内容、次節に示す「幼児期の終わりまでに育ってほしい姿」との関連を考慮し、子どもの発達過程に即して展開される各時期の生活に応じて、適切に具体化し設定する必要がある。

ウ 全体的な計画は、保育所保育の全体像を包括的に示すものとし、これに基づく指導計画、保健計画、食育計画等を通じて、各保育所が創意工夫して保育できるよう、作成されなければならない。

全体的な計画は、保育所が各々の実態に即して工夫して作成することが重要である。保育所はそれぞれ、地域環境や保育所の人的・物的環境が異なっており、それぞれが影響を及ぼし合ってその保育所全体の特色をつくり出している。子どもの生活や発達はこれらに大きく影響を受けるものであるため、こうした特色を十分に生かした保育を行うことができるよう、全体的な計画を作成する必要がある。

さらに、全体的な計画に基づいて、長期・短期の指導計画や保健計画・食育計画といったより具体的で日々の保育に直接関わる様々な計画が作成される。また、職員の研修計画も、全体的な計画と関連付けながら作成されるものである。そのため、全体的な計画は施設長の責任の下に作成されるものであるが、全職員が参画し、共通理解と協力体制の下に創意工夫して作成することが重要である。各保育所の保育の全体像が職員間で共有され、それに基づいて保育が展開されていくことは、保育の質の向上を組織的に図っていくことにつながる。

なお、保育所を利用している保護者に対する子育て支援及び地域の保護者等に対する子育て支援は、子どもの保育に関する全体的な計画と密接に関連して行われる業務として位置付けられる。

全体的な計画作成の手順について（参考例）

1）保育所保育の基本について、職員間の共通理解を図る。
・児童福祉法や児童の権利に関する条約等、関係法令を理解する。
・保育所保育指針、保育所保育指針解説の内容を理解する。

2）乳幼児期の発達及び子ども、家庭、地域の実態、保育所に対する社会の要請、保護者の意向などを把握する。

3）各保育所の保育の理念、目標、方針等について職員間の共通理解を図る。

4）子どもの発達過程を長期的に見通し、保育所の生活全体を通して、第２章に示す事項を踏まえ、それぞれの時期にふさわしい具体的なねらいと内容を、一貫性をもって構成する。

5）保育時間の長短、在籍期間の長短、その他子どもの発達や心身の状態及び家庭の状況に配慮して、それぞれにふさわしい生活の中で保育目標が達成されるようにする。

6）全体的な計画に基づく保育の経過や結果について省察、評価し、課題を明確化する。その上で、改善に向けた取組の方向性を職員間で共有し、次の作成に生かす。

（2）指導計画の作成

ア　保育所は、全体的な計画に基づき、具体的な保育が適切に展開されるよう、子どもの生活や発達を見通した長期的な指導計画と、それに関連しながら、より具体的な子どもの日々の生活に即した短期的な指導計画を作成しなければならない。

指導計画は、全体的な計画に基づいて保育を実施する際のより具体的な方向性を示すものであり、実際の子どもの姿に基づいて、ある時期における保育のねらいと内容・環境・そこで予想される子どもの活動や、それに応じた保育士等の援助・配慮すべき事項・家庭との連携等を考え、作成するものである。

指導計画は、年・数か月単位の期・月など長期的な見通しを示すものと、それを基に更に子どもの生活に即した週・日などの短期的な予測を示すものとを、保育所の実情に合わせて作成し、それらを組み合わせて用いる。子どもの発達の状態などに応じて、個別の指導計画、あるいはクラスやグループの指導計画など、必要なものを書式も含めて工夫して作成することが求められる。

長期的な指導計画は、子どもの発達や生活の節目に配慮し、例えば１年間をいくつかの期に区分した上で、それぞれの時期にふさわしい保育の内容について作成する。家庭及び地域との連携や行事等と日常の保育のつながりに配慮することが重要である。

これを踏まえた上で、その時期の子どもがどのようなことに興味や関心をもっているのか、どのようにして遊んだり生活したりしているのかといった実態に即して、短期的な指導計画を作成する。柔軟に保育が展開されるように、環境を構成し直したり、しばらく継続している遊びに新たな要素を付け加えてみたりするなど、子どもの生活や遊びの連続性を尊重することが求められる。その際、一日の生活の流れの中に、子どもの多様な活動が調和的に組み込まれるよう配慮することが重要である。

イ　指導計画の作成に当たっては、第２章及びその他の関連する章に示された事項のほか、子ども一人一人の発達過程や状況を十分に踏まえるとともに、次の事項に留意しなければならない。
（ア）　３歳未満児については、一人一人の子どもの生育歴、心身の発達、活動の実態等に即して、個別的な計画を作成すること。
（イ）　３歳以上児については、個の成長と、子ども相互の関係や協同的な活動が促されるよう配慮すること。
（ウ）　異年齢で構成される組やグループでの保育においては、一人一人の子どもの生活や経験、発達過程などを把握し、適切な援助や環境構成ができるよう配慮すること。

【３歳未満児の指導計画】

３歳未満児は、特に心身の発育・発達が顕著な時期であると同時に、その個人差も大きいため、一人一人の子どもの状態に即した保育が展開できるよう個別の指導計画を作成することが必要である。保護者の思いを受け止めながら、「子どもの育ちを共に喜び合う」という基本姿勢の下で、一日の生活全体の連続性を踏まえて家庭との連携を指導計画に盛り込んでいくことが求められる。また、３歳未満児は心身の諸機能が未熟であるため、担当する保育士間の連携はもちろんのこと、看護師・栄養士・調理員等との緊密な協力体制の下で、保健及び安全面に十分配慮することが必要である。さらに、緩やかな担当制の中で、特定の保育士等が子どもとゆったりとした関わりをもち、情緒的な絆（きずな）を深められるよう指導計画を作成する。

指導計画は、月ごとに個別の計画を立てることを基本としつつ、子どもの状況や季節の変化などにより、ある程度見通しに幅をもたせ、子どもの実態に即した保育を心がける。保育所における集団生活の中で、一人一人にどれだけ丁寧に対応できるかは重要な課題である。温かな雰囲気を大切にし、子どもが興味をもった好きな遊びが実現できる環境が用意されていること、不安な時や悲しい時に心の拠りどころとなる保育士等の存在が必要である。

【３歳以上児の指導計画】

３歳以上児の指導計画は、クラスやグループなどの集団生活での計画が中心となるが、言うまでもなく、集団を構成しているのはその個性や育ちがそれぞれに異なる子どもである。個を大切にする保育を基盤として、一人一人の子どもは集団において安心して自己を発揮する。そして、他の友達と様々な関わりをもち、一緒に活動する楽しさを味わい、協同して遊びを展開していく経験を通して、仲間意識を高めていく。３歳以上児の保育に当たっては、一人一人の子どもや集団の実態に即して、こうした過程を考慮することが求められる。

これらのことを踏まえ、3歳以上児の指導計画については、一人一人の子どもの主体性が重視されてこそ集団の育ちがあるという点を十分に認識した上で作成することが重要である。

また、4の（2）に示す「幼児期の終わりまでに育ってほしい姿」は、それぞれを個別に、また就学前の時期に身に付けるというものではなく、それまでの環境を通して行われる保育の中で、様々な経験を重ねることにより、保育所保育において育みたい資質・能力が育まれている子どもの具体的な姿である。こうしたことを念頭に置きながら、発達の各時期にふさわしい生活が展開されるように、指導計画を作成することが重要である。

【異年齢の編成による保育の指導計画】

様々な年齢の子どもたちが共に生活する場という保育所の環境を生かし、異年齢編成での保育によって自分より年上、年下の子どもと交流することによって、子どもたちがより多様な体験を得られることが期待される。

異年齢の編成による保育では、自分より年下の子どもへのいたわりや思いやりの気持ちを感じたり、年上の子どもに対して活動のモデルとして憧れをもったりするなど、子どもたちが互いに育ち合うことが大切である。また、こうした異年齢の子ども同士による相互作用の中で、子どもは同一年齢の子ども同士の場合とは違った姿を見せることもある。このように、異年齢の子どもたちが関わり合うことで、日々の保育における遊びや活動の展開の仕方がより豊かなものとなることが望まれる。

一方、異年齢の編成の場合は、子どもの発達差が大きいため、個々の子どもの状態を把握した上で、保育のねらいや内容を明確にもった適切な環境の構成や援助が必要である。こうした配慮により、それぞれの子どもにとって遊びが充実したものになり、子ども同士での多様な関わりが繰り広げられるようになる。また、保育士等の意図性が強くなると、子どもが負担感を感じることも考えられる。日常的な生活の中で、子ども同士が自ら関係をつくり、遊びを展開していけるよう十分に配慮することが重要である。

ウ　指導計画においては、保育所の生活における子どもの発達過程を見通し、生活の連続性、季節の変化などを考慮し、子どもの実態に即した具体的なねらい及び内容を設定すること。また、具体的なねらいが達成されるよう、子どもの生活する姿や発想を大切にして適切な環境を構成し、子どもが主体的に活動できるようにすること。

指導計画は、保育士等が一方的にある活動を子どもに与えてさせるためのものではなく、子どもの実態に基づいて、今育ちつつある子どもの様々な資質・能力を十分に引き出すためのものである。そのため、現在の子どもの育ちや内面の状態を理解することから、指導計画の作成は始まる。

集団の保育において、一人一人の違いを大切にしながらも、クラスやグループに共通する育ちに目を向けると、その中から集団としてのねらいや内容が見えてくる。子どもの実際の姿や記録から、生活や遊びの状況、周囲の人との関係について、まず興味や関心をもっていることに着目し、次に何につまずいているかを明確にしていくことが重要である。

こうした子どもの実態の把握を基に、子どもの発達過程を見通し、養護と教育の視点から子どもの体験する内容を具体的に設定する。その際、家庭生活との連続性や季節の変化、行事との関連性などを考慮して設定することが大切である。特に行事については、保育所と家庭での日常の生活に変化と潤いがもてるように、子どもの自主性を尊重し、日々の保育の流れに配慮した上で、ねらいと内容を考える。

このようにして具体的に設定したねらいや内容を、子どもが経験できるように、人・物・自然事象・時間・空間等を総合的に捉えて、環境を構成する。清潔で安全な環境、家庭的で温かな環境を基盤に、子どもが環境に関わって主体的に活動を生み出したくなるような、心ゆさぶる、魅力ある環境が求められる。物などの有無だけではなく、環境が子どもに十分生かされていることや、人と人の関わりの在り様など、一見しただけでは捉えにくい雰囲気等も重要である。環境の構成には、計画的な側面と、子どもが環境に関わる中で生じる偶発的な出来事を生かす側面とがある。したがって、ある特定の活動を想定して大人主導で展開させるための環境ではなく、子どもの気付き・発想・工夫を大切にしながら、子どもと共に環境を再構成していくことが大切である。

その際、保育士等は、子どもの活動の生まれる背景や意味を的確に捉え、子どもが望ましい方向に向かって主体的に活動を展開していくことができるよう、適切な援助を行うことが求められる。保育士等の予測を超えた子どもの発想や活動などにより、ねらいと内容の修正や環境の再構成がなされることで、保育は更に豊かに展開されていく。

エ　一日の生活のリズムや在園時間が異なる子どもが共に過ごすことを踏まえ、活動と休息、緊張感と解放感等の調和を図るよう配慮すること。

保育所では、保育時間の異なる子どもが共に過ごすことから、一人一人の生活を見通した上で、子どもの活動と休息、緊張感と解放感等の調和を図っていく必要がある。その際、子どもが共に過ごす集団の規模や関わる保育士等も時間帯によって変わることを踏まえ、子どもの安心と安定が図られるような環境づくりが必要である。例えば、夕方になって徐々に人数の少なくなりつつある時間帯には、家庭的な雰囲気の中で保育士等や友達と少人数で過ごすことができる場所を設けるなどして、子どもが自然と落ち着いて遊ぶことができるようにしたり、暑い時期に思う存分水遊びを楽しんだ後、ゆったり過ごすようにしたりすることなどが考えられる。

このように、保育所における一日の生活環境の変化が、子どもに過度の不安や動揺を与えることがないよう配慮することが求められる。一方で、安定した生活のリズムが保たれながらも、その時々の子どもの興味や関心、生活や遊びへの取り組み方、保育士等や友達との人間関係の変化、自然や季節の変化などに応じて、子どもが様々な経験を楽しむことができるよう工夫し、子どもの毎日の生活が一律で単調なものとならないようにすることも大切である。

オ　午睡は生活のリズムを構成する重要な要素であり、安心して眠ることのできる安全な睡眠環境を確保するとともに、在園時間が異なることや、睡眠時間は子どもの発達の状況や個人によって差があることから、一律とならないよう配慮すること。

午睡は、体力を回復したり、脳を休ませたりするものであり、乳幼児期の発達過程や一日の活動において必要なことである。しかし、睡眠の発達には個人差があるため、3歳以上児においては、保育時間によって午睡を必要とする子どもと必要としない子どもが混在する場合もある。そのため、どちらの子どもにとっても、午睡の時間に安心して眠ったり、活動したりできるように配慮する必要がある。午睡を必要とする子どもには、落ち着いた環境の下で眠ることができる場を確保する。同様に、午睡をしない子どもにとっても、伸び伸びと遊ぶことができる充実した環境や体制を整えておくことが求められる。

また、普段は午睡を必要としない子どもであっても、午前中の活動などで疲れが見られる場合や、体調が良くない場合には、子どもの状態に応じて、午睡をしたり静かに体を休めたりすることができるように配慮する。

さらに、5歳頃の子どもについては、就学後の生活も見通し一日の生活のリズムを形成していく観点から、保護者と連携をとりつつ、一年間の流れの中で子どもの心身の健康の状況と併せて考えながら、徐々に午睡のない生活に慣れていくようにすることが大切である。

子ども一人一人の成長に合わせて、その日の体調なども考慮した上で、保護者とも相談しながら、午睡を一律にさせるのではなく、発達過程に合わせて、子ども一人一人が自分で生活のリズムを整えていけるようにしていくことが望ましい。

> **カ　長時間にわたる保育については、子どもの発達過程、生活のリズム及び心身の状態に十分配慮して、保育の内容や方法、職員の協力体制、家庭との連携などを指導計画に位置付けること。**

長時間にわたる保育については、特に子どもの心身の健やかな発達を保障できるよう様々な配慮が必要である。指導計画の作成とその実践に当たっては、子どもの生活の連続性を考慮し、担当する複数の保育士等が一日の保育の流れを把握した上で、子どもにふさわしい対応ができるよう、保育のねらいや内容等について理解を共有して取り組むことが重要である。また、引き継ぎの際には職員間での情報の伝達が適切に行われるよう心がけ、子どもや保護者が不安を抱くことのないよう十分に配慮しながら関わっていくことが必要である。

長時間にわたる保育によって子どもに心身の負担が生じることのないよう、家庭的でゆったりとくつろぐことができる環境を整え、子ども一人一人の発達に応じた関わりが求められる。特に、保育が終わりに近づく時間には、一日の疲れや保護者を待つ気持ちを保育士等が受け止めながら温かく関わり、落ち着いて過ごせるようにすることが重要である。

また、家庭との連携を密にし、保護者の状況を理解し心身の状態に配慮しながら、子どもの生活の様子や育ちの姿を伝え合い、子どもの思いや一日の生活の全体像について理解を共有することが求められる。延長保育や夜間保育で食事や補食を提供する場合には、子どもの生活のリズムを視野に入れながら、一日の食事の時間や量・内容などについて、保護者と情報を交換することが必要である。

> **キ　障害のある子どもの保育については、一人一人の子どもの発達過程や障害の状態を把握し、適切な環境の下で、障害のある子どもが他の子どもとの生活を通して共に成長できるよう、指導計画の中に位置付けること。また、子どもの状況に応じた保育を実施する観点から、家庭や関係機関と連携した支援のための計画を個別に作成するなど適切な対応を図ること。**

【保育所における障害のある子どもの理解と保育の展開】

保育所は、全ての子どもが、日々の生活や遊びを通して共に育ち合う場である。そのため、一人一人の子どもが安心して生活できる保育環境となるよう、障害や様々な発達上の課題など、状況に応じて適切に配慮する必要がある。こうした環境の下、子どもたちが共に過ごす経験は、将来的に障害の有無等によって分け隔てられることなく、相互に人格と個性を尊重し合いながら共生する社会の基盤になると考えられる。これらのことを踏まえて、障害など特別な配慮を必要とする子どもの保育を指導計画に位置付けることが求められる。

一人一人の障害や発達上の課題は様々であり、その状態も多様であることから、保育士等は、子どもが発達してきた過程や心身の状態を把握するとともに、保育所の生活の中で考えられる育ちや困難の状態を理解することが大切である。そして、子どもとの関わりにおいては、個に応じた関わりと集団の中の一員としての関わりの両面を大事にしながら、職員相互の連携の下、組織的かつ計画的に保育を展開するよう留意する。

【個別の指導計画】

保育所では、障害のある子どもを含め、一人一人の実態を的確に把握し、安定した生活を送る中で、全ての子どもが自己を十分に発揮できるよう見通しをもって保育することが必要である。そこで、必要に応じて個別の指導計画を作成し、クラス等の指導計画と関連付けておくことが大切である。

特別な配慮を必要とする子どもの個別の指導計画を作成する際には、日常の様子を踏まえて、その子どもにとって課題となっていることが生じやすい場面や状況、その理由などを適切に分析する。その上で、場面に適した行動などの具体的な目標を、その子どもの特性や能力に応じて、1週間から2週間程度を目安に少しずつ達成していけるよう細やかに設定し、そのための援助の内容を計画に盛り込む。障害や発達上の課題のある子どもが、他の子どもと共に成功する体験を重ね、子ども同士が落ち着いた雰囲気の中で育ち合えるようにするための工夫が必要である。

【家庭との連携】

障害や発達上の課題のある子どもの理解と援助は、子どもの保護者や家庭との連携が何よりも大切である。その際、子どもの困難な状況だけでなく、得意なこと等も含めて、保育所と家庭での生活の状況を伝え合うことに留意する。子どもについての理解を深め合うことや、保護者の抱えてきた悩みや不安などを理解し支えることで、子どもの育ちを共に喜び合うことが大切である。こうした連携を通して保護者が保育所を信頼し、子どもについての共通理解の下に協力し合う関係を形成する。

また、障害や発達上の課題のある子どもや保護者が、地域で安心して生活ができるようにすることが大切である。そのため、他の子どもの保護者に対しても、子どもが互いに育ち合う姿を通して、障害等についての理解が深まるようにするとともに、地域で共に生きる意識をもつことができるように配慮する。その際、子どもとその保護者や家族に関するプライバシーの保護には十分留意することが必要である。

【地域や関係機関との連携】

障害のある子どもの保育に当たっては、専門的な知識や経験を有する地域の児童発達支援センター・児童発達支援事業所（以下「児童発達支援センター等」という。）・児童発達支援を行う医療機関などの関係機関と連携し、互いの専門性を生かしながら、子どもの発達に資するよう取り組んでいくことが必要である。そのため、保育所と児童発達支援センター等の関係機関とが定期的に、又は必要に応じて話し合う機会をもち、子どもへの理解を深め、保育の取組の方向性について確認し合うことが大切である。具体的には、児童発達支援センター等の理念や保育内容について理解を深め、支援の計画の内容を保育所における指導計画にも反映させることや、保育所等訪問支援や巡回支援専門員などの活用を通じ、保育を見直すこと等が考えられる。

また、就学する際には、保護者や関係する児童発達支援センター等の関係機関が、子どもの発達について、それまでの経過やその後の見通しについて協議を行う。障害の特性だけではなく、その子どもが抱える生活のしづらさや人との関わりの難しさなどに応じた、環境面での工夫や援助の配慮など支援のあり方を振り返り、明確化する。これらを踏まえて、就学に向けた支援の資料を作成するなど、保育所や児童発達支援センター等の関係機関で行われてきた支援が就学以降も継続していくよう留意する。

（3）指導計画の展開

> 指導計画に基づく保育の実施に当たっては、次の事項に留意しなければならない。
> ア　施設長、保育士など、全職員による適切な役割分担と協力体制を整えること。
> イ　子どもが行う具体的な活動は、生活の中で様々に変化することに留意して、子どもが望ましい方向に向かって自ら活動を展開できるよう必要な援助を行うこと。
> ウ　子どもの主体的な活動を促すためには、保育士等が多様な関わりをもつことが重要であることを踏まえ、子どもの情緒の安定や発達に必要な豊かな体験が得られるよう援助すること。
> エ　保育士等は、子どもの実態や子どもを取り巻く状況の変化などに即して保育の過程を記録するとともに、これらを踏まえ、指導計画に基づく保育の内容の見直しを行い、改善を図ること。

【職員の協力体制による保育の展開】

保育所は、様々な年齢や状況の子どもたちが一日の大半を共に過ごす場であり、一人一人の子どもに細やかに対応し心身の健やかな発達を支え促していく上で、職員全体の連携や協働は欠かせない。時間帯による担当の交代などを伴う勤務体制、専門性や職種の異なる職員構成という状況で、施設長や主任保育士のリーダーシップの下に、職員一人一人の力や個性が十分に発揮されることが大切である。そのためには、適切な役割分担がなされ、それぞれが組織の中での協力体制について明確に認識できるよう、必要に応じて指導計画に職員相互の連携についての事項を盛り込むことが求められる。

【子どもの変化に応じた活動の柔軟な展開】

保育においては、その時々の子どもの姿に即して、適切な援助をしていく必要が生じる。子どもの生活は多様な活動が関連をもちながら展開していくものであり、その中で偶発的に生じる様々な出来事が子どもの心を動かし、興味や関心をより広げたり、環境へ関わろうとする意欲を高めたりする。そのため、指導計画を作成した際の保育士等の予想した姿とは異なる姿が見られることもしばしばあるが、そうした時に、必ずしも計画通りの展開に戻すことを優先するのではなく、子どもの気付きや感動を尊重し、新たな素材を加えたり、子どもの発想を刺激するような一言を添えたりするなどして、子どもが自らイメージを膨らませて活動を方向付け、豊かな体験を得られるよう援助することが重要である。

【子どもの主体的な活動を促す保育士等による多様な援助】

子どもに対する保育士等の援助は、一緒に遊ぶ・共感する・助言する・提案する・見守る・環境を構成するなど、多岐にわたる。子どもが自分でしようとする姿に、言葉をかけたり手を添えたりすることもあれば、何も言わずにただ近くにいて、子どもが不安そうに振り向いた時には目を見て頷くようにするということもある。また、子どもにとって居心地がよく、生活の見通しがもちやすいように環境を整えたり、集中して遊び込めるように時間のゆとりをとるようにしたりするなど、子ども自身に直接関わるのではなく、場や生活の流れを調整することを通して子ども自身による活動の展開を促す援助もある。

同じ子ども、同じような場面であっても、その時々の状況によって援助のあり方は一律なものではない。子どもが十分に主体性を発揮できるよう、状況に応じて多様な方法で適切に援助していくことが求められる。こうした多様な援助に支えられて、子どもの情緒が安定し、自ら活動を展開していく中で豊かな体験を得られるようにすることが重要である。

【記録と保育の内容の見直し、改善】

子どもは、日々の保育所の生活の中で、様々な活動を生み出し多様な経験をしている。こうした姿を記録することは、保育士等が自身の計画に基づいて実践したことを客観化することであり、記録という行為を通して、保育中には気付かなかったことや意識していなかったことに改めて気付くこともある。

記録をする際には、子どもに焦点を当てて、生活や遊びの時の様子を思い返してみる視点と、一日の保育やある期間の保育について、保育士等が自分の設定したねらいや内容・環境の構成・関わりなどが適切であったかといったことを見直してみる視点がある。この双方の視点から保育を記録することによって、子どもの生活や遊びにおける保育士等と子どもとの多様な相互作用の様子が明らかとなる。

こうした記録を通して、保育士等は子どもの表情や言動の背後にある思いや体験したことの意味、成長の姿などを的確かつ多面的に読み取る。その上で、指導計画に基づく保育の実践やそこでの一人一人の子どもに対する援助が適切であったかどうかを振り返り、そこで浮かび上がってきた改善すべき点を次の指導計画に反映させていく。

この一連の流れが保育の過程であり、この循環的な過程が絶えず繰り返されながら、日々の保育は連続性をもって展開されるとともに、保育における子どもの育ちが意識化され、長期的な見通しに基づく保育の方向性が具体化される。さらに、こうした過程を通して保育士等が子どもに対する理解を深めることは、保育の質を向上させていく基盤となる。

（4）保育内容等の評価

ア　保育士等の自己評価

> （ア）　保育士等は、保育の計画や保育の記録を通して、自らの保育実践を振り返り、自己評価することを通して、その専門性の向上や保育実践の改善に努めなければならない。
> （イ）　保育士等による自己評価に当たっては、子どもの活動内容やその結果だけでなく、子どもの心の育ちや意欲、取り組む過程などにも十分配慮するよう留意すること。
> （ウ）　保育士等は、自己評価における自らの保育実践の振り返りや職員相互の話し合い等を通じて、専門性の向上及び保育の質の向上のための課題を明確にするとともに、保育所全体の保育の内容に関する認識を深めること。

【自己評価を通じた保育の質の向上】

保育士等は、保育の記録を通して計画とそれに基づく実践を振り返り、自己評価を行う。子どもの活動を予想しながら作成した指導計画のねらいや内容と、実際に保育を行う中で見られた子どもの姿を照らし合わせ、子どもの生活や育ちの実態を改めて把握し、子どもの経験がどのような育ちにつながるものであったかを捉え直す。それによって、次の計画のねらいや内容を設定する上で必要な情報や観点を得るとともに、環境の構成や子どもに対する援助について改善すべき点を見いだし、その具体的な手立ての考察につなげていく。また、保育を展開していく上で、他の保育士等や保護者等との連携が十分に図られていたかといったことについても、同様に検証する。

こうした保育の過程が継続的に繰り返されていくことによって、日々の保育の改善が図られる。同時に、保育士等が子どもの内面や育ちに対する理解を深め、自らの保育のよさや課題に気が付くことにもつながっていく。このように自己評価は、保育士等の専門性の向上においても重要な意味をもつものである。

【自己評価における子どもの育ちを捉える視点】

保育士等は、乳幼児期の発達の特性とその過程を踏まえ、ねらいと内容の達成状況を評価することを通して、一人一人の子どもの育ちつつある様子を捉える。その際留意したいのは、発達には個人差があること、できることとできないことだけではなく、子どもの心の動きや物事に対する意欲など内面の育ちを捉えることである。子どもが何をしていたのかということやその結果のみでなく、どのようにして興味や関心をもち、取り組んできたのか、その過程を理解することが保育をよりよいものとしていく上で重要である。

また、子ども同士及び保育士等との関係など、周囲の環境との関わり方も視野に入れて捉える。必要に応じて、それまでの生育歴や保育歴、家庭や地域社会での生活の実態などにも目を配ることによって、一人一人の子どもをより全体的に捉えることが可能になることもある。自己評価により子どもをより多角的に理解することを通して、保育における子どもの経験をより豊かなものにしていくことが求められる。

自己評価は、子どもの育ちとニーズを把握し、発達を援助する上でより適切な環境や働きかけを検討することを目的として行うものであり、子どもの発達等を何らかの基準に照らして到達度として評定することを目的とするものではないことに留意が必要である。

【保育士等の学び合いとしての自己評価】

自己評価は、保育士等が個別に行うだけではなく、保育を行っている様子を保育士等が互いに見合ったり、子どもの行動の見方や自分の保育について話し合ったりするなど、保育士等間で行うことも重要である。保育士等が、それぞれの作成した指導計画を踏まえ、保育における意図や願いなどを相互に理解し尊重しながら率直に話し合う中で、自分では意識していなかったよいところや特色、課題などに気付いたり、子どもについての新たな見方を取り入れたりする。このような取組は、保育所における職員間の同僚性や職員全体の組織としての専門性を高めることにつながっていく。

また、時には、保育所外部の専門家を交えたカンファレンスを行うことも大切である。同じ保育場面でもその捉え方は様々であり、自分の保育が同僚や他の専門家にどう映るのか、自分と異なる子どもの理解や保育の視座に出会うことは、保育士等が保育の視野を広げ、自らの子ども観や保育観を見つめ直す機会となる。

こうしたことを通して、保育士等の間に相互理解の下、意見を交わし合う関係が形成されると、それぞれがチームワークを高めていこうとする姿勢をもって、保育所全体の保育の内容に関する認識を深め、共に保育を行う喜びや展望をもって、組織として保育の質の向上に取り組むことが可能となる。自己評価を通じて、他者の意見を受け止め自らの保育を謙虚に振り返る姿勢や、保育に対する責任感と自覚など、組織の中で支え合って、学び合いを継続していく基盤が形成されることによって、保育士等の専門性の向上が図られる。

イ　保育所の自己評価

> **(ア)　保育所は、保育の質の向上を図るため、保育の計画の展開や保育士等の自己評価を踏まえ、当該保育所の保育の内容等について、自ら評価を行い、その結果を公表するよう努めなければならない。**
>
> **(イ)　保育所が自己評価を行うに当たっては、地域の実情や保育所の実態に即して、適切に評価の観点や項目等を設定し、全職員による共通理解をもって取り組むよう留意すること。**
>
> **(ウ)　設備運営基準第 36 条の趣旨を踏まえ、保育の内容等の評価に関し、保護者及び地域住民等の意見を聴くことが望ましいこと。**

【保育士等の自己評価に基づく保育所の自己評価】

保育所の自己評価は、施設長や主任保育士等のリーダーシップの下に、保育の内容とその運営について、組織的・継続的に行われる。この自己評価は、保育士等の自己評価結果に基づいて、施設長と職員との話し合いを通して行われる。

自己評価は、一年のうちで保育活動の区切りとなる適切な時期を選んで実施する。そのため、日頃から保育の実践や運営に関する情報や資料を継続的に収集し、職員間で共有する。資料には、保育記録をはじめ、保育所が実施した様々な調査結果、あるいは保育所に寄せられた要望や苦情等も含まれる。職員間の情報の共有や効率的な評価の仕組みをつくるために、情報通信技術（ICT）などの積極的な活用も有効である。

自己評価の結果については、具体的な目標や計画、目標の達成状況、課題の明確化、課題解決に向けた改善方策などを整理する。自己評価の結果を整理することで実績や効果、あるいは課題を明確にして、更に質を高めていくための次の評価項目の設定などに生かしていく。

さらに、自己評価の結果の公表に当たっては、その意義が保育所の行っていることを保護者や地域に対して明らかにすることにあることを踏まえ、何をどのように公表するのか、各保育所が判断して定める。例えば、園だよりやホームページなどを利用するといった方法が考えられる。自己評価結果の公表や情報提供によって、自らの保育とその運営について、保護者や地域との継続的な対話や協力関係づくりを進め、信頼される開かれた保育所づくりに役立てていくことが求められる。

【保育所の自己評価における評価の観点及び項目】

保育所が作成する全体的な計画とそれに基づく指導計画やその他の計画は、各保育所の理念や方針、目標の達成を目指したものである。それらの実現に向けた実践について、職員相互に話し合いを重ねながら、具体的な自己評価の観点や項目を定めていく。保育所としての役割や機能を十分に果たし、保育の質の向上を図っていくために、適切な自己評価の観点や項目を設定することが重要である。

保育所に期待されている具体的な役割や機能は、その地域の社会資源や保育のニーズに応じてそれぞれに特色をもっている。したがって、保育所が目指す保育の目標や成果も、それぞれの保育所の設置や運営の体制、職員規模、子どもや保護者の状況などによって違ったものとなる。自己評価の実施に当たっては、そうした地域の実情や保育所の実態に即して、評価の観点や項目を設定する必要がある。

その際大切なことは、保育士等の自己評価において課題となっていることなどを、短期間に全て改善しようとすることではなく、課題の重点化を図った上で、期あるいは単年度から数年度の間で、実現可能な計画の中で見通しをもって進めるようにすることである。自己評価の取組が適切かつ実現可能なものとなるように、評価の観点や項目は、関連する様々な情報を収集するなどして折に触れて見直すことが重要である。

評価の観点や項目を設定する際、既存の評価項目を参考にすることも有効な方法の一つである。例えば、第三者評価基準の評価項目の中から必要なものを選定したり、独自の評価項目を作ったりするなどして、全体として各保育所にふさわしい項目となるようにしていくことが考えらえる。

このように職員全員がその意味や機能を意識して自己評価を行うことと併せて、第三者評価など外部評価を受けることは、より客観的な評価につながる。こうした取組の積み重ねが、保育の質を高めるとともに、職員一人一人の意欲の向上につながることに、組織としての自己評価の意義があるといえる。

【第三者評価について】

保育所における第三者評価は、平成 14 年に開始された。その根拠は、社会福祉法第 78 条において「社会福祉事業の経営者は、自らその提供するサービスの質の評価を行うことその他の措置を講ずることにより、常に福祉サービスを受ける側の立場に立つて、良質かつ適切な福祉サービスを提供するように努めなければならない。」「国は、社会福祉事業の経営者が行う福祉サービスの質の向上のための措置を援助するために、福祉サービスの質の公正かつ適切な評価の実施に資するための措置を講ずるよう努めなければならない。」と規定されていることにある。評価に当たっては、各施設種別の評価基準ガイドラインが策定されており、保育所においてもこのガイドラインに基づいて評価項目等が定められ、第三者評価が実施されている。

第三者評価の意義は、第三者評価を受ける前の自己評価に職員一人一人が主体的に参画することで、職員の意識改革と協働性が高められることや、第三者評価結果を保護者へ報告することによって協働体制を構築すること等にあるといえる。

【評価に関する保護者及び地域住民等の意見について】

設備運営基準第 36 条において、「保育所の長は、常に入所している乳幼児の保護者と密接な連絡をとり、保育の内容等につき、その保護者の理解及び協力を得るよう努めなければならない。」と定められている。乳幼児期の保育は、子どもが生活や遊びの中で自ら環境に関わる経験を通して、ねらいが総合的に達成されることを目指して行われるものであることから、保育士等の意図や配慮を実践の場面のみから明確に捉えることは難しい面をもつ。一方で、保育所が自らの行う保育について明らかにし、保護者や地域にそれを示すことは、子どもの福祉を担うとともに幼児教育を行う公的な施設としての社会的責任といえる。

保育の計画とそれに基づく実践に関する自己評価の公表を通して、保育所が自らの保育の内容について保護者や地域住民等から理解を得るとともに、評価に関して保護者や地域住民等の意見を聴くことによって、子どもの育ちに対する理解や考え方が相互に共有され、連携が一層深まることが求められている。

（5）評価を踏まえた計画の改善

> ア　保育所は、評価の結果を踏まえ、当該保育所の保育の内容等の改善を図ること。

保育所が自らの保育の内容に関する評価を行う意義は、子どもの最善の利益を保障し、よりよい保育を展開していくために、計画に基づいて行った自らの保育を、多様な観点で振り返りながら、継続的に保育の質を向上させていくことにある。

保育士等による自己評価により、それぞれが改善すべき点を具体的に把握し、それを次の指導計画の作成と保育の実践へとつなげていくという過程が一連のものとして定着することで、保育の専門性が高められていくとともに、職員間で行う保育の振り返りを通して、互いの理解や協働性が強まり、学び合いの基盤がつくられていくことが重要である。

また、こうした保育士等による自己評価を踏まえて、保育所が組織として行う自己評価においては、それぞれの地域の特性や保育所として創意工夫し取り組んでいることを中心に、自らの特色や独自性とともに課題を明確化し、それに基づいて全体的な計画や指導計画及びその他の計画を見直して、具体的な改善を図っていくことが求められる。

いずれも、自己評価が主体的な取組の下で行われ、またその結果が具体的に改善へとつながっていくものであることが重要である。

> イ　保育の計画に基づく保育、保育の内容の評価及びこれに基づく改善という一連の取組により、保育の質の向上が図られるよう、全職員が共通理解をもって取り組むことに留意すること。

保育の計画から改善に至る一連の取組に当たり、施設長や主任保育士等の管理職をはじめ、経験のある保育士等が中心となって、保育所の職員全体がその方向性や基本的な考え方について理解を共有することは、保育の質の向上を図っていく上で欠かすことができない。

職場内の研修や会議などに、自分たちの保育の振り返りを位置付けながら、職員が語り合う機会を設ける。この際、保育の経験や立場、職種等に関わらず、それぞれの意見が尊重されることが大切である。保育の計画や記録、個々の自己評価、保護者や地域住民からの要望等などを基にテーマを設定するなど進め方を工夫し、できるだけ職員がそれぞれに意見を述べられるよう配慮する。その上で、自分たちの保育に関する現状についての認識や保育の理念、方針などを確認するとともに、課題となっていることや改善のために必要なことを整理し、今後に向けた取組の方向性を明らかにしていく。

こうした過程を経て、保育所としての改善の目標とそれに向けた具体的な方法や体制を検討し、実行に移す。その結果は更にその後評価され、再び研修や会議の場で職員間に共有される。必要に応じて外部からの評価や意見を受け、より客観的な視点を加えて評価結果を見直す場合もある。そして、これらは次の改善に向けた課題や目標へ生かされる。

このように、全職員が評価の過程に関わりながら改善に向けた取組が進められていくことによって、その意義や目的についての理解が共有されることが重要である。

4　幼児教育を行う施設として共有すべき事項

（1）育みたい資質・能力

> ア　保育所においては、生涯にわたる生きる力の基礎を培うため、1の（2）に示す保育の目標を踏まえ、次に掲げる資質・能力を一体的に育むよう努めるものとする。
>
> （ア）　豊かな体験を通じて、感じたり、気付いたり、分かったり、できるようになったりする「知識及び技能の基礎」
>
> （イ）　気付いたことや、できるようになったことなどを使い、考えたり、試したり、工夫したり、表現したりする「思考力、判断力、表現力等の基礎」
>
> （ウ）　心情、意欲、態度が育つ中で、よりよい生活を営もうとする「学びに向かう力、人間性等」
>
> イ　アに示す資質・能力は、第2章に示すねらい及び内容に基づく保育活動全体によって育むものである。

保育所においては、保育所の生活の全体を通して、子どもに生きる力の基礎を培うことが求められている。そのため、1の（2）に示す保育の目標を踏まえ、小学校以降の子どもの発達を見通しながら保育活動を展開し、保育所保育において育みたい資質・能力を育むことが大切である。

保育所保育において育みたい資質・能力とは、「知識及び技能の基礎」「思考力、判断力、表現力等の基礎」「学びに向かう力、人間性等」である。

「知識及び技能の基礎」とは、具体的には、豊かな体験を通じて、子どもが自ら感じたり、気付いたり、分かったり、できるようになったりすること、「思考力、判断力、表現力等の基礎」とは、具体的には、気付いたことや、できるようになったことなどを使い、考えたり、試したり、工夫したり、表現したりすること、「学びに向かう力、人間性等」とは、具体的には、心情、意欲、態度が育つ中で、よりよい生活を営もうとすることである。

これらの資質・能力は、第2章に示すねらい及び内容に基づき、各保育所が子どもの発達の実情や子どもの興味や関心等を踏まえながら展開する保育活動全体によって育むものである。

実際の指導場面においては、「知識及び技能の基礎」「思考力、判断力、表現力等の基礎」「学びに向かう力、人間性等」を個別に取り出して指導するのではなく、遊びを通した総合的な指導の中で一体的に育むよう努めることが重要である。これらの資質・能力はこれまでも保育所で育んできたものではあるが、各保育所においては、実践における子どもの具体的な姿から改めて捉え、保育の充実を図ることが求められている。

小学校以降の教育は、各教科等の目標や内容を、資質・能力の観点から整理して示し、各教科等の指導のねらいを明確にしながら教育活動の充実を図っている。

一方、保育所保育では、遊びを展開する過程において、子どもは心身全体を働かせて活動するため、心身の様々な側面の発達にとって必要な経験が相互に関連し合い積み重ねられていく。つまり、乳幼児期は諸能力が個別に発達していくのではなく、相互に関連し合い、総合的に発達していくのである。

保育所保育において育みたい資質・能力は、こうした保育所保育の特質を踏まえて一体的に育んでいくものである。

（2）幼児期の終わりまでに育ってほしい姿

> **次に示す「幼児期の終わりまでに育ってほしい姿」は、第2章に示すねらい及び内容に基づく保育活動全体を通して資質・能力が育まれている子どもの小学校就学時の具体的な姿であり、保育士等が指導を行う際に考慮するものである。**

「幼児期の終わりまでに育ってほしい姿」は、第2章に示すねらい及び内容に基づいて、各保育所で、乳幼児期にふさわしい生活や遊びを積み重ねることにより、保育所保育において育みたい資質・能力が育まれている子どもの具体的な姿であり、特に卒園を迎える年度の後半に見られるようになる姿である。なお、ここでいう卒園を迎える年度とは、小学校就学の始期に達する直前の年度を指すものである。

保育所の保育士等は、遊びの中で子どもが発達していく姿を、「幼児期の終わりまでに育ってほしい姿」を念頭に置いて捉え、一人一人の発達に必要な体験が得られるような状況をつくったり必要な援助を行ったりするなど、指導を行う際に考慮することが求められる。

実際の指導では、「幼児期の終わりまでに育ってほしい姿」が到達すべき目標ではないことや、個別に取り出されて指導されるものではないことに十分留意する必要がある。もとより、保育所保育は環境を通して行うものであり、とりわけ子どもの自発的な活動としての遊びを通して、一人一人の発達の特性に応じて、これらの姿が育っていくものであり、全ての子どもに同じように見られるものではないことに留意する必要がある。また、「幼児期の終わりまでに育ってほしい姿」は卒園を迎える年度の子どもに突然見られるようになるものではないため、卒園を迎える年度の子どもだけでなく、その前の時期から、子どもが発達していく方向を意識して、それぞれの時期にふさわしい指導を積み重ねていくことに留意する必要がある。

さらに、小学校の教師と「幼児期の終わりまでに育ってほしい姿」を手がかりに子どもの姿を共有するなど、保育所保育と小学校教育の円滑な接続を図ることが大切である。その際、「幼児期の終わりまでに育ってほしい姿」は保育所の保育士等が適切に関わることで、特に保育所の生活の中で見られるようになる子どもの姿であることに留意が必要である。保育所と小学校では子どもの生活や教育の方法が異なっているため、「幼児期の終わりまでに育ってほしい姿」からイメージする子どもの姿にも違いが生じることがあるが、保育士等と小学校教師が話し合いながら、子どもの姿を共有できるようにすることが大切である。**（第2章の4の（2）小学校との連携を参照）**

「幼児期の終わりまでに育ってほしい姿」は、保育所保育を通した子どもの成長を保育所保育関係者以外にも、分かりやすく伝えることにも資するものであり、各保育所での工夫が期待される。

> **ア　健康な心と体**
> **保育所の生活の中で、充実感をもって自分のやりたいことに向かって心と体を十分に働かせ、見通しをもって行動し、自ら健康で安全な生活をつくり出すようになる。**

健康な心と体は、領域「健康」などで示されているように、他者との信頼関係の下で、自分のやりたいことに向かって伸び伸びと取り組む中で育まれていく。なお、健康な心と体は、領域「健康」のみで育まれるのではなく、第2章に示すねらい及び内容に基づく保育活動全体を通して育まれることに留意する必要がある。

子どもは、保育所の生活において、安定感をもって環境に関わり、自己を十分に発揮して遊びや生活を楽しむ中で、体を動かす気持ちよさを感じたり、生活に必要な習慣や態度を身に付けたりしていく。卒園を迎える年度の後半には、こうした積み重ねを通して、充実感をもって自分のやりたいことに向かって、繰り返し挑戦したり諸感覚を働かせ体を思い切り使って活動したりするなど、心と体を十分に働かせ、遊びや生活に見通しをもって自立的に行動し、自ら健康で安全な生活をつくり出す姿が見られるようになる。

この頃の子どもは、保育所の生活の中で、ある程度時間の流れを意識したり、状況の変化を予測したりして、見通しをもって行動するようになる。

例えば、「今日の片付けの時間までに、全部の段ボール箱の色を塗っておけば、明日の遊園地づくりに間に合う」とか、「ここは、小さいクラスの子が通るので、ぶつかると危ないから場所を変えよう」など、遊びの目的に沿って、時間をうまく使ったり、場所を選んだりして、自分たちで遊びを進めていく。時には、夢中になって、あらかじめ決めたことを忘れたりすることもあるが、そのようなことを重ねながら、声をかけ合ったり自分で気を付けたりして見通しをもって行動しようとするようになる。保育所内の様々な場所で遊具等を活用しながら、思い切り体を動かしたり様々な動きを楽しんだりするとともに、必要な時に休息をとるようにもなる。また、衣服の着脱、食事、排泄（せつ）などの生活行動を自分で行うことの必要性や、いつどのように行うかなどが分かり、病気にならないように手洗いやうがいを丁寧にしたり、健康のために大切だと感じて、食べ物などのことにも関心をもちつつ、友達と楽しく食事をしたりするなど、体を大切にする活動を進んで行うようになる。さらに、避難訓練を行う中で、災害などの緊急時の適切な行動が分かり、状況に応じて安全な方法で行動をとろうともする。

保育士等は、保育所の生活の流れ、保育所内の様々な場所や遊具、保育士等や友達など、それぞれが子どもにどのように受け止められ、いかなる意味をもつのかについて捉え、子どもの主体的な活動を促す環境をつくり出すことが必要である。その上で、子どもが自ら体を動かし多様な動きを楽しむことや、よりよい生活のために必要な行動を子どもの必要感に基づいて身に付けていくことなど、発達に即して子どもが必要な体験を得られるよう工夫していくことが求められる。その際、健康で安全な生活のために必要なことを、クラスで話題にして一緒に考えてやってみたり、自分たちでできたことを十分に認めたりするなど、自分たちで生活をつくり出している実感をもてるようにすることが大切である。また、交通安全を含む安全に関する指導については、日常的な指導を積み重ねることによって、自ら行動できるようにしていくことが重要である。

こうした幼児期の経験は、小学校生活において、時間割を含めた生活の流れが分かるようになると、次の活動を考えて準備をしたりするなどの見通しをもって行動したり、安全に気を付けて登下校しようとしたりする姿につながる。また、自ら体を動かして遊ぶ楽しさは、小学校の学習における運動遊びや、休み時間などに他の子どもと一緒に楽しく過ごすことにつながり、様々な活動を十分に楽しんだ経験は、小学校生活の様々な場面において伸び伸びと行動する力を育んでいく。

イ　自立心

身近な環境に主体的に関わり様々な活動を楽しむ中で、しなければならないことを自覚し、自分の力で行うために考えたり、工夫したりしながら、諦めずにやり遂げることで達成感を味わい、自信をもって行動するようになる。

自立心は、領域「人間関係」などで示されているように、保育所の生活において、保育士等との信頼関係を基盤に自己を発揮し、身近な環境に主体的に関わり自分の力で様々な活動に取り組む中で育まれる。なお、自立心は、領域「人間関係」のみで育まれるのではなく、第２章に示すねらい及び内容に基づく保育活動全体を通して育まれることに留意する必要がある。

子どもは、身近な環境に主体的に関わり様々な活動を楽しむ中で、信頼する保育士等に支えられながら、物事を最後まで行う体験を重ね、自分の力でやろうとする気持ちをもったり、やり遂げた満足感を味わったりするようになる。卒園を迎える年度の後半には、遊びや生活の中で様々なことに挑戦し、失敗も繰り返す中で、自分でしなければならないことを自覚するようになる。保育士等や友達の力を借りたり励まされたりしながら、難しいことでも自分の力でやってみようとして、考えたり、工夫したりしながら、諦めずにやり遂げる体験を通して達成感を味わい、自信をもって行動するようになる。

例えば、生き物の世話などの当番の日は、片付けを早めに済ませて当番活動をするなど、自分がしなければならないことを自覚して行動するようになる。また、「自分もこまをうまく回したい」と思うと、始めはうまくいかなくても諦めずに繰り返し挑戦するようになる。その過程では、友達がこまにヒモを巻く様子を見たりうまく回すやり方を聞いたりして、考え工夫して何度も取り組んだり、保育士等や友達からの応援や頑張りを認められることを支えにしたりして、できるまで続けることにより達成感を味わう。子どもはそこで得た自信を基に、大きな板で坂道を作って回しながら滑らせたりするなど、更に自分で課題を設定しもっと難しいことに挑戦していく。こうしたことを保育士等や友達から認められることで意欲をもち、自信を確かなものにしていく。なお、こうした姿は卒園を迎える年度の後半に急に現れるものではなく、いろいろな遊びから自分がやりたいことを自分で選んで行動し、少し難しいと思うこともやってできた満足感を味わうなどの体験の積み重ねの中で育まれることに留意する必要がある。

保育士等には、子ども一人一人が、自分で活動を選びながら保育所の生活を主体的に送ることができるように、その日に必要なことなどをどの子どもも分かりやすいように視覚的に提示するなどの工夫が必要である。その際、子どもが自分で考えて行動できるよう、ゆとりをもった保育所の生活の流れに配慮するとともに、子ども一人一人の発達の実情に応じて、その日の流れを意識できるように個別に援助していくことも必要である。また、卒園を迎える年度の後半には、友達から認められることで更に自信をもつようになることを踏まえ、一人一人の子どものよさが友達に伝わるように認めたり、クラス全体の中で認め合える機会をつくったりするなどの工夫が重要になる。

幼児期に育まれた自立心は、小学校生活において、自分でできることは自分でしようと積極的に取り組む姿や、生活や学習での課題を自分のこととして受け止めて意欲的に取り組む姿、自分なりに考えて意見を言ったり、分からないことや難しいことは、教師や友達に聞きながら粘り強く取り組んだりする姿など、日々の生活が楽しく充実することにつながっていく。

ウ　協同性

友達と関わる中で、互いの思いや考えなどを共有し、共通の目的の実現に向けて、考えたり、工夫したり、協力したりし、充実感をもってやり遂げるようになる。

協同性は、領域「人間関係」などで示されているように、保育士等との信頼関係を基盤に他の子どもとの関わりを深め、思いを伝え合ったり試行錯誤したりしながら一緒に活動を展開する楽しさや、共通の目的が実現する喜びを味わう中で育まれていく。なお、協同性は、領域「人間関係」のみで育まれるのではなく、第２章に示すねらい及び内容に基づく保育活動全体を通して育まれることに留意する必要がある。

子どもは、友達と関わる中で、様々な出来事を通して、嬉しい、悔しい、悲しい、楽しいなどの多様な感情体験を味わい、友達との関わりを深めていく。その中で互いの思いや考えなどを共有し、次第に共通の目的をもつようになる。卒園を迎える年度の後半には、その目的の実現に向けて、考えたことを相手に分かるように伝えながら、工夫したり、協力したりし、充実感をもって子ども同士でやり遂げるようになる。

例えば、卒園が間近になり、子どもから年下の子どもやお世話になった人を招いて楽しい会をしたいという意見が出されると、クラスの皆で活動するよい機会なので保育士等も積極的に参加して、どんな会にするか皆で相談したりする。子どもは、それまでの誕生会などの体験を思い出しながら、いつどこで何をしようか、来てくれた人が喜んでくれるために飾り付けやお土産はどうするか、会のお知らせをどうするか、会の進行はどう分担するかなど、必要なことを保育士等や友達と話し合い、互いの得意なことを生かすなど工夫して楽しみながら進め、やり遂げた充実感を味わうことができるだろう。
協同性が育まれるためには、単に他の子どもと一緒に活動できることを優先するのではない。他の子どもと一緒に活動する中で、それぞれの持ち味が発揮され、互いのよさを認め合う関係ができてくることが大切である。保育士等は、子どもたちの願いや考えを受け止め、共通の目的の実現のために必要なことや、困難が生じそうな状況などを想定しつつ、子ども同士で試行錯誤しながらも一緒に実現に向かおうとする過程を丁寧に捉え、一人一人の自己発揮や友達との関わりの状況に応じて、適時に援助することが求められる。相手を意識しながら活動していても、実際にはうまくいかない場面において、子どもは、援助する保育士等の姿勢や言葉がけなどを通して、相手のよさに気付いたり、協同して活動することの大切さを学んだりしていく。
幼児期に育まれた協同性は、小学校における学級での集団生活の中で、目的に向かって自分の力を発揮しながら友達と協力し、様々な意見を交わす中で新しい考えを生み出しながら工夫して取り組んだりするなど、教師や友達と協力して生活したり学び合ったりする姿につながっていく。

エ　道徳性・規範意識の芽生え

友達と様々な体験を重ねる中で、してよいことや悪いことが分かり、自分の行動を振り返ったり、友達の気持ちに共感したりし、相手の立場に立って行動するようになる。また、きまりを守る必要性が分かり、自分の気持ちを調整し、友達と折り合いを付けながら、きまりをつくったり、守ったりするようになる。

道徳性・規範意識の芽生えは、領域「人間関係」などで示されているように、保育所の生活における他の子どもとの関わりにおいて、自分の感情や意志を表現しながら、時には自己主張のぶつかり合いによる葛藤などを通して互いに理解し合う体験を重ねる中で育まれていく。なお、道徳性・規範意識の芽生えは、領域「人間関係」のみで育まれるのではなく、第２章に示すねらい及び内容に基づく保育活動全体を通して育まれることに留意する必要がある。
子どもは、他の子どもと様々な体験を重ねる中で、してよいことや悪いことがあることを分かり、考えながら行動するようになっていく。卒園を迎える年度の後半には、いざこざなどうまくいかないことを乗り越える体験を重ねることを通して人間関係が深まり、友達や周囲の人の気持ちに触れて、相手の気持ちに共感したり、相手の視点から自分の行動を振り返ったりして、考えながら行動する姿が見られるようになる。また、友達と様々な体験を重ねることを通して人間関係が深まる中で、きまりを守る必要性が分かり、友達と一緒に心地よく生活したり、より遊びを楽しくしたりするために、自分の気持ちを調整し、友達と折り合いを付けながら、きまりをつくったり、守ったりするようにもなる。
この頃の子どもは、遊びの中で起きるいざこざなどの場面において、友達の気持ちに共感したり、より楽しく遊べるように提案したりなどして、自分たちで解決したり遊びを継続したりするようになる。
例えば、大勢でルールのある遊びを楽しんでいる中で、ルールを守っていても負け続けることに不満を感じた子どもが、気持ちが高じて相手をたたいたことからけんかになり、ゲームが中断する。参加している子どもが集まってきて、それぞれの言い分を聞いている。「負けてばっかりだと嫌だよね」「だけど、たたいたらだめだよ。今のは痛かったと思うよ。」「そっちのチームに強い人が多いから、負けてばっかりだと思う」「じゃあ、３回やったらチームを変えるのはどう」などと、それぞれの子どもが自分の体験を基に、友達の気持ちに共感したり、状況を解決するために提案したりすることにより続ける遊びは、今までよりも楽しくなっていく。その過程では、自分の行動が正しいと思っていても、話し合いの中で友達の納得できない思いを受け止めたり、友達に気持ちを受け止めてもらったことで、自分の行動を振り返って相手に謝ったり、気持ちを切り替えたりするなどの姿が見られる。このような出来事を交えながら更に遊び込む中で、より面白くなるようにルールをつくり替えたり、年下の子どもが加われば、仲間として一緒に楽しめるように特例をつくったりするようになる。
保育士等はそれまでの子どもの経験を念頭に置き、相手の気持ちを分かろうとしたり、遊びや生活をよりよくしていこうとしたりする姿を丁寧に捉え、認め、励まし、その状況などをクラスの子どもにも伝えていくことが大切である。同時に子どもが自分の言動を振り返り納得して折り合いを付けられるように、問いかけたり共に考えたりし、子どもが自分たちで思いを伝え合おうとする姿を十分に認め、支えていく援助も必要である。遊びや生活の中で、子ども同士の気持ちのぶつかり合いや楽しく遊びたいのにうまくいかないといった思いが生じた場面をとらえて適切な援助を行うことが、子どもの道徳性・規範意識の芽生えを育んでいくのである。
こうした幼児期の経験は、小学校生活において、初めて出会う人の中で、幼児期の経験を土台にして、相手の気持ちを考えたり、自分の振る舞いを振り返ったりなどしながら、気持ちや行動を自律的に調整し、学校生活を楽しくしていこうとする姿へとつながっていく。

オ　社会生活との関わり

家族を大切にしようとする気持ちをもつとともに、地域の身近な人と触れ合う中で、人との様々な関わり方に気付き、相手の気持ちを考えて関わり、自分が役に立つ喜びを感じ、地域に親しみをもつようになる。また、保育所内外の様々な環境に関わる中で、遊びや生活に必要な情報を取り入れ、情報に基づき判断したり、情報を伝え合ったり、活用したりするなど、情報を役立てながら活動するようになるとともに、公共の施設を大切に利用するなどして、社会とのつながりなどを意識するようになる。

幼児期の社会生活との関わりは、領域「人間関係」などで示されているように、保育所の生活において保護者や周囲の人々に温かく見守られているという安定感や、保育士等との信頼関係を基盤に、クラスの子どもとの関わりから保育所全体へ、更に地域の人々や出来事との関わりへと、次第に広がりをもっていく。なお、社会生活との関わりは、領域「人間関係」のみで育まれるのではなく、第２章に示すねらい及び内容に基づく保育活動全体を通して育まれることに留意する必要がある。
子どもは、初めての集団生活の場である保育所の生活を通して、保育士等との信頼関係を基盤としながら保育所内の子どもや職員、他の子どもの保護者などいろいろな人と親しみをもって関わるようになる。その中で、家族を大切にしようとする気持ちをもつとともに、小学生や中学生、高齢者や働く人々など地域の身近な人と触れ合う体験を重ねていく。卒園を迎える年度の後半になると、こうした体験を重ねる中で人との様々な関わり方に気付き、相手の気持ちを考えて関わり、自分が役に立つ喜びを感じ、地域に親しみをもつようになる。
例えば、保育所に小学生や地域の人々を招いて一緒に活動する中で、相手に応じた言葉や振る舞いなどを感じ、考えながら行動しようとする。また、地域の商店に買い物に出かけたり、保育所の周りを掃除したりするなどの機会を通して、地域の人と会話をしたり、「大きくなったね」とか「ありがとう」などの言葉をかけてもらったりすることで、子どもは自分が見守られている安心感や役に立つ喜びを感じたり、地域に対する親しみをもったりする。

保育士等は、子どもが相手や状況に応じて考えて行動しようとする姿などを捉え、認めたり、クラスの話題にして共有したりするとともに、そこでの体験が、保育所内において年下の子どもや保育所に在籍していない地域の子ども、保護者などとの関わりにもつながっていくことを念頭に置き、子どもの姿を細やかに捉えていくことが必要である。

また、卒園を迎える年度の後半には、好奇心や探究心が一層高まり、関心のあることについて、より詳しく知りたいと思ったり、より本物らしくしたいと考えて遊びの中で工夫したりする中で、身近にあるものから必要な情報を取り入れる姿が見られるようになる。

例えば、地域の祭りなどに家族で参加し、それを保育所で再現して遊ぶことがある。その過程で、クラスの子どもとそれぞれが体験したことや知っていることを伝え合ったり、その祭りに関係する事物の写真を見て、自分たちで作りたいものを決めたり、より本物らしく工夫する際に活用したりする。時には実際に見せてもらったり、地域の人から話を聞いたりすることもある。そうしたことを通して、子どもは、自分だけでは気付かなかったことを知ることで遊びがより楽しくなることや、情報を伝え合うことのよさを実感していく。また、地域の公共の施設などを訪れることで、その場所や状況に応じた行動をとりながら大切に利用することなどを通して、社会とのつながりなどを意識するようにもなっていく。

保育士等は子どもの関心に応じて、絵本や図鑑や写真、新聞やインターネットで検索した情報、地域の掲示板から得られた情報などを、遊びに取り入れやすいように見やすく保育室に設定するなどの工夫をし、子どもの情報との出会いをつくっていく。その際、家族から聞いたり自分で見付けたりするなど子どもなりに調べたことを加えたり、遊びの経過やそこで発見したことなどを、子どもが関わりながら掲示する機会をもったりすることも考えられる。時には保育士等がモデルとなり、情報を集める方法や集めた情報の活用の仕方、そのことを周囲に伝える方法などがあることに気付かせ、子どもが楽しみながら体験できるようにすることが大切である。

こうした幼児期の身近な社会生活との関わりは、小学校生活において、相手の状況や気持ちを考えながらいろいろな人と関わることを楽しんだり、関心のあることについての情報に気付いて積極的に取り入れたりする姿につながる。また、地域の行事や様々な文化に触れることを楽しんで興味や関心を深めることは、地域への親しみや地域の中での学びの場を広げていくことにつながっていく。

> **カ　思考力の芽生え**
> 身近な事象に積極的に関わる中で、物の性質や仕組みなどを感じ取ったり、気付いたりし、考えたり、予想したり、工夫したりするなど、多様な関わりを楽しむようになる。また、友達の様々な考えに触れる中で、自分と異なる考えがあることに気付き、自ら判断したり、考え直したりするなど、新しい考えを生み出す喜びを味わいながら、自分の考えをよりよいものにするようになる。

思考力の芽生えは、領域「環境」などで示されているように、周囲の環境に好奇心をもって積極的に関わりながら、新たな発見をしたり、もっと面白くなる方法を考えたりする中で育まれていく。なお、思考力の芽生えは、領域「環境」のみで育まれるのではなく、第２章に示すねらい及び内容に基づく保育活動全体を通して育まれることに留意する必要がある。

子どもは、身近な事象に積極的に関わる中で、物の性質や仕組みなどを感じ取ったり、気付いたりするようになる。卒園を迎える年度の後半になると、遊びや生活の中で、物の性質や仕組みなどを生かして、考えたり、予想したり、工夫したりするなど、身近な環境との多様な関わりを楽しむようになる。また、友達の様々な考えに触れる中で、自分と異なる考えがあることに気付き、自ら判断したり、考え直したりするなど、新しい考えを生み出す喜びを味わいながら、自分の考えをよりよいものにしようとする姿が見られるようにもなる。

例えば、数人の子どもたちが友達と砂場でゆるやかなＶ字型に樋（とい）をつなげて遊んでいる時に、片方の樋（とい）の端からバケツで水を流すと、水がもう一方の樋（とい）の方に上って流れ込むことを発見する。いつもと違う水の流れ方に興味をもち、空のペットボトルをロケットに見立てて手前の樋（とい）に置き、水を流して反対側の樋（とい）から飛び出させるという遊びに発展する。なかなかうまくいかないが、「もっとたくさん水がいるんじゃない」「ああ、今度は強すぎだ」「じゃあ、少しずつ流してみる」などと友達と考えを出し合い、水の量や流す勢いを変えながら、繰り返し試す。しばらく試した後、バケツ一杯に汲んだ水を、始めはゆっくりと流し出し、半分ほど流したところで、勢いをつけて一気に全部流すとうまくいくことを発見する。ペットボトルは水の勢いに合わせて、始めはゆっくりと手前の樋（とい）から流れ出し、最後は勢いよく反対側の樋（とい）の先端から飛び出す。子どもたちは「やったあ」「大成功」と言って喜び合い、遊びが続いていく。

保育士等は、子どもが不思議さや面白さを感じ、こうしてみたいという願いをもつことにより、新しい考えが生み出され、遊びが広がっていくことを踏まえる必要がある。このため、保育士等には、環境の中にあるそれぞれの物の特性を生かしつつ、その環境から子どもの好奇心や探究心を引き出すことができるような状況をつくるとともに、それぞれの子どもの考えを受け止め、そのことを言葉にして子どもたちに伝えながら、更なる考えを引き出していくことが求められる。また、子どもが他の子どもとの意見や考えの違いに気付き、物事をいろいろな面から考えられるようにすることやそのよさを感じられるようにしていくことが大切である。

幼児期の思考力の芽生えは、小学校生活で出会う新しい環境や教科等の学習に興味や関心をもって主体的に関わることにつながる。また、探究心をもって考えたり試したりする経験は、主体的に問題を解決する態度へとつながっていく。

> **キ　自然との関わり・生命尊重**
> 自然に触れて感動する体験を通して、自然の変化などを感じ取り、好奇心や探究心をもって考え言葉などで表現しながら、身近な事象への関心が高まるとともに、自然への愛情や畏敬の念をもつようになる。また、身近な動植物に心を動かされる中で、生命の不思議さや尊さに気付き、身近な動植物への接し方を考え、命あるものとしていたわり、大切にする気持ちをもって関わるようになる。

幼児期の自然との関わり・生命尊重は、領域「環境」などで示されているように、保育所の生活において、身近な自然と触れ合う体験を重ねながら、自然への気付きや動植物に対する親しみを深める中で育まれていく。なお、自然との関わり・生命尊重は、領域「環境」のみで育まれるのではなく、第２章に示すねらい及び内容に基づく保育活動全体を通して育まれることに留意する必要がある。
子どもは、保育所内外の身近な自然の美しさや不思議さに触れて感動する体験を通して、自然の変化などを感じ取り、関心をもつようになる。卒園を迎える年度の後半には、好奇心や探究心をもって考えたことをその子どもなりの言葉などで素直に表現しながら、身近な事象への関心を高めていく。子どもが身近な自然や偶然出会った自然の変化を遊びに取り入れたり、皆で集まった時に保育士等がそれらについて話題として取り上げ、継続して関心をもって見たりすることなどを通して、新たな気付きが生まれ、更に関心が高まり、次第に自然への愛情や畏敬の念をもつようになっていく。この頃の子どもは、身近な自然事象などに一層好奇心や探究心をもって関わり、気付いたことや考えたことを言葉などで表現しながら、更なる関心をもって自然に触れて遊ぶようになる。
例えば、冬に容器に入れた水が凍り、誰が一番厚い氷ができたかを比べる中で、なぜある場所に置くと厚い氷ができるのだろうかと疑問が生まれる。子どもは実際にそれぞれの場所に行き、「こっちの方が寒いよ。だからたくさん凍るんだ。」「こっちはお日様が当たるから凍らないんじゃない」「いろんな場所に入れ物を置いて、調べてみよう」「水に葉っぱを入れておいたらどうなるかな」などと、それぞれの子どもがいろいろな考えを言葉で表現しながら、予想を立てたり確かめたりして考えを深め、身近な自然に多様に関わっていく。
また、子どもは、身近な動植物に愛着をもって関わる中で、生まれてくる命を目の当たりにして感動したり、時には死に接したりし、生命の不思議さや尊さに気付き、大切にする気持ちをもって関わるようにもなる。卒園を迎える年度の後半になると、動植物との関わりを積み重ねる中で、ただかわいがるだけではなく、命あるものとして大切に扱おうとする姿も見られるようになっていく。
例えば、クラスで飼育しているウサギの世話をしている時、ケージを掃除している間に年下の子どもにウサギを抱かせてあげている。掃除が終わると「あったかいでしょう」「ギュッとすると苦しいから、優しくね」「ずっと抱っこしてるとウサギが疲れちゃうから、そろそろお家に帰してあげようね」などと、日頃のウサギとの関わりから感じていることを、年下の子どもに伝える姿が見られる。
保育士等は、保育所内外の自然の状況を把握して積極的に取り入れるなど、子どもの体験を豊かにする環境をつくり出し、子どもが好奇心や探究心をもって見たり触れたりする姿を見守ることが大切である。時には、子どもの体験していることや気付いたことを保育士等が言葉にして伝えることによって、子どもがそのことを自覚できるようにしたりしながら、それぞれが考えたことを言葉などで表現し、更に自然との関わりが深まるようにすることが大切である。
また、保育士等は、飼育や栽培を通して単に世話をすることを教えるだけでなく、動植物への親しみや愛着といった子どもの心の動きを見つめ、時には関わり方の失敗や間違いを乗り越えながら、命あるものをいたわり大切にする気持ちをより育むように援助することが重要である。身近な動植物との関わりの中での様々な出来事に対して、それぞれの生き物に適した関わり方ができるよう、子どもと一緒に調べたり、子どもたちの考えを実際にやってみたり、そこで分かったことや適切な関わり方を、クラスの友達に伝えたりする機会をつくることも大切である。
こうした幼児期の経験は、小学校の生活や学習において、自然の事物や現象について関心をもち、その理解を確かなものにしていく基盤となる。さらに、実感を伴って生命の大切さを知ることは、生命あるものを大切にし、生きることの素晴らしさについて考えを深めることにつながっていく。

ク　数量や図形、標識や文字などへの関心・感覚
遊びや生活の中で、数量や図形、標識や文字などに親しむ体験を重ねたり、標識や文字の役割に気付いたりし、自らの必要感に基づきこれらを活用し、興味や関心、感覚をもつようになる。

子どもの数量や図形、標識や文字などへの関心・感覚は、領域「環境」などで示されているように、日常生活の中で、数量や文字などに接しながらその役割に気付き、親しむ体験を通じて育まれていく。なお、数量や図形、標識や文字などへの関心・感覚は、領域「環境」のみで育まれるのではなく、第２章に示すねらい及び内容に基づく保育活動全体を通して育まれることに留意する必要がある。
子どもは遊びや生活の中で、身近にある数字や文字に興味や関心をもったり、物を数えることを楽しんだりする場面が見られるなど、保育士等や友達と一緒に数量や図形、標識や文字などに触れ、親しむ体験を重ねていく。卒園を迎える年度の後半になると、それまでの体験を基に、自分たちの遊びや生活の中で必要感をもって、多い少ないを比べるために物を数えたり、長さや広さなどの量を比べたり、様々な形を組み合わせて遊んだりすることなどを通して、数量や図形への興味や関心を深め、感覚が磨かれていく。また、遊びや生活の中で関係の深い標識や文字などに関心をもちながらその役割に気付いたり使ってみたりすることで、興味や関心を深め、感覚が磨かれていく。
例えば、二手に分かれて行う鬼遊びを繰り返し楽しむ中で、チームの人数や陣地の広さを同じにする必要性に気付き、自分たちで人数を数えて調整したり、陣地を歩測して確かめたりする。また、遊びに必要なものを作る際に、空き箱や紙などの形や大きさ、長さなどを大まかに捉え、自分のイメージに合わせて選び、図形の特徴を生かして様々に組み合わせながら考えた通りに作り上げていく。
また、保育所内の各部屋などの入り口にあるマークと文字を併せて見ながら標識がもつ機能を理解して、自分たちのクラスの標識や物を片付ける場所などの標識を工夫して作ったり、その過程で同じ形の文字を発見することを楽しんだりする。さらに、文字には人に思いなどを伝える役割があることに気付き、友達に「あしたもあそぼうね」と手紙を書きながら友達とのつながりを感じたりもする。
保育士等は、子どもが関心をもったことに存分に取り組めるような生活を展開する中で、一人一人の数量や図形、標識や文字などとの出会いや関心のもちようを把握し、それぞれの場面での子どもの姿を捉え、その活動の広がりや深まりに応じて数量や文字などに親しめるよう、工夫しながら環境を整えることが大切である。その際、一人一人の発達の実情などに即して、関心がもてるように丁寧に援助するとともに、幼児期には、数量や文字などについて、単に正確な知識を獲得することを目的にするのではないことに十分留意する必要がある。
こうした幼児期の数量や図形、標識や文字などへの関心や感覚は、小学校の学習に関心をもって取り組み、実感を伴った理解につながるとともに、学んだことを日常生活の中で活用する態度にもなるものである。

ケ　言葉による伝え合い
保育士等や友達と心を通わせる中で、絵本や物語などに親しみながら、豊かな言葉や表現を身に付け、経験

したことや考えたことなどを言葉で伝えたり、相手の話を注意して聞いたりし、言葉による伝え合いを楽しむようになる。

言葉による伝え合いは、領域「言葉」などで示されているように、身近な親しい人との関わりや、絵本や物語に親しむ中で、様々な言葉や表現を身に付け、自分が経験したことや考えたことなどを言葉で表現し、相手の話に興味をもって聞くことなどを通して、育まれていく。なお、言葉による伝え合いは、領域「言葉」のみで育まれるのではなく、第２章に示すねらい及び内容に基づく保育活動全体を通して育まれることに留意する必要がある。

子どもは保育士等や友達と心を通わせる中で、絵本や物語などに親しみながら、豊かな言葉や表現を身に付けていく。また、自分の気持ちや思いを伝え、保育士等や友達が話を聞いてくれる中で、言葉のやり取りの楽しさを感じ、そのやり取りを通して相手の話を聞いて理解したり、共感したりするようになっていく。このような体験を繰り返す中で、自分の話や思いが相手に伝わり、相手の話や思いが分かる楽しさや喜びを感じ、次第に伝え合うことができるようになっていく。卒園を迎える年度の後半になると、伝える相手や状況に応じて、言葉の使い方や表現の仕方を変えるなど、経験したことや考えたことなどを相手に分かるように工夫しながら言葉で伝えたり、相手の話を注意して聞いて理解したりし、言葉による伝え合いを楽しむようになる。

例えば、保育士等が読み聞かせをした絵本の中に「こもれび」という言葉がある。遠足に行った時、皆で木立の間を散策していると、数名の子どもが木の下から空を見上げ、「わあ、きれい」「キラキラしてる」「まぶしいね」「目がチカチカする」などと話している。すると、一人の子どもが思い出したように「これ、こもれびだ」と言う。「ああ、こもれびね」「こもれびって、キラキラしてるね」と見上げながら会話が続く。近くに来た友達にも、「見て、こもれびだよ」と伝えて一緒に見る。地面に映ったこもれびを見付けると、「下もきれいだよ」「ほんとうだ」「あっちにもあるよ」などと気付いたことを伝え合いながら、散策が続いていく。

言葉による伝え合いを子どもが楽しむようになるためには、保育士等や友達と気軽に言葉を交わすことができる雰囲気や関係の中で、伝えたくなるような体験をすることや、遊びを一緒に進めるために相手の気持ちや行動を理解したいなどの必要性を感じることが大切である。

保育士等は、子どもの状況に応じて、言葉を付け加えるなどして、子ども同士の話が伝わり合うように援助をする必要がある。また、絵本や物語の世界に浸り込むことで、豊かな言葉や表現に触れられるようにしたり、保育士等自身が豊かな表現を伝えるモデルとしての役割を果たすことで、様々な言葉に出会う機会をつくったりするなどの配慮をすることが必要である。

こうした幼児期の言葉による伝え合いは、小学校の生活や学習において、学級の友達と互いの思いや考えを伝え、受け止めたり、認め合ったりしながら一緒に活動する姿や、自分の伝えたい目的や相手の状況などに応じて言葉を選んで伝えようとする姿などにつながっていく。特に、戸惑いが多い入学時に自分の思いや考えを言葉に表せることは、初めて出会う教師や友達と新たな人間関係を築く上でも大きな助けとなる。

コ　豊かな感性と表現

心を動かす出来事などに触れ感性を働かせる中で、様々な素材の特徴や表現の仕方などに気付き、感じたことや考えたことを自分で表現したり、友達同士で表現する過程を楽しんだりし、表現する喜びを味わい、意欲をもつようになる。

幼児期の豊かな感性と表現は、領域「表現」などで示されているように、保育所の生活の様々な場面で美しいものや心を動かす出来事に触れてイメージを豊かにし、表現に関わる経験を積み重ねたり、楽しさを味わったりしながら、育まれていく。なお、豊かな感性と表現は、領域「表現」のみで育まれるのではなく、第２章に示すねらい及び内容に基づく保育活動全体を通して育まれることに留意する必要がある。

子どもは、生活の中で心を動かす出来事に触れ、みずみずしい感性を基に、思いを巡らせ、様々な表現を楽しむようになる。子どもの素朴な表現は、自分の気持ちがそのまま声や表情、身体の動きになって表れることがある。また、保育士等や他の子どもに受け止められることを通して、動きや音などで表現したり、演じて遊んだりしながら、自分なりに表現することの喜びを味わう。卒園を迎える年度の後半になると、このような体験を基に、身近にある様々な素材の特徴や表現の仕方などに気付き、感じたことや考えたことを必要なものを選んで自分で表現したり、友達と工夫して創造的な活動を繰り返したり、友達同士で表現する過程を楽しんだりして、意欲をもつようになる。

この頃の子どもは、共通の目的に向けて、友達と一緒にそれまでの経験を生かしながら考えを出し合い、工夫して表現することを一層楽しむようになる。

例えば、グループで劇をつくる場面では、役に応じて話し方や動き方を工夫する、必要な衣装や道具を身近な素材や用具などを使って作り上げる、効果音を考えるなど、表現すること自体を楽しむとともに、友達と一緒に工夫することで、新たな考えを生み出すなど、より多様に表現できるようになっていく過程を楽しむようになる。

保育士等は、一人一人の子どもが様々に表現する楽しさを大切にするとともに、多様な素材や用具に触れながらイメージやアイデアが生まれるように、環境を整えていく。また、子ども同士で表現を工夫しながら進める姿や、それぞれの表現を友達と認め合い、取り入れたり新たな表現を考えたりすることを楽しむ姿を十分に認め、更なる意欲につなげていくことも大切である。

こうした幼児期の経験は、小学校の学習において感性を働かせ、表現することを楽しむ姿につながる。これらは、音楽や造形、身体等による表現の基礎となるだけでなく、自分の気持ちや考えを一番適切に表現する方法を選ぶなど、小学校以降の学習全般の素地になる。また、臆することなく自信をもって表現することは、教科等の学習だけではなく、小学校生活を意欲的に進める基盤ともなっていく。

保育所保育指針の適用に際しての留意事項について（通知）

2018（平成 30）年３月 30 日子保発 0330 第２号
厚生労働省子ども家庭局保育課長

平成 30 年４月１日より保育所保育指針（平成 29 年厚生労働省告示第 117 号。以下「保育所保育指針」という。）が適用されるが、その適用に際しての留意事項は、下記のとおりであるため、十分御了知の上、貴管内の市区町村、保育関係者等に対して遅滞なく周知し、その運用に遺漏のないよう御配慮願いたい。

なお、本通知は、地方自治法（昭和 22 年法律第 67 号）第 245 条の４第１項の規定に基づく技術的助言である。

また、本通知をもって、「保育所保育指針の施行に際しての留意事項について」（平成 20 年３月 28 日付け雇児保発第 0328001 号厚生労働省雇用均等・児童家庭局保育課長通知）を廃止する。

記

1．保育所保育指針の適用について

(1)　保育所保育指針の保育現場等への周知について

平成30年4月1日より保育所保育指針が適用されるに当たり、その趣旨及び内容が、自治体の職員、保育所、家庭的保育事業者等及び認可外保育施設の保育関係者、指定保育士養成施設の関係者、子育て中の保護者等に十分理解され、保育現場における保育の実践、保育士養成課程の教授内容等に十分反映されるよう、改めて周知を図られたい。

なお、周知に当たっては、保育所保育指針の内容の解説、保育を行う上での留意点等を記載した「保育所保育指針解説」を厚生労働省のホームページに公開しているので、当該解説を活用されたい。

○保育所保育指針解説
http://www.mhlw.go.jp/file/06-Seisakujouhou-11900000-Koyoukintoujidoukateikyoku/kaisetu.pdf

(2)　保育所保育指針に関する指導監査について

「児童福祉行政指導監査の実施について」（平成12年4月25日付け児発第471号厚生省児童家庭局長通知）に基づき、保育所保育指針に関する保育所の指導監査を実施する際には、以下①から③までの内容に留意されたい。

①保育所保育指針において、具体的に義務や努力義務が課せられている事項を中心に実施すること。

②他の事項に関する指導監査とは異なり、保育の内容及び運営体制について、各保育所の創意工夫や取組を尊重しつつ、取組の結果のみではなく、取組の過程（※1）に着目して実施すること。

（※1．保育所保育指針第1章の3(1)から(5)までに示す、全体的な計画の作成、指導計画の作成、指導計画の展開、保育の内容等の評価及び評価を踏まえた計画の改善等）

③保育所保育指針の参考資料として取りまとめた「保育所保育指針解説」のみを根拠とした指導等を行うことのないよう留意すること。

2．小学校との連携について

保育所においては、保育所保育指針に示すとおり、保育士等が、自らの保育実践の過程を振り返り、子どもの心の育ち、意欲等について理解を深め、専門性の向上及び保育実践の改善に努めることが求められる。また、その内容が小学校（義務教育学校の前期課程及び特別支援学校の小学部を含む。以下同じ。）に適切に引き継がれ、保育所保育において育まれた資質・能力を踏まえて小学校教育が円滑に行われるよう、保育所と小学校との間で「幼児期の終わりまでに育ってほしい姿」を共有するなど、小学校との連携を図ることが重要である。

このような認識の下、保育所と小学校との連携を確保するという観点から、保育所から小学校に子どもの育ちを支えるための資料として、従前より保育所児童保育要録が送付されるよう求めているが、保育所保育指針第2章の4(2)「小学校との連携」に示す内容を踏まえ、今般、保育所児童保育要録について、

・養護及び教育が一体的に行われるという保育所保育の特性を踏まえた記載事項
・「幼児期の終わりまでに育ってほしい姿」の活用、特別な配慮を要する子どもに関する記載内容等の取扱い上の注意事項

等について見直し（※2）を行った。見直し後の保育所児童保育要録の取扱い等については、以下(1)及び(2)に示すとおりであるので留意されたい。

（※2．見直しの趣旨等については、別添2「保育所児童保育要録の見直し等について（検討の整理）（2018（平成30）年2月7日保育所児童保育要録の見直し検討会）」参照）

(1)　保育所児童保育要録の取扱いについて

ア　記載事項

保育所児童保育要録には、別添1「保育所児童保育要録に記載する事項」に示す事項を記載すること。

なお、各市区町村においては、地域の実情等を踏まえ、別紙資料を参考として様式を作成し、管内の保育所に配布すること。

イ　実施時期

本通知を踏まえた保育所児童保育要録の作成は、平成30年度から実施すること。なお、平成30年度の保育所児童保育要録の様式を既に用意している場合には、必ずしも新たな様式により保育所児童保育要録を作成する必要はないこと。

ウ　取扱い上の注意

(ア)　保育所児童保育要録の作成、送付及び保存については、以下①から③までの取扱いに留意すること。また、各市区町村においては、保育所児童保育要録が小学校に送付されることについて市区町村教育委員会にあらかじめ周知を行うなど、市区町村教育委員会との連携を図ること。

①　保育所児童保育要録は、最終年度の子どもについて作成すること。作成に当たっては、施設長の責任の下、担当の保育士が記載すること。

②　子どもの就学に際して、作成した保育所児童保育要録の抄本又は写しを就学先の小学校の校長に送付すること。

③　保育所においては、作成した保育所児童保育要録の原本等について、その子どもが小学校を卒業するまでの間保存することが望ましいこと。

(イ)　保育所児童保育要録の作成に当たっては、保護者との信頼関係を基盤として、保護者の思いを踏まえつつ記載するとともに、その送付について、入所時や懇談会等を通して、保護者に周知しておくことが望ましいこと。その際には、個人情報保護及び情報開示の在り方に留意すること。

(ウ)　障害や発達上の課題があるなど特別な配慮を要する子どもについて「保育の過程と子どもの育ちに関する事項」及び「最終年度に至るまでの育ちに関する事項」を記載する際には、診断名及び障害の特性のみではなく、その子どもが育ってきた過程について、その子どもの抱える生活上の課題、人との関わりにおける困難等に応じて行われてきた保育における工夫及び配慮を考慮した上で記載すること。

なお、地域の身近な場所で一貫して効果的に支援する体制を構築する観点から、保育所、児童発達支援センター等の関係機関で行われてきた支援が就学以降も継続するように、保護者の意向及び個人情報の取扱いに留意しながら、必要に応じて、保育所における支援の情報を小学校と共有することが考えられること。

(エ)　配偶者からの暴力の被害者と同居する子どもについては、保育児童保育要録の記述を通じて就学先の小学校名や所在地等の情報が配偶者（加害者）に伝わることが懸念される場合がある。このような特別の事情がある場合には、「配偶者からの暴力の被害者の子どもの就学について（通知）」（平成21年7月13日付け21生参学第7号文部科学省生涯学習政策局男女共同参画学習課長・文部科学省初等中等教育局初等中等教育企画課長連名通

知）を参考に、関係機関等との連携を図りながら、適切に情報を取り扱うこと。

(オ) 保育士等の専門性の向上や負担感の軽減を図る観点から、情報の適切な管理を図りつつ、情報通信技術の活用により保育所児童保育要録に係る事務の改善を検討することも重要であること。なお、保育所児童保育要録について、情報通信技術を活用して書面の作成、送付及び保存を行うことは、現行の制度上も可能であること。

(カ) 保育所児童保育要録は、児童の氏名、生年月日等の個人情報を含むものであるため、個人情報の保護に関する法律（平成15年法律第57号）等を踏まえて適切に個人情報を取り扱うこと。なお、個人情報の保護に関する法令上の取扱いは以下の①及び②のとおりである。

① 公立の保育所については、各市区町村が定める個人情報保護条例に準じた取扱いとすること。

② 私立の保育所については、個人情報の保護に関する法律第2条第5項に規定する個人情報取扱事業者に該当し、原則として個人情報を第三者に提供する際には本人の同意が必要となるが、保育所保育指針第2章の4（2）ウに基づいて保育所児童保育要録を送付する場合においては、同法第23条第1項第1号に掲げる法令に基づく場合に該当するため、第三者提供について本人（保護者）の同意は不要であること。

エ 保育所型認定こども園における取扱い

保育所型認定こども園においては、「幼保連携型認定こども園園児指導要録の改善及び認定こども園こども要録の作成等に関する留意事項等について（通知）」（平成30年3月30日付け府子本第315号・29初幼教第17号・子保発0330第3号内閣府子ども・子育て本部参事官（認定こども園担当）・文部科学省初等中等教育局幼児教育課長・厚生労働省子ども家庭局保育課長連名通知）を参考にして、各市区町村と相談しつつ、各設置者等の創意工夫の下、同通知に基づく認定こども園こども要録（以下「認定こども園こども要録」という。）を作成することも可能であること。その際、送付及び保存についても同通知に準じて取り扱うこと。また、認定こども園こども要録を作成した場合には、同一の子どもについて、保育所児童保育要録を作成する必要はないこと。

(2) 保育所と小学校との間の連携の促進体制について

保育所と小学校との間の連携を一層促進するためには、地域における就学前後の子どもの育ち等について、地域の関係者が理解を共有することが重要であり、

・保育所、幼稚園、認定こども園、小学校等の関係者が参加する合同研修会、連絡協議会等を設置するなど、関係者の交流の機会を確保すること、

・保育所、幼稚園、認定こども園、小学校等の管理職が連携及び交流の意義及び重要性を理解し、組織として取組を進めること

等が有効と考えられるため、各自治体において、関係部局と連携し、これらの取組を積極的に支援・推進すること。

別添　1

保育所児童保育要録に記載する事項

（別紙資料1「様式の参考例」を参照）

○ 入所に関する記録

1 児童の氏名、性別、生年月日及び現住所
2 保護者の氏名及び現住所
3 児童の保育期間（入所及び卒所年月日）
4 児童の就学先（小学校名）
5 保育所名及び所在地
6 施設長及び担当保育士氏名

○ 保育に関する記録

保育に関する記録は、保育所において作成した様々な記録の内容を踏まえて、最終年度（小学校就学の始期に達する直前の年度）の1年間における保育の過程と子どもの育ちを要約し、就学に際して保育所と小学校が子どもに関する情報を共有し、子どもの育ちを支えるための資料としての性格を持つものとすること。

また、保育所における保育は、養護及び教育を一体的に行うことをその特性とするものであり、保育所における保育全体を通じて、養護に関するねらい及び内容を踏まえた保育が展開されることを念頭に置き、記載すること。

1 保育の過程と子どもの育ちに関する事項

最終年度における保育の過程及び子どもの育ちについて、次の視点から記入すること。

(1) 最終年度の重点

年度当初に、全体的な計画に基づき長期の見通しとして設定したものを記入すること。

(2) 個人の重点

1年間を振り返って、子どもの指導について特に重視してきた点を記入すること。

(3) 保育の展開と子どもの育ち

次の事項について記入すること。

① 最終年度の1年間の保育における指導の過程及び子どもの発達の姿について、以下の事項を踏まえ記入すること。

・保育所保育指針第2章「保育の内容」に示された各領域のねらいを視点として、子どもの発達の実情から向上が著しいと思われるもの。その際、他の子どもとの比較や一定の基準に対する達成度についての評定によって捉えるものではないことに留意すること。

・保育所の生活を通して全体的、総合的に捉えた子どもの発達の姿。

② 就学後の指導に必要と考えられる配慮事項等について記入すること。

③ 記入に当たっては、特に小学校における子どもの指導に生かされるよう、保育所保育指針第1章「総則」に示された「幼児期の終わりまでに育ってほしい姿」を活用して子どもに育まれている資質・能力を捉え、指導の過程と育ちつつある姿をわかりやすく記入するように留意すること。その際、別紙資料1に示す「幼児期の終わりまでに育ってほしい姿について」を参照するなどして、「幼児期の終わりまでに育ってほしい姿」の趣旨や内容を十分に理解するとともに、これらが到達すべき目標ではないことに留意し、項目別に子どもの育ちつつある姿を記入するのではなく、全体的かつ総合的に捉えて記入すること。

(4) 特に配慮すべき事項

子どもの健康の状況等、就学後の指導における配慮が必要なこととして、特記すべき事項がある場合に記入すること。

2 最終年度に至るまでの育ちに関する事項

子どもの入所時から最終年度に至るまでの育ちに関して、最終年度における保育の過程と子どもの育ちの姿を理解する上で、特に重要と考えられることを記入すること。

別紙資料1
（様式の参考例）

保育所児童保育要録（入所に関する記録）

<table>
<tr><td rowspan="3">児　童</td><td rowspan="2">ふりがな
氏　名</td><td></td><td rowspan="2">性　別</td><td rowspan="2"></td></tr>
<tr><td>年　　　月　　　日生</td></tr>
<tr><td>現住所</td><td colspan="3"></td></tr>
<tr><td rowspan="2">保護者</td><td>ふりがな
氏　名</td><td colspan="3"></td></tr>
<tr><td>現住所</td><td colspan="3"></td></tr>
<tr><td>入　所</td><td colspan="2">年　　　月　　　日</td><td>卒　所</td><td>年　　　月　　　日</td></tr>
<tr><td>就学先</td><td colspan="4"></td></tr>
<tr><td colspan="2">保育所名
及び所在地</td><td colspan="3"></td></tr>
<tr><td colspan="2">施　設　長
氏　　名</td><td colspan="3"></td></tr>
<tr><td colspan="2">担当保育士
氏　　名</td><td colspan="3"></td></tr>
</table>

（様式の参考例）

保育所児童保育要録（保育に関する記録）

本資料は、就学に際して保育所と小学校（義務教育学校の前期課程及び特別支援学校の小学部を含む。）が子どもに関する情報を共有し、子どもの育ちを支えるための資料である。

ふりがな		保育の過程と子どもの育ちに関する事項
氏名		（最終年度の重点）
生年月日	年　月　日	
性別		（個人の重点）
ねらい（発達を捉える視点）		
健康	明るく伸び伸びと行動し、充実感を味わう。	（保育の展開と子どもの育ち）
	自分の体を十分に動かし、進んで運動しようとする。	
	健康、安全な生活に必要な習慣や態度を身に付け、見通しをもって行動する。	
人間関係	保育所の生活を楽しみ、自分の力で行動することの充実感を味わう。	
	身近な人と親しみ、関わりを深め、工夫したり、協力したりして一緒に活動する楽しさを味わい、愛情や信頼感をもつ。	
	社会生活における望ましい習慣や態度を身に付ける。	
環境	身近な環境に親しみ、自然と触れ合う中で様々な事象に興味や関心をもつ。	
	身近な環境に自分から関わり、発見を楽しんだり、考えたりし、それを生活に取り入れようとする。	
	身近な事象を見たり、考えたり、扱ったりする中で、物の性質や数量、文字などに対する感覚を豊かにする。	
言葉	自分の気持ちを言葉で表現する楽しさを味わう。	
	人の言葉や話などをよく聞き、自分の経験したことや考えたことを話し、伝え合う喜びを味わう。	
	日常生活に必要な言葉が分かるようになるとともに、絵本や物語などに親しみ、言葉に対する感覚を豊かにし、保育士等や友達と心を通わせる。	
表現	いろいろなものの美しさなどに対する豊かな感性をもつ。	
	感じたことや考えたことを自分なりに表現して楽しむ。	（特に配慮すべき事項）
	生活の中でイメージを豊かにし、様々な表現を楽しむ。	

最終年度に至るまでの育ちに関する事項

幼児期の終わりまでに育ってほしい姿
※各項目の内容等については、別紙に示す「幼児期の終わりまでに育ってほしい姿について」を参照すること。
健康な心と体
自立心
協同性
道徳性・規範意識の芽生え
社会生活との関わり
思考力の芽生え
自然との関わり・生命尊重
数量や図形、標識や文字などへの関心・感覚
言葉による伝え合い
豊かな感性と表現

保育所における保育は、養護及び教育を一体的に行うことをその特性とするものであり、保育所における保育全体を通じて、養護に関するねらい及び内容を踏まえた保育が展開されることを念頭に置き、次の各事項を記入すること。

○保育の過程と子どもの育ちに関する事項

＊最終年度の重点：年度当初に、全体的な計画に基づき長期の見通しとして設定したものを記入すること。

＊個人の重点：１年間を振り返って、子どもの指導について特に重視してきた点を記入すること。

＊保育の展開と子どもの育ち：最終年度の１年間の保育における指導の過程と子どもの発達の姿（保育所保育指針第２章「保育の内容」に示された各領域のねらいを視点として、子どもの発達の実情から向上が著しいと思われるもの）を、保育所の生活を通して全体的、総合的に捉えて記入すること。その際、他の子どもとの比較や一定の基準に対する達成度についての評定によって捉えるものではないことに留意すること。あわせて、就学後の指導に必要と考えられる配慮事項等について記入すること。別紙を参照し、「幼児期の終わりまでに育ってほしい姿」を活用して子どもに育まれている資質・能力を捉え、指導の過程と育ちつつある姿をわかりやすく記入するように留意すること。

＊特に配慮すべき事項：子どもの健康の状況等、就学後の指導において配慮が必要なこととして、特記すべき事項がある場合に記入すること。

○最終年度に至るまでの育ちに関する事項

子どもの入所時から最終年度に至るまでの育ちに関し、最終年度における保育の過程と子どもの育ちの姿を理解する上で、特に重要と考えられることを記入すること。

（様式の参考例）

（別紙）

幼児期の終わりまでに育ってほしい姿について

<table>
<tr><td colspan="2">保育所保育指針第１章「総則」に示された「幼児期の終わりまでに育ってほしい姿」は、保育所保育指針第２章「保育の内容」に示されたねらい及び内容に基づいて、各保育所で、乳幼児期にふさわしい生活や遊びを積み重ねることにより、保育所保育において育みたい資質・能力が育まれている子どもの具体的な姿であり、特に小学校就学の始期に達する直前の年度の後半に見られるようになる姿である。「幼児期の終わりまでに育ってほしい姿」は、とりわけ子どもの自発的な活動としての遊びを通して、一人一人の発達の特性に応じて、これらの姿が育っていくものであり、全ての子どもに同じように見られるものではないことに留意すること。</td></tr>
<tr><td>健康な心と体</td><td>保育所の生活の中で、充実感をもって自分のやりたいことに向かって心と体を十分に働かせ、見通しをもって行動し、自ら健康で安全な生活をつくり出すようになる。</td></tr>
<tr><td>自立心</td><td>身近な環境に主体的に関わり様々な活動を楽しむ中で、しなければならないことを自覚し、自分の力で行うために考えたり、工夫したりしながら、諦めずにやり遂げることで達成感を味わい、自信をもって行動するようになる。</td></tr>
<tr><td>協同性</td><td>友達と関わる中で、互いの思いや考えなどを共有し、共通の目的の実現に向けて、考えたり、工夫したり、協力したりし、充実感をもってやり遂げるようになる。</td></tr>
<tr><td>道徳性・
規範意識の
芽生え</td><td>友達と様々な体験を重ねる中で、してよいことや悪いことが分かり、自分の行動を振り返ったり、友達の気持ちに共感したりし、相手の立場に立って行動するようになる。また、きまりを守る必要性が分かり、自分の気持ちを調整し、友達と折り合いを付けながら、きまりをつくったり、守ったりするようになる。</td></tr>
<tr><td>社会生活との
関わり</td><td>家族を大切にしようとする気持ちをもつとともに、地域の身近な人と触れ合う中で、人との様々な関わり方に気付き、相手の気持ちを考えて関わり、自分が役に立つ喜びを感じ、地域に親しみをもつようになる。また、保育所内外の様々な環境に関わる中で、遊びや生活に必要な情報を取り入れ、情報に基づき判断したり、情報を伝え合ったり、活用したりするなど、情報を役立てながら活動するようになるとともに、公共の施設を大切に利用するなどして、社会とのつながりなどを意識するようになる。</td></tr>
<tr><td>思考力の
芽生え</td><td>身近な事象に積極的に関わる中で、物の性質や仕組みなどを感じ取ったり、気付いたりし、考えたり、予想したり、工夫したりするなど、多様な関わりを楽しむようになる。また、友達の様々な考えに触れる中で、自分と異なる考えがあることに気付き、自ら判断したり、考え直したりするなど、新しい考えを生み出す喜びを味わいながら、自分の考えをよりよいものにするようになる。</td></tr>
<tr><td>自然との
関わり・
生命尊重</td><td>自然に触れて感動する体験を通して、自然の変化などを感じ取り、好奇心や探究心をもって考え言葉などで表現しながら、身近な事象への関心が高まるとともに、自然への愛情や畏敬の念をもつようになる。また、身近な動植物に心を動かされる中で、生命の不思議さや尊さに気付き、身近な動植物への接し方を考え、命あるものとしていたわり、大切にする気持ちをもって関わるようになる。</td></tr>
<tr><td>数量や図形、
標識や文字
などへの
関心・感覚</td><td>遊びや生活の中で、数量や図形、標識や文字などに親しむ体験を重ねたり、標識や文字の役割に気付いたりし、自らの必要感に基づきこれらを活用し、興味や関心、感覚をもつようになる。</td></tr>
<tr><td>言葉による
伝え合い</td><td>保育士等や友達と心を通わせる中で、絵本や物語などに親しみながら、豊かな言葉や表現を身に付け、経験したことや考えたことなどを言葉で伝えたり、相手の話を注意して聞いたりし、言葉による伝え合いを楽しむようになる。</td></tr>
<tr><td>豊かな感性と
表現</td><td>心を動かす出来事などに触れ感性を働かせる中で、様々な素材の特徴や表現の仕方などに気付き、感じたことや考えたことを自分で表現したり、友達同士で表現する過程を楽しんだりし、表現する喜びを味わい、意欲をもつようになる。</td></tr>
</table>

保育所児童保育要録（保育に関する記録）の記入に当たっては、特に小学校における子どもの指導に生かされるよう、「幼児期の終わりまでに育ってほしい姿」を活用して子どもに育まれている資質・能力を捉え、指導の過程と育ちつつある姿をわかりやすく記入するように留意すること。

また、「幼児期の終わりまでに育ってほしい姿」が到達すべき目標ではないことに留意し、項目別に子どもの育ちつつある姿を記入するのではなく、全体的、総合的に捉えて記入すること。

別添　2

保育所児童保育要録の見直し等について（検討の整理）

2018（平成30）年2月7日
保育所児童保育要録の見直し検討会

1．検討の背景

保育所に入所している子どもの就学に際しては、保育所保育指針（平成20年厚生労働省告示第141号、平成21年4月1日適用）において、保育所と小学校との連携の観点から、市町村の支援の下に、子どもの育ちを支えるための資料が保育所から小学校に送付されるようにすることとされている。同指針の適用に当たり、厚生労働省から当該資料の参考様式等を「保育所児童保育要録」として示し、各保育所において活用されているところである。

今般、2018（平成30）年4月1日から適用される改定保育所保育指針（平成29年厚生労働省告示第117号）において、保育所と小学校との連携に関して、「幼児期の終わりまでに育ってほしい姿」を共有する等の記載が追加された。（同時期に改訂された幼稚園教育要領及び幼保連携型認定こども園教育・保育要領にも、同様の記載あり）

本検討会は、こうした状況を踏まえ、保育所保育と小学校教育との一層の円滑な接続に資するよう、保育所児童保育要録の見直し等を行うため、計2回にわたり、以下の観点を中心に検討を行った。

なお、検討に当たっては、関係府省における幼稚園幼児指導要録、幼保連携型認定こども園園児指導要録に係る改訂に向けた検討状況にも留意した。

本報告書は、本検討会における検討の整理として、保育所児童保育要録の見直しの方向性等を示すものである。

【保育所児童保育要録の見直し】

・　子どもの育ちを支えるための資料として、保育所から小学校へ送付される保育所児童保育要録が、より現場の実態に即して活用されるためには、現行の参考様式、記載内容に関する留意事項等について、どのように整理・充実すべきか。

【保育所と小学校との連携に関する取組の促進】

・　保育所と小学校との連携を一層促進するためには、要録の活用を含め、今後どのような取組が必要と考えられるか。

2．保育所児童保育要録の見直し

(1)　要録の目的を踏まえた記載事項の改善

【今後の方向性】

○　保育所と小学校との間で、保育所保育の特性、基本原則（養護と教育の一体的展開、生活や遊びを通した総合的な保育など）、保育のねらい及び内容などの理解が共有されるよう、様式の冒頭に保育所児童保育要録（以下「要録」という。）の意義や位置付けを明記した上で、要録の記載事項を以下のように改善する。

・　保育所保育においては、養護と教育が一体的に展開されることを踏まえ、現行の参考様式では「養護（生命の保持及び情緒の安定）に関わる事項」と「教育（発達援助）に関わる事項」について、それぞれ別々に記載欄が設けられているが、これらを一つに統合する。

・　保育所保育における子どもの育ちの姿をより適切に表現する観点から、保育所保育指針に示される保育の目標を具体化した五つの「領域のねらい」に加え、新たに「幼児期の終わりまでに育ってほしい姿（※）」についても様式に明記する。

（※）改定保育所保育指針の第2章「保育の内容」に示すねらい及び内容に基づく保育活動全体を通して資質・能力が育まれている子どもの小学校就学時の具体的な姿

<主な意見>

（要録の意義・位置付けの明確化）

・要録は、保育所保育を通じた子どもの育ちの姿を小学校に伝えるためのものであるという目的を明確にすることが重要である。

・要録の記載内容の意図について、読み手である小学校の教員も理解した上で読むことにより、小学校において要録が適切に活用される。

・要録がどのようなもので、何のためのものなのかを要録の様式冒頭に明記するなど、その意義や位置付けが様式において明確に示されることが必要である。

（養護と教育に関する記載欄の統合）

・保育所保育は、養護と教育が一体的に行われることをその特性としているため、養護と教育に関わる欄を統合し、一体的に記載する形とした方が、保育の実態に即しており、保育現場にとって書くべきことが分かりやすく、記載しやすいと考えられる。

・記載欄を一体とすることにより、保育所保育においては養護と教育が一体的に展開されるということが、小学校にも伝わりやすいと考えられる。

（五つの領域のねらいと「幼児期の終わりまでに育ってほしい姿）

・要録作成の担当者が、保育所保育指針に示す保育の内容に係る「五つの領域のねらい」と「幼児期の終わりまでに育ってほしい姿」を意識し、要録の目的を踏まえて子どもの育ちの姿を記載することが重要であり、様式の中に両内容を示すことが適当である。

・「幼児期の終わりまでに育ってほしい姿」は、小学校へと引き継いでいくべき子どもの育ちを捉える視点として、就学前の保育施設に共通して示されているものであり、様式において明示することは重要である。

・一方、「幼児期の終わりまでに育ってほしい姿」について、小学校側から到達目標的に受け止められることのないよう、その示し方や記載内容に関する説明には注意や工夫が必要である。同時に、その趣旨を要録の様式に示すことに加え、保小合同の研修の機会などを通じて、丁寧に伝えていくことも必要である。

(2)　要録における保育の過程と子どもの育ちの示し方

【今後の方向性】

○　要録には、主に最終年度（5、6歳）における1年間の保育の過程と子どもの育ちについて、「幼児期の終わりまでに育ってほしい姿」を考慮し、子どもの生活や遊びにおける姿を捉えて記載することを留意事項として様式に提示する。

○　保育士（要録の書き手）が、どのような視点をもって保育を行い、子どもがどのように育ったかを明確に意識することにより、要録が記載しやすくなる。また、小学校の教員（要録の読み手）にも、保育の計画から実践、評価へと至る保育の過程とその中での子どもの育ちが明確に示されている方が、子どもの姿が伝わりやすい。こうしたことを踏まえ、「年度当初に全体的な計画に基づき長期的な見通しとして設定したこと」と「その子どもの保育に当たって特に重視してきたこと」を記載事項として明記する。

○「子どもの育ちに関わる事項」は、現行の様式では「子どもの育ってきた過程を踏まえ、その全体像を捉えて総合的に記載すること」とされているが、入所からの子どもの育ってきた過程全体の中で、最終年度における保育の過程と育ちの姿を理解する上で特に重要と考えられることを記載するよう示すなど、記載内容をより明確化する。また、要録を記載する際には、入所してからの様々な記録を活用することなどを提示する。

＜主な意見＞

（最終年度の保育と子どもの育ちの記載の仕方）

・要録において、単に子どもがこんな遊びをしていたというような表面的なことではなく、遊びを通して子どもに何が育まれてきたのかを伝えることが重要である。
・子どもは遊びを通して総合的に育っていくという保育所保育の基本的な考え方を、要録の記載を通じて小学校も共有することが、小学校教員等の保育所保育に対する理解につながると考えられる。
・一人一人の子どもの育ちをより具体的に伝えるためには、子どもの育ちについて、「五つの領域」や「幼児期の終わりまでに育ってほしい姿」の各々に一対一で対応した形で項目的に書くのではなく、その子どもの特徴的な活動や興味関心のある活動などの具体例を数例挙げて、全体的に書くようにした方が良いと思われる。
・その場合、一つの記載の中に、「幼児期の終わりまでに育ってほしい姿」に示された視点が、複数含まれることもある。また、「幼児期の終わりまでに育ってほしい姿」の十項目全てに対応した育ちの姿を書き出さなくてはならないわけでもない。要録の記載の仕方について、保育現場でこうした理解を共有することが重要である。
・要録に記載される子どもの姿は、到達点や「この子はこういう子どもだ」といったレッテルとなるものではなく、発達の過程における途中経過的なものであることや、子どもの良さや特徴を書くことなどを記載の留意点として明示すると、要録作成の担当者にとって記載すべきことが把握しやすいと思われる。

（計画・実践・評価に至る保育の過程を反映した要録の記載）

・要録は、最終年度に至るまでの保育における指導計画や長期的な見通しと日々の子どもの観察とが結びついて書かれるものである。これまでにどのような指導や環境を通して保育を行ってきたのか、その中で子どもがどのような力をつけてきたのか、そうした一連の過程を、具体的な活動の記載を通じて伝えることが重要である。
・個々の子どもの育ちを理解するためには、保育所全体、クラス全体で１年間の長期的な見通しのもと保育において重点をおいてきたことと、その中で一人一人の子どもの保育について特に大切にしてきたことの両方が示された上で、最終年度に、この子どもはこのように育ってきたということが記載されることが重要である。
・その際、全体の中で比較するとこの子はまだこの段階といったネガティブな印象を与えることがないよう、書き方には注意が必要である。
・また、これらそれぞれに対応する記載欄を様式に設けることにより、小学校へ伝えたいことを書き漏らすことなく記載できると考えられ、要録の作成担当者にとっても、各欄にどのようなことを書けばよいかわかりやすいと思われる。

（最終年度に至る保育期間全体を通じての育ちの経過）

・要録の記載に当たり、これまでの育ちの経過や背景があっての最終年度の育ちの姿であるという意識を保育士等が持つことが大切である。
・保育所生活全体を通して子どもが育ってきた過程の中で、特にその子どもを理解する上で重要と思われることが要録に反映されるとよい。
・このことを踏まえ、現行の様式参考例に示す「子どもの育ちにかかわる事項」欄には、最終年度以前までの記録を踏まえ、最終年度に向かって特に育ちが大きく伸びたことや、節目を迎えたようなことを整理して書くようにすると、最終年度における子どもの育ちをより深く理解する助けとなるのではないかと思われる。
・また、最終年度に至るまでの児童票や記録の活用を含め、この記載欄に書くべき内容を留意事項として明記することにより、保育現場も混乱なく、記載すべき内容の趣旨を理解して、要録を作成できると考えられる。

⑶　その他、特に小学校に伝えするべき事項等

【今後の方向性】

○　子どもの健康状態など、個人情報の取扱いに留意しながら、特に小学校へ伝えたい事項に関しては、特記事項として記載する。

○　保育に関する日々の記録を作成することが、要録の作成や保育所内での子どもの理解の共有につながることの意義や重要性について、様式または通知等に明示する。

○　保育のねらい及び内容、幼児教育を行う施設として共有すべき事項並びに小学校との連携について、保育所保育指針、幼稚園教育要領及び幼保連携型認定こども園教育・保育要領において整合性が図られたことを踏まえ、要録の様式についても整合性を図る。

○　要録を活用した小学校との交流について、その有効性を示す、要録作成に関する事例集や資料集を作るなど、要録が様々な場面でより活用されるよう、具体的な取組を進める。

＜主な意見＞

（特に小学校へ伝えるべき事項）

・子どもの健康状態に関することなど、特に小学校へ伝えるべき事項として、何を、どのように記載すべきか、保育現場では迷いもある。要録に書くべきことは何か、どの欄に何を書くべきなのかなど、基本的な考え方を整理してわかりやすく示すことが必要である。
・就学前健診により小学校へ伝えられること、保護者を通じて小学校へ伝えられること、保護者にとって保育所から小学校に伝えてほしくないこともある。要録以外の手段で小学校に引き継がれる情報とは何か、要録でなくては引き継げないことは何かといったことを整理・明確化し、要録に記載することが過多とならないようにすることも重要である。
・基本的には、要録の本来的な意義を踏まえて、小学校においても日常生活において特に配慮が必要であり、就学後も引き継いで指導の際に生かしてほしい情報に絞り、特記事項として記載するということを明示することが必要と考えられる。
・障害のある子どもに関しては、「こういう障害がある」ということではなく他の子どもと同様に、保育の中でその子どもがどのように育ってきたかということを中心に書くことが重要である。特別な配慮を要する子どもについては、要録とは別に、就学時引き継ぎシートを作成・活用するといった取組を行っている自治体の例もある。

（要録作成を通じた保育の質の向上）

・地域によっては、子どもの育ちの経過を毎月児童票に記録しているといった例もある。それらを総括したものが翌年度に次の担任へ毎年引き継がれていき、要録作成の際に参考とされるなど、従来からある記録を整理して要録作成に活用する方法も考えられる。
・要録に関する様々な取組を通じて、子どもの育ちを捉える視点が保育所内で共有されることが期待される。

・子どもの育ちの姿を踏まえて要録を作成し、小学校へ送ることにより、日常の保育における保育士の子どもの育ちや内面を捉える視点もより明確なものになる。
・また、そうした視点は、保育所内で組織として共有され、要録のみでなく日頃の指導計画等にも反映される。こうした一連の取組全体が、保育の質の向上へとつながっていくものであるという理解も重要である。

（就学前の保育施設における要録の様式の整合性）

・保育所、幼稚園、認定こども園の間で、要録の様式に整合性をもたせることにより、合同での研修等が実施しやすくなるとともに、要録の趣旨や内容について、保育者、小学校教員、行政の担当者がより理解しやすくなることも期待される。

（要録の活用に向けた取組）

・保育所と小学校が要録を介して連絡会を行ったり、要録についての補足説明や保育所・クラス全体の保育の様子や目標について、複数の保育所と小学校の教職員が集まって情報共有する機会を設けたりしている例がある。そうした要録の活用の仕方について、その有効性を示していくことも大切である。
・要録の作成に関する事例集や資料集があるとよい。そうしたものを参考にして要録の作成について保育所全体で検討することにより、「こういう視点をもって保育していく」という意識を共有することにもつながる。

３．保育所と小学校との連携に関する取組の促進

【今後の方向性】

○　保育所と小学校との間で連携が一層促進されるよう、保育所と小学校との間での保育所保育の特性や幼児期の終わりまでに育ってほしい姿等に関して理解を共有すること、施設長や校長などの管理職が要録の意義や重要性を理解し、組織として取組を進めることが重要である。

○　保育における子どもの育ちの姿についての理解を共有する観点から、保育所と小学校に加え、幼稚園や認定こども園を含めた、地域において保育や幼児教育を担う施設の関係者が連携することも重要である。その際、地域全体における連携を促進するため、行政が多様な取組の促進を支援していくことが求められる。

＜主な意見＞

（保育所と小学校の理解の共有に関わる取組）

・保育所、幼稚園、認定こども園における保育の基本的な考え方、幼児期の終わりまでに育ってほしい姿、五つの領域の保育のねらい及び内容などについて、小学校側と理解を共有するとともに、小学校における子どもの生活や学び等について保育所等が理解することも、小学校との連携において非常に重要である。
・地域の保育所等と小学校とが合同で協議や研修を行う機会や、その際に使用するツール等があることにより、互いに理解を深めることの重要性を提言したい。

（連携を促進するための体制）

・連携促進に際しては、保育所や小学校の管理職が、要録の活用を含め、保育所と小学校の連携の意義や重要性について理解し、組織として取組を進めることが重要である。
・また、小学校との連携と同時に、就学前の施設間での連携も重要である。
・こうした地域全体における保育所等と小学校の連携の促進に当たっては、個々の保育所等では対応が難しいため、行政の関与が必要である。合同の研修や協議の機会のほか、小学校教員の一日保育士体験など、地域全体における各施設の連携が充実するよう、行政が取組の促進を支えていくことが求められる。

おわりに

本報告書においては、改定保育所保育指針（2018（平成30年）４月１日適用）に基づき、2019（平成31）年４月に就学する児童から適用される保育所保育児童要録の改訂に向けて、当該要録の記載事項、参考様式の見直しの方向性等を示した。

厚生労働省においては、本報告書に示した見直しの方向性等を踏まえ、要録の改訂等について必要な手続きを進めるとともに、要録の趣旨や内容が関係者に十分理解され、各保育所において要録が適切に作成・送付されるよう、周知等を行うことが必要である。

また、各保育所においては、一人一人の子どもの育ちが小学校へと適切に引き継がれるよう、要録の作成をはじめ、小学校との連携の一層の促進・充実に取り組むことを期待したい。

（参考）

「保育所児童保育要録の見直し検討会」開催要綱

１．目的

保育所に入所している子どもの就学に当たっては、保育所保育指針（平成20年厚生労働省告示第141号、平成21年４月１日適用）において、保育所と小学校との連携の観点から、市町村の支援の下に、子どもの育ちを支える資料が保育所から小学校に送付されることを求めている。同指針の適用に際して、厚生労働省から当該資料の参考様式を「保育所児童保育要録」として示し、各保育所において活用されているところである。

今般、平成30年４月１日から適用される改定保育所保育指針において、保育所と小学校との連携に関して、「幼児期の終わりまでに育ってほしい姿」を共有する等の記載が追加されたことを踏まえ、保育所児童保育要録の記載事項、参考様式等について、保育所保育と小学校教育との一層の円滑な接続に資するような見直しを行うことが必要である。

本検討会は、こうした状況を踏まえ、保育課長が上記見直しに資する保育所保育、小学校教育等に関する学識経験者、実務者等に参集を求め、保育所児童保育要録の見直し等について、検討を行うものである。

２．構成員

⑴　検討会の構成員は別紙のとおりとする。
⑵　検討会に座長を置く。座長は構成員の互選により選出する。座長は座長代理を指名することができる。
⑶　座長は、必要に応じ、構成員以外の関係者の出席を求めることができる。

３．検討事項

・保育所児童保育要録の見直しに関する事項
・その他、保育所保育と小学校教育との円滑な接続を図る取組に関する事項

４．運営

⑴　検討会は公開とする。
⑵　検討会の庶務は、子ども家庭局保育課が行う。
⑶　この要綱に定めるもののほか、検討会の運営に関し必要な事項は、座長が保育課長と協議の上、定める。

（別紙）
保育所児童保育要録の見直し検討会構成員名簿

○　阿部和子　大妻女子大学家政学部　教授
　　大方美香　大阪総合保育大学児童保育学部
　　　　　　　学部長・教授
◎　汐見稔幸　白梅学園大学　学長
　　中山美香　高知県教育委員会事務局幼保支援課
　　　　　　　専門企画員
　　村松幹子　たかくさ保育園　園長

◎：座長　○：座長代理（五十音順、敬称略）

「保育所児童保育要録の見直し検討会」における検討経過

平成 29 年 12 月 21 日（木）第 1 回検討会
・座長の選任等
・保育所児童保育要録の見直し等について
（主な検討事項（案）を中心とした意見交換）

平成 30 年 2 月 7 日（水）第 2 回検討会
・保育所児童保育要録の見直し等について
（要録の見直し等に関する意見交換、意見の集約・整理）

旬のテーマをやさしく解説！

保育白書 2018年版
B5判・本体2,700円＋税

保育界でもっとも権威ある民間の白書

第１章　◉最新データと解説＝保育の今
第２章　◉特集　なぜ、保育士が足りないの？
　1　保育政策と保育士処遇の現状
　　賃金と労働条件の両面から　○蓑輪明子
　2　公立保育所職員の処遇の現状と課題
　　新自由主義的「改革」の影響　○小尾晴美
第３章　◉小特集　新指針とこれからの保育
　指針改定を、人間尊重の保育を深める契機に　○大宮勇雄
第４章　◉保育最前線レポート
　保護者負担と幼児教育・保育の「無償化」／「待機児童」をめぐる直近の動向
第５章　◉資料編　都道府県単独補助／主要83自治体保育料表

編集：全国保育団体連絡会
　　＝保育研究所
発行◆ちいさいなかま社
発売◆ひとなる書房

A HOIKU white paper 2018

ご注文は右記へ…　ちいさいなかま社　〒162-0837　東京都新宿区納戸町 26-3
TEL 03 (6265) 3172 (代) ／FAX 03 (6265) 3230